钱 津 著

经济学
基础理论研究

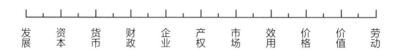

发 资 货 财 企 产 市 效 价 价 劳
展 本 币 政 业 权 场 用 格 值 动

ECONOMICS
BASIC
THEORY
RESEARCH

社会科学文献出版社
SOCIAL SCIENCES ACADEMIC PRESS (CHINA)

内容摘要

本书以 20 世纪中叶新技术革命之后的社会经济发展实际为研究的时代背景，以辩证历史唯物主义为研究的认识基础，阐述了现代经济学基础研究的十一个重要理论，包括对常态劳动、生产劳动、复杂劳动进行全面考察的劳动理论，建立在马克思科学确定的劳动整体性基础上的价值理论，经过此次国际金融危机挑战给予创新认识的价格理论，研讨引发此次国际金融危机根本原因的效用理论，探讨市场经济的性质、特点、体系以及市场分配问题的市场理论，现代经济学研究最为前沿领域的产权理论，解决微观经济组织基本运行制度及治理结构问题的企业理论，具有二次分配性质的有关中央财政和地方财政实际运作需要的财政理论，不同于实体性货币时代的已进入虚拟化货币时代的货币理论，以及具有鲜明的时代创新特色的资本理论和发展理论。这些方面的现代经济学基础理论研究开启了新时代的认识视野，可为学习者提供一个较为系统的了解现代经济学研究思想前沿的认识平台。本书适用于具备一定经济学基础知识和研究能力的高等院校经济管理类教师、研究生及本科毕业生阅读，亦是可供政府经济管理部门干部、企业高层管理者学习经济学前沿理论的一部专著。

序

　　人类社会的发展已进入 21 世纪，作为社会科学研究的基础学科，经济学的研究呈现出越来越不可或缺的重要性。然而，当 2008 年国际金融危机出现时，不论哪个国家或地区，经济学界几乎是集体失语的，往昔的夸夸其谈竟变成了三缄其口。为何前后会出现这样大的反差？我认为，这需要从经济学研究的本身查找原因。

　　重应用而轻基础是现代经济学人的普遍选择，这造成了应用经济学研究的繁荣兴旺，尤其是金融、证券方面的研究十分热门，只是这样的应用研究即使水平很高，也很难解释社会中关乎全局性、根本性的重大现实经济问题，所以当遇到席卷全球的金融风暴时，他们只能听之任之，既插不上嘴，也支不了招儿。更何况，缺少正确的经济学基础理论的指导，应用经济学的研究也不可能深入细致，更不可能透彻地认识和把握国民经济运行的现实情况和国际经济形势。所以，当前暴露出的主要问题是经济学基础理论研究的缺失，是基础理论研究在某种程度上被忽视造成了经济学研究的困惑。

　　就经济学基础理论研究来讲，是从 18 世纪、19 世纪、20 世纪上半叶的书本出发，还是从 20 世纪下半叶和 21 世纪初的实际出发，这又是一个需要做出选择的重要问题。如果面对 21 世纪的实际，在经济学的基础理论研究中，仍然坚持 18 世纪、19 世纪、20 世纪上半叶的书本知识，全然不顾 20 世纪下半叶和 21 世纪初社会经济高度发展的现实，对于 21 世纪初发生的由虚拟经济引起的国际金融危机依旧用 19 世纪和 20 世纪上半叶的分析实体经济危机的理论去认识，那么这样的基础理论研究显然是跟不上 21 世纪经济社会发展对经济学理论创新需要的。所以，当前不仅是要重视经济学的基础理论研究，更重要的是必须从 20 世纪下半叶和 21 世纪初的实际出发，创新经济学基础理论的研究。2008 年国际金融危机对于现代经济学的挑战，准确地讲，是对于现代经济学基础理论创新研究的挑战。

创新需要以传承为基础，对于经济学的基础理论研究的创新更是如此。21 世纪初，研究现代经济学的基础理论，需要追溯到经济学学科创立之初，自那时起，所有曾经问世的经济思想都是今日创新研究的基础，离开这一基础，现代经济学难以承受现实的挑战。但是，就现代经济学必须为现代高度发展的社会经济服务这一原则而言，其基础理论的创新研究必须存在理性认识。20 世纪中叶新技术革命带来了巨大变化，因此，要与时俱进，跟上自然科学已经突飞猛进发展的步伐，不能使自身的思想认识体系还停留在新技术革命之前。对此，甚至可以说，只有实现这样的思想创新，现代经济学才能焕发新的生命力。

本书是站在 21 世纪的时代高度进行的现代经济学基础理论研究的最新成果。书中思想主要体现在以劳动范畴为最基础的经济学范畴的各个方面的理论研究成果，包括劳动理论、价值理论、价格理论、效用理论、市场理论、产权理论、企业理论、财政理论、货币理论、资本理论、发展理论等方面的认识创新。这些方面的理论研究对于现代经济学的思想创新具有重要的推动作用。在这些方面，目前发达国家的经济学基础理论研究也并没有走在本书研究的前面。

钱 津

于中国社会科学院经济研究所

目　录

第一章　劳动理论

从 21 世纪人类社会经济发展的实际出发来看，创新经济学的基础理论研究，必须起始于基础的劳动理论研究。现代经济学应该将劳动作为经济学研究的最基础范畴看待，不能再延续传统理论的认识——只将商品、价值或效用等作为最基础的范畴运用。本章主要研究和阐述常态劳动理论、生产劳动理论以及复杂劳动理论。

一　常态劳动

在劳动理论的研究中，客观的考察可以反映出，人类的历史与现实的劳动是常态劳动，并不是完全的正态劳动，即在人类劳动无差别的基础上存在着态势的区分，除了正态劳动，还存在着变态劳动，常态劳动是正态劳动与变态劳动的统一。正态劳动是人与自然之间进行生产交流的活动，是真正的人的本质的体现，是为人类获取物质生存资料和文明的社会生存条件而形成的人与自然的对抗。而变态劳动则是动物的求生方式在人类社会的延续，变态劳动分为军事变态劳动与剥削变态劳动。军事变态劳动是最野蛮的变态劳动，也是最先产生的变态劳动；剥削变态劳动是寄生性的变态劳动，是后产生的较文明的变态劳动，是变态文明的体现。对人类劳动的辩证认识表明，不能颠倒军事变态劳动与剥削变态劳动的关系，更不能只用剥削关系来分析人类社会经济生活的历史与现实。相比军事变态，剥削变态的寄生性已经是一种社会进步的表现，不是剥削需要军事战争支持其疯狂，而是军事战争本身更直接地体现了人类劳动存在的常态性，即动物的生存方式还现实地体现在人的身上，体现在由古至今的人类最基本的求生活动中，人类的战争史远远超过了剥削史，人类不能利用军事暴力去消灭剥削，剥削的存在相比军事暴力的使用更能让社会文明的发展接受。认识常态劳动，还必须深入认识历史与现实的常态劳动的内在矛盾发展，即认识常态劳动内在的主客体作用关系之间的矛盾变化。常态劳动的研究可以说明，人类社会的发展是由常态劳动内部矛盾的发展决定的。这就是说，经济学的基础理论研究不能用商品经济发展的程度来解释社会经济的变迁，不能用外在的人与人的关系来认识社会经济形态的变化，经济理论研究的深刻性必须表现在以常态劳动的内部矛盾发展变化反映的人与自然的关系变化来阐释人类社会的经济发展进程。人类劳动迄今为止还是常态劳动，其内部的矛盾是劳动主体与劳动客体的矛盾，承认这一矛盾存在的前提之一是承认劳动的常态性，此外，还要承认单纯的人的活动不构成真实的劳动，凡是劳动必须体现为人与自然的交流，人是劳动主体，自然是劳动客体，劳动是劳动主体与劳动客体的统一。经济学的研究必须尊重客观，决不能将单纯的劳动主体活动界定为劳动，在这一最基础的经济学范畴上不能存在认识的片面性。可以说，有了对劳动范畴的科学认识，有了对历史与现实的常态劳动的界定，才能有经济学基础理论研究的科学基点，这反映的是对于经济生活实质内容的认识，这不是用经济形式的分析所能取代的，传统的理论认识在这方面走偏了路是有着深刻的教训的。

只有当人类劳动的整体能力提升达到能为自身的生存开创出广阔的空间而不再局限于有限的地球封闭的生存条件时，带有动物性的变态劳动对于人类和人类社会的生存才是不必要的，人类常态劳动才能由此转为完善的人类劳动，即转为完全的正态劳动，人类社会才能达到真正的人的社会即共产主义社会。所以，消灭变态劳动，即消灭剥削变态劳动和军事变态劳动，是保持人类生存延续的人类劳动发展的客观要求，实现这一要求，要依靠劳动内部矛盾的进一步发展，而只有实现这一要求，人类劳动才能实现由内在的完善决定的外在的完善，成为真正的人的劳动。

二 生产劳动

经济学研究的劳动是社会化劳动，不包括非社会化劳动。但生产劳动与非生产劳动这一对正负概念的论域却并不是社会化劳动。社会化劳动包括有用劳动和无用劳动，无用劳动是没有劳动成果的劳动，划分劳动成果的作用性质当然要将无劳动成果的劳动排除在外，因而，只有社会化劳动中的有用劳动才可以作生产与非生产的划分，也就是说，有用劳动是生产劳动与非生产劳动的论域。因而，相应要明确，非生产劳动并非指生产劳动以外的一切劳动，而是只指有用劳动中除生产劳动以外的劳动。在市场经济中，有用劳动表现为实现社会使用价值和价值的社会必要劳动，因此，市场经济劳动中的生产劳动与非生产劳动的论域是社会必要劳动。市场经济的非生产劳动就是社会必要劳动中除生产劳动以外的劳动。由此，人们不难理解理论发展的道路总是曲折的。

18 世纪英国经济学家亚当·斯密的生产劳动理论是重商主义和重

农学派生产劳动理论的发展，又是马克思生产劳动理论研究的来源。因此，当我们在 21 世纪初仍然需要结合新的实践来讨论生产劳动与非生产劳动的问题时，简要地回顾亚当·斯密当年有关的思想脉络，无疑具有深刻的理论意义。

1. 对亚当·斯密基本论述的分析

亚当·斯密关于生产劳动理论的论述主要集中在《国民财富的性质和原因的研究》这一部著作的第二篇的第三章中。其他地方的论述与这一章论述的思想基本上是一致的。所以，笔者选这一章为代表对斯密的生产劳动理论进行分析。以下按原文顺序将其在这一章的基本论述分为若干问题分析（引文均见《国民财富的性质和原因的研究》，商务印书馆，1988，第303～321页）。

（1）**斯密的基本观点**

斯密在这一章的开头写道："有一种劳动，加在物上，能增加物的价值；另一种劳动，却不能够。前者因可生产价值，可称为生产性劳动，后者可称为非生产性劳动。"这是斯密关于生产劳动与非生产劳动的基本观点。

斯密对这两类劳动的基本划分是：一类是加在物上，能增加物的价值；另一类则不能够。因而是提出了划分的两点依据，即加在物上和能增加物的价值，而不是一点。

这里，将生产劳动称作生产性劳动，将非生产劳动称作非生产性劳动，并非仅仅是字面上的混用，确实也包含有两种含义在内，指既是生产的又是生产性的。

斯密讲生产劳动是能加在物上的劳动，牵涉物质劳动的有形产品问题。斯密讲生产劳动是能增加物的价值的劳动，是牵涉价值论的问题，是什么劳动才创造价值的问题。

显然，斯密是笼而统之地区分生产劳动与非生产劳动，根本未能对生产劳动作出辩证地认识。

所以，斯密认为："雇用许多工人，是致富的方法，维持许多家仆，是致贫的途径。"在这种情况下，斯密就完全把对劳动是生产劳动还是非生产劳动问题的研究转成了资本家的持家理财之道了。这可并非在讲什么劳动是生产劳动，而是在讲多赚少花发家、少赚多花败家的道理。

（2）劳动的随生随灭问题

斯密认为："制造业工人的劳动，可以固定并且实现在特殊商品或可卖商品上，可以经历一些时候，不会随生随灭。那似乎是把一部分劳动贮存起来，在必要时再提出来使用。那种物品，或者说那种物品的价格，日后在必要时还可用以雇用和原为生产这物品而投下的劳动量相等的劳动量。反之，家仆的劳动，却不固定亦不实现在特殊物品或可卖商品上。家仆的劳动，随生随灭，要把它的价值保存起来，供日后雇用等量劳动之用，是很困难的。"

斯密这是将劳动的随生随灭问题作为划分生产劳动与非生产劳动的依据。根据仍是劳动能加在物上，这里，斯密又将它进一步引申为生产劳动是其成果不会随生随灭的劳动。

劳动成果是否随生随灭本是劳动成果的形态问题，或是说，是有形产品与无形产品的划分问题。斯密在这里却将它混同于生产劳动与非生产劳动的划分标准。我们知道，有形产品与无形产品均是劳动产品，如果生产劳动与非生产劳动可以简单地由劳动产品的形态来划分，那岂不是太容易了？似乎大可不必长年累月地讨论，任何有眼有珠的人都能对此分辨清楚。这种处理的简单化反映了斯密在那个时代对生产劳动的认识真正是十分肤浅的。

斯密说家仆的劳动是随生随灭的，这是事实。但是，他又说，保存价值，供日后雇用等量劳动之用，这就又将劳动与消费混淆了起来。资本家雇用家仆是他的生活消费，消费了的价值怎么能保存起来呢？固然，家仆劳动的成果是随生随灭的，但即使不随生随灭，也未见有生活消费了的东西还能存在其价值的。这是个简单的道理，只不过让斯密故意弄得复杂罢了。斯密说，这种价值保存起来，供日后雇用等量劳动之用，是很困难的。其实，并不是困难不困难的问题，而是根本不可能的事。把劳动成果的形态是随生随灭的与生活消费的价值不复存在混成一个东西，是斯密甄别生产劳动的一大特色，也是他的生产劳动理论走向误区的一条通道。

（3）关于不生产的劳动者

顺着劳动随生随灭这根线，斯密进一步区分了不生产的劳动者。他说："有些社会上等阶级人士的劳动，和家仆的劳动一样，不生产价值，既不固定或实现在耐久物品或可卖商品上，亦不能保藏起来供日后雇用等量劳动之用。例如，君主以及他的官吏和海陆军，都是不生产的劳动者。他们是公仆，其生计由他人劳动年产物的一部分来维持。他们的职务，无论是怎样高贵，怎样有用，怎样必要，但终究是随生随灭，不能保留起来供日后取得同量职务之用。他们治理国事，捍卫国家，功劳当然不小，但今年的政绩，买不到明年的政绩；今年的安全，买不到明年的安全。在这一类中，当然包含着各种职业，有些是很尊贵很重要的，有些却可说是最不重要的。前者如牧师、律师、医师、文人；后者如演员、歌手、舞蹈家。在这一类劳动中，即使是最低级的，亦有若干价值，支配这种劳动价值的原则，就是支配所有其他劳动价值的原则。但这一类劳动中，就连最尊贵的，亦不能生产什么东西供日后购买等量劳动之用。像演员的对白，雄辩家的演说，音乐家的歌唱，他们这一般人的工作，都是随生随灭的。"

至此，斯密列举了一批不生产劳动者，如君主、官吏、海陆军、牧师、律师、医师、文人、演员、歌手、舞蹈家等。划归这一类的依据就是劳动随生随灭。所以，这种举例谬误难免。比如海陆军劳动者既有生产劳动者，也有非生产劳动者，无论如何也不能笼统地划归为非生产劳动者。

斯密的说法总是自相矛盾：一方面认为与家仆一样的劳动，都是不生产价值的劳动；一方面又认为，在这一类劳动中，即使是最低级的，亦有若干价值，支配这种劳动价值的原则，就是支配所有其他劳动价值的原则。斯密的意思是说这些劳动者的劳动又有价值又不生产价值，而这种说法显然是不成立的。

斯密在此仍然是将不生产价值与劳动不能加在物上、随生随灭等两方面因素连在一起，而这本来是两回事，两个问题。价值是不是必须由有形产品来体现，并不是一个多么难以回答的问题。今天对于这一问题，恐怕百分之百的人会认为不必争执。当今许许多多的国家已有半数以上的劳动者从事着无形产品的劳动，如果他们的劳动不生产价值，那么其价值何在呢？斯密将这个问题与随生随灭混谈在一起，就好像平添了某种神秘感。其实，斯密这样绕，首先是将他自己绕糊涂了。

斯密讲，公仆们的劳动，功劳不小，但今年的政绩，买不到明年的政绩；今年的安全，买不到明年的安全。这么讲，看似振振有词，不可辩驳。其实，只是貌似深奥。问题在于，今年的政绩，干什么要买明年的政绩；今年的安全，买明年的安全干什么。要知道，今年公仆的劳动，使今年社会得到治理和安全，这就够了，何必再要求它保留到明年，明年的事要由明年来做。到了明年，公仆们自然又得为新的一年而劳动。劳动总不会一劳永逸，即使是制造业劳动，它的成果也是一年一年地被消耗掉。说有形产品可保留价值在其上，仅仅是可保留，实际未必该物就一定能留得住，一般来说，劳动成果生产出来就是为了消费，消费的方式可有不同，但共同的结果总是被消费掉，即用去，若有一些延迟消费也定要由别人借去先消费才行。让人不可思议的是，怎么能将这一消费的必然需要单单指向提供无形产品的劳动呢？

（4）生产性人手的多少问题

斯密对生产性人手作了这样的阐述："生产物的数量无论多么大，绝不是无穷的，而是有限的。因此，用以维持非生产性人手的部分愈大，用以维持生产性人手的部分必愈小，从而次年生产物亦必愈少。反之，用以维持非生产性人手的部分愈小，用以维持生产性人手的部分必愈大，从而次年生产物亦必愈多。除了土地上天然生产的物品，一切年产物都是生产性劳动的结果。"

斯密在这里将年产物统归为生产劳动成果，即认为非生产劳动是什么也不提供的，这就混淆了非生产劳动与不劳动的区别。不劳动才是什么也不提供的，而非生产劳动，用斯密自己的话讲"亦有若干价值"，既然有价值就是提供了劳动成果的。显然，在此斯密又陷入了自己制造的混乱和矛盾之中。

一般讲，非生产性人手增大，社会的发展就会受影响。但是，斯密所讲的生产性人手的范围是很窄的，所讲的非生产性人手并非是真正的非生产性人员，而是指提供无形产品的劳动人手，因而，他的理解就与事理相违了。我们知道，在新技术革命之后，提供无形产品的劳动人手越来越多，在某些发达国家甚至超过总劳动人手的80%，倘若按斯密的认识推论，这些国家必穷，然而事实正相反。所以，经济发展的事实证明斯密的生产性与非生产性人手划分是一种认识上的迷误。

　　(5) 生产者与不生产者的比例及两种基金的比例

　　斯密认为："由土地、由生产性劳动者生产出来的年产物，一生产出来，就有一部分被指定作为补偿资本的基金，还有一部分作为地租或利润的收入。我们现在又知道，随便在哪一国，生产者对不生产者的比例，在很大程度上取决于这两个部分的比例。而且，这比例，在贫国和富国又极不相同。"照斯密这样说，好像补偿资本的基金都是用于生产者，而资本家和地主的收入都是用于非生产者。补偿资本基金与地租或利润基金的比例是存在的，而且这一比例在不同国家确实也不相同，但这一比例决不会同于生产者与非生产者的比例。第一，补偿资本的基金分为生产资料的补偿和生活资料的补偿，而且有生活资料补偿的一部分是对生产者的补偿。第二，资本家和地主的收入并非都用于非生产劳动成果消费，他们的必需生活消费基本都是由生产劳动提供的。第三，在资本投入中本身就含有非生产劳动的费用开支。总之，这两种比例根本不是一回事。

　　斯密对此却津津乐道，他回顾历史，分析当时，由对生产与非生产的论述转向对资本与收入比例的论述，试图说明"富国居民由资本利润而得的收入也比贫国大得多。但就利润与资本的比例说，那就通常小得多"。

　　所以，在接下来的论述中，斯密断定："与贫国比较，富国雇用生产性劳动的基金，在年产物中所占比例，也大得多。"

　　为了更进一步引申这个问题，斯密继续发挥他的想象力，写道："这两种基金的比例，在任何国家，都必然会决定一国人民的性格是勤劳还是游惰。和我们祖先比较，我们是更勤劳的，这是因为，和二三百年前比较，我们用来维持勤劳人民的基金，在比例上，比用来维持游惰人民的基金大得多。我们祖先，因为没受到勤劳的充分奖励，所以游惰了。俗话说：劳而无功，不如戏而无益。在下等居民大都仰给于资本的运用的工商业城市，这些居民大都是勤劳的、认真的、兴旺的。"本来，这两种基金的比例根本与人民的勤劳与游惰是不成因果关系的，竟让斯密给说成了必然的因果关系。我们知道，任何比例都是对事实的不同部分当量对比的测定，它可以反映事实，却不能决定事实的存在。更何况，勤劳与游惰是品行之分而非劳动性质之分，怎么可能由资本与收入的比例来决定呢？这就叫差之毫厘，谬以千里。再说，到底是谁游惰呢？是受资本家或地主雇用的非生产性劳动者游惰，还是资本家或地主本人游惰呢？

（6）耐久的物品与国民财富的增长

斯密认为资本家："个人的收入，有的用来购买立时享用的物品，即享即用，无补于来日。有的用来购买比较耐久的可以蓄积起来的物品，今日购买了，就可减少明日的费用，或增进明日费用的效果。"那么，这种区分有什么意义呢？斯密的解释是："对个人财富较有益的消费方法，对国民财富亦较有益。"就是说，对购买耐久物品，斯密所倡言的这种消费方法，他将之与国民财富的问题联系了起来。

斯密认为资本家之类的人购买耐久物品，而不是消费随生随灭的劳动或即享即用的物品，其美妙之处在于："富人的房屋、家具、衣服，转瞬可一变而对下等人民中等人民有用。在上等阶级玩厌了的时候，中下阶级的人民，可以把它们买来，所以，在富人一般都是这样使用钱财的时候，全体人民的一般生活状况就逐渐改进了。在一个富裕已久的国家，下等人民虽不能自己出资建造大厦，但往往占用着上等家具。"我们看，斯密的这种安排是多么的合情合理！在斯密看来，整个社会的富裕增长都要仰赖上等阶级剥削者们的这种合理的消费方式。

为此，斯密诚恳地进一步向富人们说教："把收入花费在比较耐久的物品上，那不仅较有利于蓄积，而且又较易于养成俭朴的风尚。设使一个人在这方面花费得过多，他可幡然改计，而不致为社会人士所讥评。如果原来是婢仆成群，骤然撤减，如果原来是华筵广设，骤然减省，如果原来是陈设丰丽，骤然节用，就不免为邻人共见，而且好像是意味着自己承认往昔行为的错误。所以，像这样大花大用的人，不是迫于破产，很少有改变习惯的勇气。反之，如果他原爱用钱添置房屋、家具、书籍或图画，以后如果自觉财力不济，他就可以幡然改习，人亦不疑。因为此类物品，前已购置，无需源源购置不绝。在别人看来，他改变习性的原因，似乎不是财力不济，而是意兴已阑。"我们不难看出，斯密为了规劝握有地租或利润收入的上等人士怀有虔诚的社会责任感走上他指出的光明大道，用心是何其良苦？连他们的面子问题，斯密都替他们想到了。然而，这也表明斯密始终是从上等人的眼光来看生产劳动问题，而且一直是从上等人理财的角度认识问题的。

斯密不愧是那个时代十分少有的经济学家，在这方面，他比一般常人的考虑要仔细而深切得多。他认真地告诫依靠剥削收入为生的人们应怎样理财过日子。他说："费财于耐久物品，所养常多；费财于款待宾客，所养较少。一夕之宴，所费为二三百斤粮食，其中也许有一半倾于粪堆，所耗不可谓大。设以宴会所费，用以雇用泥木工、技匠等等，则所费粮食的价值虽相等，所养的人数必加多。工人们将一便士一便士地、一镑一镑地购买这些粮食，一镑也不会消耗毁弃。"总之，斯密的信条是："一则用以维持生产者，能增加一国土地和劳动的年产物的交换价值，一则用以维持不生产者，不能增加一国土地和劳动的年产物的交换价值。"

最后，斯密说明其研究生产劳动的目的。他写道："我上面的意思，不过是说，费财于耐久物品，由于助长有价商品的蓄积，所以可奖励私人的节俭习惯，是较有利于社会资本的增进；由于所维持的是生产者而不是不生产者，所以较有利于国富的增长。"斯密认为，关键在此。

2. 关于亚当·斯密生产劳动理论的三个讨论问题

基于以上的分析，我们以下讨论斯密有关生产劳动与非生产劳动论述中存在的三个主要问题。

问题 I：斯密没有给生产劳动与非生产劳动下定义。

这是必须澄清的首要问题。这是因为，我们从斯密的论述中根本找不到定义表述。

斯密反反复复地述说了他对生产劳动与非生产劳动的认识，并作了许多例证，但都没有达到下定义的学术要求。所以，关于斯密对生产劳动与非生产劳动存在两个定义的说法应予以纠正。

定义，是学术上对某一概念的内涵所作的规范的、周严的、明确的表述，并有其通用的格式。并非对事物所作的任何形式的说明都可算作定义。

前面的分析表明，斯密对生产劳动与非生产劳动的认识，总的来说是含混的，没有作出与此相联系的定义式的表述。斯密所作的最郑重的一段表述就是开头的一段话："有一种劳动，加在物上，能增加物的价值；另一种劳动，却不能够。前者因可生产价值，可称为生产性劳动，后者可称为非生产性劳动。"但这并不能算作定义。

我们可以将斯密的表述与马克思下的规范的定义进行比较。

马克思是这样写的：

"生产劳动是直接增殖资本的劳动或直接生产剩余价值的劳动。"①

无可置疑，马克思的对生产劳动的定义符合一般下定义规则。而斯密的表述与之相比就看出差异了。

截至目前，理论界普遍认为存在斯密关于生产劳动的两个定义。这是需要认真考证的。后人对斯密的表述又作了整理，形成定义的表述，那是另外一回事。

在斯密自己的论述中，他对生产劳动是存在两种见解的，但仅仅是见解，不是定义，见解与定义不同。搞学术研究不能不仔细分辨清楚这些事。

问题Ⅱ：斯密将对生产劳动与非生产劳动的研究混转成对资本家剥削工人劳动和消费劳务劳动之间关系的研究。

这是认识斯密生产劳动理论的关键。在没有明确的生产劳动定义的前提下，斯密的研究转来转去，转成了对剥削劳动与剥削生活消费关系的研究，即转成了对资本家收与支两种角度的理财问题的研究。

如果是研究生产劳动，研究人类劳动中哪些劳动是生产的，哪些不是生产的，从而区别出来哪些劳动是对社会的生存和发展起到有益作用的劳动，使社会能够在已有的条件下尽可能地明辨发展的事由，尽可能地为自身的生存而有意地减少起不到有益作用性的劳动，当然这是指处在现实的常态社会下，那么，研究就必须紧紧地围绕已被社会所接受所承认的所有劳动进行，从这些劳动的人与自然关系和人与人关系的统一中考察其对社会所起到的作用，考察角度必须是始终如一的，必须是从社会人的整体角度对社会有用劳动（社会必要劳动）提供的劳动成果的社会作用性的认识。

---

① 《马克思恩格斯全集》第49卷，人民出版社，1979，第99页。

倘若考察者不坚持角度始终如一的原则，一方面从劳动过程及劳动成果来认识生产劳动，另一方面又以社会消费或个人消费的支出来判别非生产劳动，那结果只能是全盘混乱，不可能说清楚任何问题。因为社会有用劳动作为现社会经济生活的实质内容，它都要以自身的过程作用向社会提供成果，这是社会有用劳动的基本特性，是考察生产劳动与非生产劳动的基本立足点。而社会的消费则是另一角度问题，不用说消费有各种方式的不同，如果分别从不同角度来认识生产劳动，那么即使撇开一切狭隘的偏见和认识的时代局限，也绝不会作出合乎逻辑的明晰的认识。

斯密的研究实际进入的就是这样的一个怪圈。首先，他的基本观点是二重的。斯密既以"劳动创造价值"为生产劳动的依据，又以"劳动不是随生随灭的"为生产劳动的依据。这样，他就给自己的分析先下了绊子。众所周知，斯密一贯坚持劳动价值论。可如果讲只有生产劳动才创造价值，那岂不成了生产劳动价值论？正因劳动价值论与生产劳动价值论的内涵决不等同，所以，斯密自然陷入进退维谷的境地，一方面他有生产劳动才创造价值的看法，另一方面他又不得不承认非生产劳动亦有若干价值。因为劳动没有价值是不能交换的，存在商品的交换，就存在所交换的劳动的价值。因此，斯密提出的以"劳动创造价值"为生产劳动的依据，他自己也无法使用。斯密的详细展开分析几乎都是以"劳动不是随生随灭的"为生产劳动的依据。而这一点实际又变成了对劳动成果为有形产品与无形产品的划分，全然不是对劳动的生产与非生产性质的划分。总之，二重见解，无一是处。而且，这无法讲得通的二重见解像浓雾一样把斯密笼罩起来，使他再难以寻觅其他的可行之路。

在这样的前提下，斯密的研究走向两个角度，实际他所做的只是对资本家收与支的理财问题的研究。斯密讲的生产，是从剥削劳动角度讲的；斯密讲的非生产，是从资本家个人生活消费角度讲的。笔者已经指出，除了显示逻辑混乱和表达诚意之外，这不可能对生产劳动与非生产劳动的划分提出任何有价值的见解。斯密认为，资本家把钱花在雇用制造业工人身上，是生产的；而把钱花在雇用家仆侍候自己上，是非生产的。这只是资本家的收与支的问题，绝不等同于生产劳动与非生产劳动的划分。事实上，资本家所雇用的家仆的劳动是非生产的，并非是因花了资本家的收入，而是因家仆劳动本身是供资本家奢侈享乐的，是对常态社会的生存和发展起不到有益性作用的。若以资本家花收入算是非生产劳动，那么显然制造业工人的劳动成果最终也要有一部分与资本家的收入相交换。最简单的事实就是，现在最豪华的小轿车大部分都卖给了资本家。但如此矛盾，斯密没有看出来。他还论辩说，买耐久物品有利于国富增长，因为制造耐久物品的是生产劳动。试想，除了豪华小轿车，那富丽堂皇的王宫别墅，精雕细刻的金银饰器，珍瑰妍奇的珠宝玩物，哪一样不是耐久物品，而哪一样不是极奢侈品，至少在人类文明发展已走过的历程中这些都是极其奢侈的。如果将生产这些物品的劳动称为生产劳动，那么毫无疑问像家仆一类的劳动也应当视为生产劳动，没有人会否认这二者的异曲同工，斯密本人不是也觉得这些都是"轻浮性向"的吗？其实，斯密只是想说，花在随生随灭的享受上，比买耐久物品更费钱，仅此而已。这远远不是对社会有用劳动中的生产劳动与非生产劳动的划分。斯密在其明确的两个角度的研究下，只可能为资本家当家理财、量收为支提供一点点精明的算计，而不可能对政治经济学生产劳动理论的研究作出有见地的慎思益解。

问题Ⅲ：斯密对非生产劳动分析推理的整个过程是错误的。

斯密的推理是这样的：

论题：非生产劳动是随生随灭的劳动。

因为①随生随灭的劳动是与收入相交换的——②不能增加收入——③反而消耗收入——④造成游惰——⑤因而奢侈——⑥由此贫困——⑦不利于国富增加——结论⑧所以是非生产劳动。

事实上：

第①点起始就转换了角度，由劳动的生产问题转向了收入的消费问题。而且，概括过度，因为并非所有随生随灭的劳动都是用于生活消费的。

第②、③点毫无道理。既然前提是与收入相交换，这指的就是生活消费，因而属于支出范畴，支出当然不能增加收入。资本家除了办工厂雇工可得剥削收入外，他的生活消费与普通人一样要花去收入的部分。

第④点颠倒是非。按照斯密的说法，资本家的享乐不是游惰，而为资本家当家仆倒是游惰。

第⑤点是混淆。斯密若指所有的随生随灭的劳动统为奢侈，显然扩大了随生随灭劳动中的奢侈范围；若将奢侈概括地只指随生随灭的劳动，又显然是缩小了奢侈范围。所以被认为是混乱的武断。

第⑥、⑦点讲的并非是主要原因，因而概括内容与历史事实不符。

第⑧点结论错误。事实上随生随灭的劳动并非全是非生产劳动，不仅与收入相交换的即生活消费的随生随灭的劳动中存在生产劳动，而且投入生产消费的随生随灭的劳动中亦有生产劳动的存在。

总之，按照斯密的推理，原来是非生产劳动的家仆劳动，推出来是非生产劳动；原来是生产劳动的劳动，如运送人民口粮的运输劳动，推出来也是非生产劳动。这足以证明斯密对非生产劳动认识的糊涂。

从某种意义上说，斯密对生产劳动与非生产劳动的认识还未能完全摆脱重商主义和重农学派的影响。斯密像他的前辈一样，仍缺乏对社会劳动整体观念的准确把握，未能做到从完整的社会劳动系统中去区分生产劳动与非生产劳动的不同作用性。而且，斯密之所以在二重见解的前提下，又陷入两个角度的认识误区，这与他对劳动范畴理解的欠缺是直接相关的。在斯密看来，制造业工人的劳动是生产劳动，有钱雇用工人就是实现生产劳动，但没有讲到，雇用工人是受拥有生产资料的数量限制的。没有生产资料，就雇用不了工人；有了生产资料，也要按其拥有量决定雇工的数量。正因为斯密没有重视生产资料对雇用工人的条件限制，所以他才把雇用工人与雇用家仆看成可随意互换的那么简单。

总之，在政治经济学的生产劳动理论研究上，我们不能不重视斯密思想所具有的代表性，不能不重视他带来的影响，不能不重视对他著述的研究。但更重要的是，要通过对他的研究敏锐地看到他精思细别的论述中存在的代表那一时代思想的认识混乱。

3. 马克思主义经济学的生产劳动理论

当年，马克思对亚当·斯密的生产劳动与非生产劳动理论进行了一系列的批判，并且原计划以生产劳动为核心范畴进行政治经济学研究，其认识成果主要见于《资本论》《剩余价值学说史》等著作。

在马克思之后，关于这一问题的研究情况变得更为复杂了。美国经济学家艾·亨特作了这样的概括："从19世纪70年代到1957年这段时间里，划分生产劳动与非生产劳动问题差不多普遍被学术界经济学家们抛弃了。这种划分通常被看作只有在古典经济学家和马克思的著作里才能找到的无用的或错误的理论产物。然而，1957年出版了马克思主义经济学家写的两本有影响的书。一本是约瑟夫·吉尔曼的

《下降的利润率》，另一本是保罗·巴兰的《增长的政治经济学》。这两本书的出版重新引起了关于划分生产劳动与非生产劳动理论的兴趣，在马克思主义经济学家中间激起了一场关于生产劳动与非生产劳动各种定义的用途和运用范围的长期争论。"①

同其他社会主义国家一样，中国经济理论界自 1962 年开始讨论生产劳动问题，至今历时 50 年，仍未能达成一致意见。"文化大革命"前的讨论，主要集中在生产劳动划分的社会基础和社会主义生产劳动的划分标准两个方面。由于"文化大革命"，中国经济理论界关于生产劳动与非生产劳动的讨论中断了十多年。

直到 1980 年，这一理论才得以继续研究。重新开始讨论的焦点集中在社会主义生产劳动与非生产劳动的划分上，大体形成了宽、窄、中三大派观点。各派依据自家对马克思有关论述的理解，深文究义，辩理求正。宽派认为，凡是社会主义社会需要的劳动，包括各种服务劳动都是生产劳动；窄派坚持只有生产物质资料的劳动才是生产劳动；中派介乎两者之间。虽然观点迥异，争执不下，但不论哪一派，都充分肯定研究生产劳动与非生产劳动的划分是一个十分重要的理论问题。

20 世纪末和 21 世纪初，中国经济理论界在深化劳动和劳动价值理论认识的前提下又广泛地展开对这一问题的讨论。目前，关于生产劳动和非生产劳动的争论主要有以下几种观点。

第一种观点认为，只有从事物质产品生产的劳动才是生产劳动，不从事物质产品生产的劳动就不是生产劳动。

第二种观点认为，生产劳动主要限于物质生产领域的劳动，但物质生产劳动不仅包括生产物体形态产品的劳动，也包括提供不具有物

---

① 艾·亨特：《马克思经济理论中的生产劳动与非生产劳动范畴》，《经济学译丛》1980 年第 5 期。

体实在形态的某种能量、或者提供某种物质性服务和生产性服务的劳动。此外，还包括体现在物质产品中的一部分精神劳动。这种观点的外延比第一种观点拓展了。

第三种观点认为，生产劳动不能只以物质产品生产为限，而应扩大其外延，提出各种劳动都是生产劳动的观点。

第四种观点认为，现实的生产劳动应是在物质生产领域或非物质生产领域以物质产品、服务或精神产品形式为社会创造的具有国民经济统计意义的社会有效劳动。而不应该以是否创造物质产品，也不以价值的实现方式或产品的购买方式作为判断的标准，只要创造出价值，具有国民经济统计意义的有效劳动都是生产劳动。以此为依据，认为"科学技术、教育、管理和社会科学"等内容都具有生产属性。

第五种观点从不同的角度考察生产劳动和非生产劳动。首先从单纯劳动过程来考察，凡是生产物质产品的劳动，都是生产劳动。这里又可以分为两种情况：一种是个体生产者的劳动过程，其劳动的一切职能结合劳动者于一身，即劳动者参加劳动的全过程。另一种是社会化的集体劳动过程，劳动的不同职能由不同的劳动者担任，产品成为总体劳动者协作劳动的产物，生产劳动和生产劳动者的概念也随之扩大，凡是参加物质生产过程的一切成员——体力劳动者和脑力劳动者都是生产劳动者。但是不同意从此引申出物质生产领域以外的职业如歌唱家、教师等都是生产劳动者的观点。其次从资本主义生产过程来考察，凡是生产剩余价值的劳动便是资本主义生产劳动。资本主义生产劳动是生产使用价值的劳动与生产剩余价值劳动的统一。非物质生产部门的剩余价值是对物质生产部门剩余价值的一种分割。从资本主义生产关系的单纯表现形式来考察，凡是能给资本家提供利润的雇佣劳动，都是生产劳动。

第六种观点认为，创造价值的规定性与生产劳动的规定性没有必然联系，创造价值的劳动是为社会创造使用价值的劳动。因为生产劳动概念和创造价值劳动概念的经济关系内涵是不同的。生产劳动的第一个定义是从简单劳动的过程中得出的，它所包含的是人与自然的关系。生产劳动的第二个定义是从劳动借以实现社会形式中得出的，它所包含的是特定的资本主义生产关系。可见，创造价值劳动的规定性也是从生产的社会形式中得出的，但它所包含的却是一般商品经济关系。特别是生产劳动概念和创造价值劳动概念在外延上虽然有交叉但不是重合的。若将马克思的价值论归结为生产性劳动价值论，不仅缺乏根据，而且造成重大理论误解。

笔者持第七种观点，认为，生产劳动范畴所讲的生产，实质上指的是对社会的生存和发展所起的有益作用性。生产劳动即是对社会的生存和发展具有有益作用性的劳动。从价值范畴讲，劳动相对应的是价值，生产劳动相对应的是有益价值。有益的益，并非泛指任何有益性，而是特指对社会生存和发展的有益性。因而，对社会的生存和发展起不到有益作用性的劳动，即使在社会经济生活的其他方面具有有益性，也是非生产劳动。毫无疑问，明确这种生产的含义，是研究生产劳动理论的首要前提。

生产劳动与非生产劳动以社会必要劳动为论域表明，社会自发实现的劳动，即商品经济中得到社会承认的劳动，并非都是对社会的生存和发展具有有益作用性的劳动。因此，社会必要劳动一是表现出自发性，包括能自发地实现社会的生存和发展所需要的劳动；二是表现出社会实现劳动的范围已经超出社会的生存和发展的需要。而对生产劳动的认识则是对社会自发实现的劳动是否对社会的生存和发展具有有益作用性的理性的确定。这种确定目前还不能阻止社会自发地去实现非生产劳动，但却是衡量社会实现的劳动的作用的标尺，是使社会能自觉地实现生产劳动的理论依据。对生产劳动认识的逐步发展，体现了政治经济学理论认识的不断深化。

三 复杂劳动

从另一个方面划分，社会必要劳动分为简单劳动与复杂劳动。分析这一对范畴，提示它们之间的内在联系，是我们研究现代劳动理论的重点。在市场经济中，不能实现交换的简单劳动不属于社会必要劳动，不能实现交换的复杂劳动也不属于社会必要劳动。社会必要劳动只承认实现交换的简单劳动与复杂劳动。凡是社会必要劳动，都具有必要性，不论其是简单劳动还是复杂劳动。

需要强调的是，简单劳动与复杂劳动并不等同于非熟练劳动与熟练劳动。简单劳动与复杂劳动是按劳动技能质量水平的高低划分的，相对而言，劳动技能质量水平高的是复杂劳动，劳动技能质量水平低的是简单劳动。而非熟练劳动与熟练劳动是按劳动主体掌握劳动技能的熟练程度的高低划分的，一般来说，劳动主体掌握劳动技能的熟练程度高的是熟练劳动，劳动主体对劳动技能掌握得不太熟练的是非熟练劳动。在复杂劳动中，有熟练劳动也有非熟练劳动；在简单劳动中，亦有熟练劳动与非熟练劳动。因而，不可将简单劳动与非熟练劳动、复杂劳动与熟练劳动的概念混同。以往对这两对范畴未加区分，应予以纠正。

在漫长的人类劳动发展史中，简单劳动与复杂劳动的关系大体上和体力劳动与脑力劳动的关系相对应。不过，体力劳动与脑力劳动的划分标准并不同于简单劳动与复杂劳动，它们是按劳动者运用身体器官的侧重点不同而划分的。体力劳动是劳动者主要运用体力的劳动，脑力劳动是劳动者主要运用脑力的劳动。事实上，任何劳动都需要劳动者既付出体力又付出脑力，从来没有纯粹运用体力或纯粹运用脑力的劳动。体力劳动也并非是一点也不用脑力的劳动，脑力劳动也并非是一点也不用费体力的劳动。尽管如此，从历史和现实来看，虽然划分角度不同，但体力劳动大多表现为简单劳动，脑力劳动大多表现为复杂劳动。所以，通常人们对这两对范畴不严格区分，而且侧重讲的是体力劳动与脑力劳动的关系。可是从今天来看，我们更应该注意到这两对范畴之间的关系只是大体上对应，终归其间的划分标准是不同的，若泛泛了解二者的概括情况，不分未尝不可，若要深入研究就必须严格按它们各自的确切含义进行。

作为简单劳动与复杂劳动的划分标准，劳动的技能质量水平，是由劳动主体与劳动客体两个方面构成的，这两个方面相互联系，但又有它们各自的区别。当今时代，有些劳动主体的作用可以部分地由客体作用替代，这表现出人类劳动的进步。但是，主体作用全部被客体作用替代，是永远不可能的。在一个劳动整体中，劳动主体的作用就是主体作用，劳动客体的作用就是客体作用，这是不能混淆的，不能因主客体作用合成整体作用就不分主体与客体的作用区别。简单劳动的劳动主体是简单劳动者，复杂劳动的劳动主体是复杂劳动者。简单劳动者在简单劳动中起主体作用，复杂劳动者在复杂劳动中起主体作用。一般地讲，劳动的技能质量水平的高低与劳动者受教育程度的高低是对应的，复杂劳动需要受教育程度较高的劳动者，简单劳动需要的劳动者受教育程度相对低一些。不过，在现实组合中，也有一些劳动的劳动者受教育程度与劳动整体的技能质量水平并不是对应的，在一定程度上存在着简单劳动者受教育程度高和复杂劳动者受教育程度低的情况。比如，一个人力清洁工的劳动可以由一个受过高等教育的人担任，他起到的作用可能比没受过高等教育的人要好一些，也可能还差一些，不管他工作效果如何，这位受过高等教育的人所从事的清洁工劳动都是简单劳动，他本人是简单劳动者。事实上，这种情况并不罕见，有些地方一搞卫生运动，就极大规模地组织平日里做其他工作的人来做。不管是受过何等教育，统称作简单劳动者。再有，有些受过高等教育的人坐在办公室里，自愿做一些简单劳动，看看门，传传话，抄抄文，本身不做多少事，更不能使集体劳动的技能质量水平提高，如此终身也只能落个终身简单劳动者。总之，受教育程度高不一定就是复杂劳动者。若从事情的另一方面来看，在现实中，复杂劳动者也不一定就是受教育程度高的人。比如，一个从事经济考察需要制定重要的长期规划的小组，其中每一个成员都要求有一定的特长和工作能力，但未必每一个成员都受过高等教育。这个小组的劳动是整体性的。这是一个从事复杂劳动的小组，其中每个成员都是复杂劳动者，不管他受教育的程度是高还是低。这种情况中，最典型的例子是飞机驾驶员，驾驶现代化的飞机应是复杂劳动，因为飞机作为劳动客体对整体劳动技能质量水平高起到作用，但驾驶人员并不一定受教育的程度高。就中国讲，只是近几年才招收培养大学本科制的飞行员，在战争年代有许多是速成班培养的驾驶员在空战中立大功。今后，随着飞机驾驶自动化程度的提高，也可能人们不用接受多少专门的训练，就可以将大飞机安全地驾上蓝天。就现时代劳动发展的程度讲，在一些复杂劳动的整体中，确实不需要人人都是智星，有的可以是做辅助性工作的，虽然这些人也应算作复杂劳动者。当然，在现实的具体工作中，也有一些人员滥竽充数，明明工作需要的劳动者必须具备良好的教育基础，但他们不具备条件也不努力提高自己，结果只能是降低工作效率，使劳动客体的作用也难以正常发挥。复杂劳动是效率高、社会作用大的劳动，并非是受过高等教育或是占住优越的工作位子就可以宣称自己做的是复杂劳动。事实上，在现阶段有许多复杂劳动者是很辛苦的劳动者，他们并非很轻松地工作。像从事基础理论研究工作的人，不论是社会科学还是自然科学，不论是哲学还是数学，都是长年累月孜孜不倦钻研的人，耐不得寂寞，耐不得煎熬，是绝拿不出一流的认识成果的。像水稻育种专家们，不仅要付出大量脑力劳动，而且还要在田间从事大量体力劳动，并且年复一年地干下去，历经数载乃至数十载，才能育出真正好的良种。在一些尖端的科学研究中，科学家们更是夜以继日、废寝忘食地工作，他们的大脑经常处于高度兴奋状态，若非如此，就难以有新的发现或新的创造，而这种用脑是非常累人的，一个研究项目攻下来，他们往往筋疲力尽。这绝非一些人所想象的那样，复杂劳动者尤其脑力复杂劳动者，是四体不勤、五谷不分、写写画画、风吹不着日晒不着的悠闲者。

除非是冒牌的，除非是不负责任的例外，复杂劳动绝没有那么舒适。虽然，从现在来看一些复杂劳动可以保留少许受教育程度不很高的劳动者，大量的没有受过教育或只受过很少教育的劳动者还可以从事简单劳动为生，但是，这正是经济落后的根源，绝不是能长存久在的。一个国家，或是说整个人类社会，要保持存在，都必须致力于提高劳动者的受教育程度。复杂劳动的发展将来必然要求所有的复杂劳动者都要受过良好的教育。人类社会的发展必然要整体提高劳动者的素质，即使是将来的简单劳动，劳动者的受教育程度也要相对提高。简单劳动的存在和发展是社会经济生活的需要。在现实经济中，这些简单劳动能够获得社会必要性，概括起来，分为两方面原因：一是与复杂劳动是同类劳动而报酬可为劳动者接受。这里又分两种情况——

一种情况是劳动者报酬低于复杂劳动者，但由于简单劳动者对低报酬能接受，所以能与复杂劳动同在。例如，做同样的鞋，复杂劳动是简单劳动效率的 10 倍，复杂劳动者的报酬是简单劳动者的 5 倍，简单劳动者仍然愿意做这种鞋而不愿改做他事。人们走在马路上，常可看见马车拉煤，这与汽车运输的效率相比，相差悬殊，可是，马车运输者愿意接受这一事实，并还愿以此谋生，那么这种并存就不会消失。目前，一些经济落后地区、落后国家的劳动者到经济比较发达的地区或国家去打工，情况大体就是这样，他们中大多数人从事简单劳动，比如在有挖掘机的条件下去做人力挖土方的活儿，挣简单劳动报酬，这种报酬比当地人少得多，但是却比他们原来生活地的收入又高得多，因而这对他们来说是可接受的劳动。再一种情况是简单劳动者与复杂劳动者的报酬等同。这说明复杂劳动的水平还不够高，生产固定资产成本高，而使劳动主体的收入难以提高。这其中包含部分劳动主体作用与客体作用能够互换的可能。例如，10 个简单劳动者与 100 万元资产结合，同 1 个复杂劳动者与 1000 万元资产结合收益相等，并且，增加劳动者减少资产与增加资产减少劳动者效果等同，这种状态下，简单劳动者的报酬不会比复杂劳动者少而且也不会放弃他的简单劳动。不过，这种情况终是暂时的，技术进步会拉开他们之间的差距，简单劳动者一旦看到其报酬并不能为自己接受就会放弃这种劳动。

简单劳动能够获得社会必要性的第二种原因是社会客观需要此类劳动，此类劳动只有简单劳动，没有复杂劳动。比如，一般生活服务劳动只是家务劳动的社会化，就只有简单劳动，这种情况现在看不会改变。这里细分也有两种情况。一种情况是指现实存在的社会客观需要，像门卫、售票、看车等劳动，现在社会还离不开，还是普遍的需要，但将来会逐步消失。再一种情况是不光现实存在而且长久存在社会客观需要，如一般生活服务劳动就是这种情况。复杂劳动获得社会必要性有顺利与曲折之分。顺利的是很快能得到社会承认、能交换出去的复杂劳动。这一般是实用性的复杂劳动，如机器纺织、机械制鞋、蒸汽机车运输、专职教育、艺术创作等。计算机的运用在 20 世纪 50 年代后得到推广，生产电视机、录像机方面的劳动发展迅速，新式武器的制造随着战争的升级而受欢迎，这些复杂劳动一进入市场，就找到需求，就实现了价值并发挥作用。相反，一些基础性的复杂劳动被社会承认总是比较难，往往要历经曲折。在复杂劳动的发展史上，这样的事不乏实例。数学中群论的创立，是对科学的重大贡献，但是这项具有划时代意义的成果却在创立者伽罗华生前迟迟得不到承认，直到这位在法国巴黎郊区长大的数学天才去世后才得以发表。瑞典的阿伦纽斯提出了在化学发展中带有革命性的电离学说，但当时竟被权威们认为是"胡说八道"，伟大的法国科学幻想小说家凡尔纳的著作对现代科学基础研究不无启迪作用，有人惊呼作者的超前性是 21 世纪科学技术大发展的曙光，但是这位对推动科学技术进步作出重大贡献的名人，第一部作品《气球上的五星期》投稿 15 次被拒绝，直到第 16 次投稿才获得出版的机会。美国科学家史密斯编绘了世界上第一张最为系统的地层表《美国沉积地层表》，成为生物地质学的创始人和先驱者，但是他的成果被社会承认竟拖延了 20 多年。在社会科学基础研究领域，具有新的创见而迟迟不能被社会承认成果的情况，更是屡见不鲜。这与其说是劳动者个人的悲剧，不如说是社会自身的损失。

不管是哪一部门的复杂劳动，能够得到社会承认，获得社会必要性，终归是因为社会生活的需要。市场上交换的完成实质上是由客观的需要所决定的。在现今的网络时代，人类的进步表现在物质生活和精神生活的日益丰富和复杂上。复杂劳动的发展，一方面扩展了人类的生活内容和生活水平，表现出人类进步的趋势；一方面又刺激了更多更高的对自身发展的向往和追求。劳动内在的人与自然关系的发展趋势体现在复杂劳动的发展上，人与人化自然关系的发展趋势体现为复杂物质劳动的发展趋势，人与人的自然化的发展趋势体现为复杂精神劳动的发展趋势。这两个方面的复杂劳动的发展分别满足社会物质生活和社会精神生活的需要，反映社会生存的客观要求，是人类劳动内部矛盾发展的外在的集中体现。

参考文献

［1］马克思：《马克思恩格斯全集》，第 26 卷 I ，人民出版社，1975。

［2］马克思：《资本论》，人民出版社，1975。

［3］王振中主编《政治经济学研究报告 5》，社会科学文献出版社，2004。

［4］何炼成：《生产劳动理论与实践》，湖南人民出版社，1986。

［5］经济研究编辑部编《中国社会主义经济理论的回顾与展望》，经济日报出版社，1986。

［6］钱津：《劳动论》，企业管理出版社，1994。

［7］钱津：《生存的选择——人类的历史与未来》，中国社会科学出版社，2001。

第二章　价值理论

价值理论是经济学研究的重要基础理论之一。坚持和发展马克思主义政治经济学，必须坚持和发展劳动价值论。现时代，人类的视野已经延展到地球之外的宇宙空间，高新技术的发展远非 20 世纪前"比过去一切世代创造的全部生产力还要多，还要大"[1] 的生产力所能比拟，这表明人类劳动的发展已经进入了一个新的历史阶段。因此，现代经济学对人类自身劳动的认识有可能比前一代人更全面、更深刻，更懂得坚持劳动范畴的基础研究对于科学的价值理论完成的意义，并且能够由此超拔而起突破前时代理论认识的局限。

一　劳动的整体性

劳动是人的本质，也是人类生存的需要。劳动创造了人，人类经济生活的实质内容是劳动。马克思曾经讲过，劳动是社会围绕其旋转的太阳。[2] 恩格斯也曾指出，劳动发展史是理解全部社会史的基础和锁钥。[3]

---

[1] 《马克思恩格斯选集》第 1 卷，人民出版社，1964，第 256 页。
[2] 《马克思恩格斯全集》第 18 卷，人民出版社，1964，第 627 页。
[3] 《马克思恩格斯全集》第 21 卷，人民出版社，1965，第 353 页。

然而，直至 20 世纪的自然科学取得了具有划时代意义的突破性进展，在 21 世纪初的现代经济学视野里，理论的研究始终未能深入地展开对劳动整体性的认识。

人类劳动起源于动物劳动。动物劳动是动物最基本的求生活动。人类劳动是人类最基本的生产实践活动。经济学对于劳动的研究，不可脱离人类劳动起源和发展的历史。但是，在过去人类对自身的认识中，存在着以理想的标准要求现实社会、以完善的人性要求尚未完善的劳动的倾向，也就是说没有以历史存在和发展的角度去认识蕴涵经济运动实质内容的基本劳动范畴问题。由此，经济学在上世纪乃至上上世纪的研究中，将带有动物性的人类劳动与未来的消除了动物性的人类劳动相混同，缺乏对带有动物性的历史和现实的人类劳动深刻的辩证认识。

更重要的是，经济学研究在各种涉及劳动范畴的逻辑分析中，基本上对劳动范畴都缺乏准确的基础认识。这种基础认识的缺乏不是指对社会化劳动与非社会化劳动的认识分歧，不是指对生产劳动与非生产劳动的界定争论，也不是指对资本主义劳动与社会主义劳动的看法不同，而是指对劳动范畴的确定认识不清，对劳动客观具有的整体性缺乏全面准确的认识，或者说对于什么是劳动这个问题缺乏学术研究深度的科学界定。

界定劳动的整体性分为两个方面：其一，指一定时间点的人类劳动是一个整体，即整个人类劳动是抽象的统一体。这就是马克思说的"各种劳动不再有什么差别，全部化为相同的人类劳动，抽象人类劳动"①。其二，指具体劳动是一个整体，整体之中既要有劳动主体也要

---

① 马克思：《资本论》第 1 卷，人民出版社，1975，第 51 页。

有劳动客体，劳动主体与劳动客体是对立统一的，是不可分的，像磁石的两极一样互为存在条件，没有劳动主体的劳动不存在，没有劳动客体的劳动也不存在，任何具体劳动的存在都是具体的劳动主体与具体的劳动客体对立统一，从而构成一个整体的存在。在新的历史条件下，深化对劳动和劳动价值理论的认识，必须注重研究和清楚认识这第二个方面的劳动整体性，即真实的没有任何例外的具体劳动的整体性。根据客观存在的普遍事实，经过深入地学术探讨，任何研究者都应确认：在任何情况下，具体劳动的作用都必然是劳动主体与劳动客体统一作用的整体。只有成为主客体统一的整体，才是具体劳动的真实存在。抽象劳动是对具体劳动的抽象，认定客观存在的事实是具体劳动具有整体性。因而，抽象地认识劳动，必然要合乎逻辑地确认劳动具有整体性。

准确地讲，劳动这一词语在人类生活的范围内表示的是类概念，是人类劳动或人类抽象劳动的简称和统称。将劳动只视为一种主体活动，是与劳动整体性相悖的。长期以来，在经济学研究中，劳动主体的活动即活劳动被称作劳动，只是一种约定俗成，并不属于科学的描述范畴。从普遍存在的客观事实出发，科学地认识劳动，是一定要把握劳动整体性的，即一定要认识到真实的具体劳动或抽象劳动，即劳动必定包含劳动主体与劳动客体两个方面的对立统一关系。割裂劳动主体与劳动客体统一的整体性，只讲劳动主体作用，忽略劳动客体在劳动整体中的存在，是无法奠定经济学的科学理论基础的。自经济学创立以来，已经形成的历史是，不论哪一个学派，很少有人认识到，单纯的劳动主体活动即活劳动不等于劳动。对劳动的整体性没有纳入学术范畴给予应有的重视，几乎所有的文献使用的劳动范畴的含义一直相悖于科学的界定，这是直到 21 世纪在经济理论研究中还尚未消除的一般现象。

　　概括地讲，在客观的社会经济生活实际中，劳动主体永远要与劳动客体相结合才构成劳动。在《资本论》中，马克思指出："劳动首先是人和自然之间的过程，是人以自身的活动来引起、调整和控制人和自然之间的物质变换的过程。"① 马克思的这段话，是对劳动整体性的准确表述，也是对人类劳动范畴的科学定义。在学术研究抽象的意义上，只要除去通常表示活劳动的说法，那么，劳动的含义与劳动过程等同，即劳动就是劳动过程，劳动过程就是劳动，劳动必然有过程，不论多么短的过程，对于劳动的存在都是必不可少的。在劳动过程中，人的方面，是劳动主体方面，是劳动的施动方面，即引起劳动产生的方面。劳动主体的活动时间并不一定等于劳动整体过程所花费的时间，它可能比劳动整体过程所花费的时间短，也可能与劳动整体过程所花费的时间相等。劳动主体活动的目的是劳动过程的目的，即人是施动者，劳动过程受劳动主体控制并为劳动主体达到一定目的。在劳动过程中，自然的方面，是劳动客体方面，是劳动的受动方面。劳动客体将始终作用于劳动整体过程时间，即在各种劳动过程中，劳动主体可间断活动，劳动客体的受动性却从不能间断。劳动客体是劳动主体要达到劳动目的所利用和运用的自然力量。这种自然既包括人化自然，又包括人的自然化。只有进入劳动过程的自然，才可称为劳动客体。在已有的理论认识中，劳动客体被划分为劳动手段和劳动对象。人类劳动发展的历史表明，进入劳动过程的劳动客体一直是发展变化的，人类劳动主体活动能力的变化决定了劳动客体的变化。劳动主体与劳动客体相结合的变化总是体现在具有特定历史性的劳动过程中，这种变化的过程是劳动

---

　　① 马克思：《资本论》第 1 卷，人民出版社，1975，第 201 页。

整体中对立统一的劳动主体施动与劳动客体受动的相结合的变化过程，也是人的方面与自然的方面历史性的相结合变化过程。

劳动的整体性是客观的，人与自然的关系或者说人在自然中的生存希望由此可集中体现。认识劳动的整体性，坚持马克思所强调的人与自然的物质变换关系，是现代经济学理论发展的责任。如果说劳动二重性的提出是理解政治经济学的枢纽，那么，劳动整体性的确定，就是现时代经济学界对劳动和劳动价值理论深化认识需要解决的基础性的关键问题。在当前迫切需要理论创新支撑的世界变革时代，对于这一现代经济学的基础理论创新，需要实事求是地认真对待。

二 价值创造

无论何时，价值始终是凝结的有用劳动过程，而这一过程的进行始终是劳动主体与劳动客体的结合，始终体现劳动整体作用。劳动主体或劳动客体，任何一个单方面的作用，都不可替代劳动整体对价值的决定作用。所以认识这一点，从劳动价值论的发展看，是长久而曲折的。已有理论的努力探索并没有将劳动的整体性贯彻到劳动价值论中。笔者认为，这种曲折的出现首先是由于已有理论的认识在逻辑上存在问题。第一点，将劳动肯定为人与自然之间的物质变换过程与强调"劳动并不是它所生产的使用价值即物质财富的唯一源泉"① 存在着逻辑冲突。只要将劳动过程作为人与自然之间的物质变换过程肯定下来，劳动必然是劳动成果即物质财富的唯一源泉（这个源泉已将自然即劳动客体包括在内了），决不能再将劳动只理解为单纯的劳动主体

---

① 马克思：《资本论》第 1 卷，人民出版社，1975，第 57 页。

活动，不能再说劳动不是生产物质财富的唯一源泉。在劳动整体性的意义上，劳动创造一切财富。由于财富即有用劳动成果，具有使用价值与价值二重性。因此，在使用价值的创造上，认识存在逻辑矛盾，就成为在价值创造问题上未能贯彻劳动的整体性的由头。第二点，认为劳动客体对创造使用价值起作用，对创造价值不起作用，在逻辑上也是讲不通的。其典型说法是，机器只创造使用价值，不创造价值。因为就劳动成果而言，有使用价值，或者说有社会使用价值，就必然有价值，价值与社会使用价值，是一个问题的两个方面，因而，劳动客体即土地、资产等，只要能在创造使用价值上起作用，就必然同样能在创造价值上起作用（这种客体作用是融于劳动整体作用之中的）。对劳动客体只能在创造使用价值上起作用，不能在创造价值上起作用的认定，与同一标的二重性的逻辑认定是相违背的。正因如此，已有理论将劳动整体性排除在劳动价值论之外，从逻辑上未能看到劳动客体的作用客观地包含在劳动整体的价值创造作用之中。

　　将政治经济学的研究局限于以简单劳动为分析对象，也是已有理论未能贯彻劳动整体性于劳动价值的一个重要方面。由于认为"比较复杂的劳动只是自乘的或不如说多倍的简单劳动"[①]，已有理论的研究将分析对象都化作简单劳动，且特别是劳动价值论方面的研究，基本上是按简单商品生产中的简单劳动分析的。从今天来看，劳动的发展已使复杂劳动的复杂程度大大超过简单商品生产时期的复杂劳动，在复杂劳动与简单劳动的关系中，不仅存在技能质相同的多倍数和高倍数的差，而且存在技能质不相同的不可按倍数相比的差。现代复杂劳动特别是高技术复杂劳动展示了劳动主体的高度智能和劳动客体的高

---

① 　马克思：《资本论》第 1 卷，人民出版社，1975，第 58 页。

度广阔，并表明一定的复杂劳动的劳动客体对某些简单劳动的劳动主体具有一定的替代性（非全部），这突出地显示了同时代劳动中存在着劳动主体与劳动客体相互结构的很大差异。在这种认识前提下，即便以简单商品生产中的简单劳动为分析对象，人们也很难忽略劳动客体在劳动整体价值创造中的作用，即不容置疑地会将劳动整体性贯彻于劳动价值论之中。但是，在 20 世纪，相对讲劳动的发展还没有迈出大步，这时候将复杂劳动放在一边，仅仅以简单劳动为分析对象，人们更多地看到的是劳动主体的劳动强度和技术熟练程度以及工作时间长短的不同，出于对人的注意始终致力于对劳动主体作用的单方面把握，而较少注意到劳动客体在不同劳动过程中的差异，进而造成对劳动客体作用的漠视，事实上忽略了劳动成果的交换是劳动整体即劳动主体与劳动客体统一作用结果的交换这一客观存在。因为劳动的发展是以复杂劳动主导的，每一时代的复杂劳动代表着每一时代劳动整体的发展水平，劳动的时代区分是以复杂劳动为标志的，因此，每一时代的政治经济学研究都不能仅限于以简单劳动为分析对象，而应在理论透视中对复杂劳动与简单劳动作出深刻的分析比较，所以，在劳动价值论的研究中忽略劳动的整体性，只承认劳动主体创造价值，不能准确地把握劳动整体的价值创造作用，不能不说与已有理论仅以简单劳动为分析对象的研究方法有关。

三　价值归属

看到土地、资产在创造价值与使用价值中的作用，可以追溯到古典政治经济学形成的初期。现在，认识到这种客观存在作用的人越来越多，这是因为一方面人们的视野更加开阔了，另一方面经济的社会化程度大幅度提高了，这种作用的表现更明显了。人们用各种方式来表达这种作用的存在，只是一直很少把它归结为劳动客体作用，更从未将这种作用准确地阐述为劳动整体作用中与劳动主体作用对立统一存在的劳动客体作用。由于存在这样的原因，以往关于这种作用的表述几乎都成了与劳动价值论相对立的观点，而很少成为论证劳动价值论的力量。因而或许可以估计到，当今天我们阐述劳动整体性对于劳动价值论的意义的时候，对一些人来说，恐怕认识的障碍还存在于对劳动客体作用的承认上。无疑，承认劳动客体在劳动整体创造价值作用中的作用，是与已有理论相违背的，并且是受到已有理论长期批判的。因此，理论研究的推进在这个问题上还要给予更具体的阐述。

在此，我们暂时不讲劳动的整体作用，也暂时不讲劳动主体作用，为了表述的需要，先只讲劳动整体作用中的劳动客体作用。我们必须讲清楚，在价值理论的科学研究中，不仅应承认土地、资产是具体的存在，更应将其抽象地概括为劳动客体。所以，不论是土地的作用还是资产的作用，我们都要用劳动客体的作用来表述。经济学的研究是从经济事实出发的，不可能脱离事实去获取科学的认识。事实上，任何劳动成果的取得，都离不开劳动客体的作用。在某些批判性文献中，曾指责承认劳动客体作用为循环论证，并说只有预先假设存在劳力、资产、土地三种并列要素，才能避免循环论证。笔者认为，这种批判毫无力量，这三种要素并列是不需要预先假设的，它们三者的并列存在本来就是客观事实劳动过程历来如此。除非以既定的观点为证，不顾事实的存在，任何人都无法否认劳动主体必须要同劳动客体相结合，资产、土地与劳动的并列存在是不可改变的。而且，在可比的条件下，人们也能直接观察到劳动客体作用对劳动整体成果的影响。比如，在两个采煤工作面，一个煤层厚 10 米，另一个煤层只有 1 米厚，工人在 10 米厚的煤层中作业与在 1 米厚的煤层中作业，即使他们的工具和劳动强度是一样的，同等工作时间内的劳动成果会很不一样，这里的差别就在于煤层的厚度不同，仅此不同就对劳动成果的不同起到作用。这个例子，足以说明劳动客体作用的差别，也可证明劳动客体作用在劳动整体创造价值作用中是必不可少的存在。反证更好说明问题。我们可以举出每一个例子说明，抽掉其中任何一种劳动过程中的劳动客体，劳动都是没有成果的，没有成果即不会有任何价值的存在。

有一种观点认为，价值理论是反映经济本质的，而本质与现象不同，所以，从本质能解释通的东西，对现象未必可以。其实不然，人们曾长期坚持无视劳动整体性的劳动价值论不动摇，以为这是一种本质的解释，即使与经济现象的反映不相符也没有关系。人们甚至不愿为此多想，面对无处不在的劳动客体作用不承认，而将对事实的承认斥为只看现象不看本质，表现出不值一驳的态度。但这可不是科学的态度，这是违反科学逻辑的。固然，本质与现象是有所区别的，但区别不能是本质与现象不能用同一理论解释。如果一个理论能够科学地解释本质，那么它一定能科学地解释现象。如果在理论上不能使对本质和现象的解释贯通起来，那么只能说人们的认识还未能与客观达到统一，还需要认真地反思。在人类经济生活中，对价值理论的探索是长期的，现实的复杂必然使得理论相应复杂，但是，对劳动客体是不是在劳动成果的取得上发挥作用，这并不是一个复杂问题，而是一个简单得不能再简单的事实。在这个问题上绊住脚，确有情绪代替科学、盲从代替思考的问题。我们现在需要的是重新归入科学的逻辑轨道，要求劳动价值论能够对本质与现象作出贯通一致的解释。

法国经济学家巴·萨伊曾认为:"事实已经证明,所生产出来的价值,都是归因于劳动、资本和自然力这三者的作用和协力。"① 除去对劳动的界定应明确为劳动主体活动外,这种认识并没有错,因为这是客观事实,不仅是事实的现象,而且是事实的本质,任何人也无法改变这种事实。如果说政治经济学的研究至今对价值理论还未搞通,那么当年人们对萨伊的价值理论采取批判态度是可以理解的,虽然萨伊没有科学地解释价值,但是对萨伊正确认识的事实是不能批判的。在这个问题上不必讳言,长期以来在马克思主义经济学界已经形成禁区,谁要是与萨伊一样认定"劳动、资本、土地等要素在价值形成中都发挥着各自的作用"②,谁就要被视为离经叛道,不管这是不是事实。当今,在改革的大前提下,必须要打破这一禁区,还客观事实本来面目。在事实面前,谁认识错了,谁就要改过来,不管是谁。马克思主义政治经济学的生命力不在于从不出错和坚持错误不改,而在于能够认真地改正错误和不断地推进科学的理论向前发展,能够总是奏出时代的最强音。因此,在对待劳动客体作用的问题上,我们的认识再也不能止步不前了,我们要尊重的是客观事实。

然而,通过对数百年来的理论探索考察,我们高度理性地认识到,劳动价值论的理论核心,还不在对劳动客体在劳动整体创造价值作用中的作用的承认,而是需要辩证地、科学地区分价值创造与价值归属的不同。价值创造表示价值具有,即劳动成果具有劳动创造决定的价值。价值归属表示价值占有,即劳动成果价值的归属决定占有。或者说,这是一个区分怎样地创造价值和怎样地归属价值的问题。理论应精细地把握,并非创造价值就能得到价值归属。事实是,价值创造由

---

① 巴·萨伊:《政治经济学概论》,商务印书馆,1963,第75页。
② 谷书堂主编《社会主义经济学通论》,上海人民出版社,1989,第112页。

劳动整体完成，是劳动整体作用构成了劳动产品的使用价值与价值的统一，单纯的劳动主体作用和单纯的劳动客体作用都无法实现价值创造，虽然在劳动整体的创造作用中既有劳动主体作用又有劳动客体作用。而价值归属则是只对劳动主体这个部分，并把劳动客体排除在外，即价值不能归属劳动客体，只归属劳动主体。劳动主体代表劳动整体接受劳动整体创造的价值归属，并不是劳动整体创造的价值归属劳动整体，劳动主体在劳动整体中的核心地位由此体现。劳动整体的创造，归属于劳动主体，抽象地明确地认识这种内在的、辩证的关系，是科学地发展劳动价值论的理论要求。这就是说，既不能将价值创造混同于价值归属，抹杀劳动客体在劳动整体创造价值中的作用；也不能将价值归属当作价值创造，承认劳动客体亦可价值归属，让劳动客体也占有劳动成果去回应劳动客体在劳动过程中的作用。必须明确的是，劳动客体是劳动整体中的受动者，是人化的自然和人的自然化，它只能对创造价值起作用，不能享用价值，其参与创造的价值的任何部分不要求归属于它占有。如果从理论上认识价值归属亦可延至劳动客体，将创造等同于归属，以为有创造就直接有归属，那么显然是违背基本事实的，会不可避免地走向庸俗。

历史表明，自从政治经济学创建以来，在价值论研究中，经济学家总是在价值创造与价值归属这一理论核心问题上各走一端：一些人只强调价值创造既需要劳动主体又需要劳动客体，却忽视价值归属只能是劳动主体的抽象，要求有创造就要有归属；另一些人则是强调价值的归属只能是劳动主体，不可有劳动客体，以归属代创造，对价值创造既需要劳动主体又需要劳动客体的事实不承认。反反复复的争论只是越来越强化向两端的偏执，始终未能使经济学的认识在价值理论上统一起来。时至今日，这种争论在马克思主义政治经济学研究中更加明显，在共同坚持和发展劳动价值论的前提下，出现截然相反的观点：一是认为要按各种劳动要素在价值形成中的贡献分配，承认各种劳动要素的价值创造作用，否认仅以劳动主体活动时间计算价值，提出新劳动价值论一元论。另一种观点既反对价值论的多元论也反对新劳动价值论一元论，不承认各种劳动中的生产要素都有价值创造作用，反对按活劳动、土地、资本的贡献分配，坚持价值只能按劳动主体的活动时间计算。可以这样说，如果没有对价值创造范畴和价值归属范畴的科学区分和界定，关于劳动客体作用的存在和关于劳动主体的价值归属独有的争论，恐怕不仅还要在政治经济学界继续下去，而且就是在马克思主义政治经济学界也不会化干戈为玉帛。因此，价值理论发展的历史必将证明，确定消除偏执两端的理论核心，阐明价值创造不同于价值归属，创造是整体的，有劳动客体作用在内，归属是主体的，不涉及劳动客体等原理，对经济学基础理论研究的发展，以及对劳动价值论的发展，有着走向通达的突破性的重要作用。

四 商品的二重性不可分割

科学的研究必须从最基本的事实出发，理论的认识必须符合逻辑。劳动是抽象劳动的表现范畴，劳动可以代称具体劳动，却不等同具体劳动，劳动范畴本身不含具体劳动的指向。这就好比可以说一匹白马是马，不能说马就是一匹白马。因此，我们需要确定，劳动不是具体劳动，没有具体劳动属性，劳动范畴一般就是指抽象劳动，抽象劳动不是具体的存在，准确地说，劳动范畴仅有抽象性，没有具体性，因此不具有二重性，只有具体劳动才有二重性，即只有具体劳动是具体劳动与抽象劳动的统一。特别是在经济学基础理论研究中，严格地讲，劳动不能是具体劳动与抽象劳动的统一，劳动二重性的实质是指具体劳动具有二重性，一方面是具体劳动，一方面又可对其作抽象的认识。指出劳动范畴不具有二重性，从逻辑上讲，是因为小概念可以包含在大概念之内，但大概念不能代替小概念，劳动是大概念。

1. 具体劳动的二重性不能割裂

具有二重性的具体劳动是劳动主体与劳动客体的统一。这就是说，作为具体劳动，无一例外，是劳动主体与劳动客体的统一；作为抽象劳动，即劳动，相应也是劳动主体与劳动客体的统一。在具体劳动的二重性中，同样客观体现整体性，不能只是界定劳动主体的活动具有二重性，不能脱离劳动的整体性认识具体劳动与抽象劳动的关系。如果在界定劳动范畴时，能够确认劳动的整体性，而在认识具体劳动的二重性时，又回到只将劳动理解为劳动主体活动，那就失去了对劳动范畴科学认识的意义。当年，在马克思主义政治经济学创始的时候，对于劳动二重性是抽象劳动二重性的解释，而不是具体劳动二重性的解释，是对劳动主体活动的解释，而不是对劳动整体活动的解释。这种已有很久历史的解释在今天需不需要改变？如果从对劳动范畴科学认识的基点讲，这是需要改变的，那我们就应该给予重新认识，而不能止于前人之见。

具体劳动的二重性不能割裂。具体劳动的二重性是指，凡是具体劳动，都是具体劳动与抽象劳动的统一。其中，抽象劳动是对具体劳动的抽象认识，并不是说在具体劳动之外，还存在一个抽象劳动。这也就说，没有抽象劳动的单独活动和作用，没有单独存在的抽象劳动。科学地认识抽象劳动，应确认抽象劳动的作用只是对具体劳动作用的抽象，具体劳动做了什么，抽象劳动才能做什么抽象，科学的抽象就是准确的抽象。如果在经济学对具体劳动二重性的分析中，抽象劳动的作用不同于具体劳动的作用，具体劳动的创造性不同于抽象劳动的创造性，那就是不准确的抽象，是对具体劳动二重性的割裂。这种人为割裂具体劳动二重性的认识是违反逻辑的，是不能在今后的经济学理论研究中延续下去的。

2. 商品的二重性不能割裂

商品是用于交换的劳动成果。实现了交换的劳动成果具有二重性：一方面，具有使用价值；另一方面，具有价值。商品的二重性是由具体劳动的二重性决定的，即具体劳动具有二重性，在商品经济条件下，决定其劳动成果经过交换之后具有二重性。虽然，具体劳动的二重性决定商品的二重性，有具体劳动才有具体商品的使用价值和价值的创造，有抽象劳动的概括才有对各种具体劳动作用的通约。但商品的二重性并不同于具体劳动的二重性。具体劳动的二重性是指，一重性是具体劳动，一重性是抽象劳动，二重的区分是具体与抽象的区分。然而，对于商品的二重性来说，却没有具体与抽象的区分，即对于商品的使用价值与价值来说，没有具体与抽象的区分。首先，商品是一个抽象范畴，同劳动范畴一样，是作为一般性类概念存在的。其次，使用价值也是一个抽象范畴，只讲使用价值，未讲具体的使用价值，只是在一般意义上表述商品的有用性，或者说，这是对商品的一般有用性的抽象，是抽象表示商品的有用性的范畴。最后，价值是抽象范畴，是表现劳动成果经过交换其被创造的具体劳动作用得到社会承认的范畴。显然，并不是使用价值表现具体、价值表现抽象。与具体劳动的二重性不同的是，商品的二重性都表现抽象。准确地讲，商品的使用价值是对商品的一般有用性，即劳动成果作用一般化的抽象；商品的价值是对商品生产消耗的人类一般劳动，即创造劳动成果的劳动作用一般化的抽象。从逻辑上讲，商品的二重性，一个表示已经发生的劳动作用，另一个则表示尚未被消费的劳动成果作用。

在经济学基础理论的研究中，必须明确，商品的二重性是不能割裂的。这就是说，使用价值是商品的使用价值，价值也是商品的价值，不能将商品的使用价值与价值割裂开来，必须将使用价值与价值的属性统一于商品。如果认为使用价值的创造是财富的创造，财富的创造需要有劳动主体作用，也需要有劳动客体作用即劳动资料、劳动对象的作用；价值的创造不同于财富的创造，只是劳动主体作用的创造，只是劳动主体作用的凝结；那就是违反认识逻辑的，是对商品二重性的人为割裂。事实上，由具体劳动二重性决定，商品二重性必然统一于商品，其中不论是哪一重性，都不是单独存在的，有使用价值必然有价值，有价值也必然有使用价值。这样的事实表明，使用价值的创造与价值的创造绝不可能分开，绝不可能是由劳动整体作用表现使用价值的创造，由劳动主体作用表现价值的创造。任何人都必须清楚：任何劳动的创造都是具体劳动的创造，任何具体劳动的创造都是对具体劳动成果的创造，出现分工和交换之后，对所有用于交换的具体劳动成果均称之为商品，商品具有二重性，但是，所有的具体劳动创造的都是商品，创造了商品就是创造了商品的二重性，而不可能是分开创造二重性，即分开创造使用价值与价值。价值是不能单独存在的，必须依附于使用价值，必须依附于商品，所以，只有商品的创造，在商品的创造中，包含着使用价值与价值的创造，不存在不依附于商品的单独的价值创造。商品的二重性不能割裂，就是说不能将使用价值与价值的创造脱离于商品的创造，不能将使用价值的创造与价值的创造割裂开来。

五 生产要素价值论的逻辑错误

生产要素价值论是迄今为止传播十分广泛的价值理论，是得到许多人推崇的传统理论，甚至，在中国改革开放之后，已成为与国家现行分配政策具有关联性的价值理论。长期以来，生产要素价值论被赋予了政治色彩，人们更多地是从政治角度谈论和评价这一价值理论的存在及其作用。然而，在学术问题的讨论中，我们希望不要涉及政治原则，不要义愤填膺，应心平气和地交流不同的观点和意见，更重要的是进行准确的逻辑分析，从基本的事实出发，不断地推进学科的认识。对于生产要素价值论，政治评判的态度不可替代学术性的分析，事实上现在是学术分析不够。正因缺少深刻的学术分析，这一价值理论内在的逻辑错误并没有被长期批判这一理论的人们所认识，因而使传统的批判显得没有力量也没有效果，其批判的结果不是使信奉生产要素价值论的人越来越少，相反而是更多了。所以，真正需要反思的是传统的批判生产要素价值论的人们，应深入地想一想，明明是错误的理论，为什么就批不倒呢？对于这一点，有的同志早就说过，打铁还得自身硬，即要想批判生产要素价值论，不让其更为流行，作为批判者，必须具有学术上的求真求实态度，从实际出发，准确地揭示生产要素价值论内在的逻辑错误。

在笔者的研究中，已明确指出，生产要素价值论不是科学的价值理论。笔者提出的劳动整体价值论是科学的劳动价值论，绝不等同于生产要素价值论。如果生产要素价值论是科学的价值理论，那么，经济学的基础研究早就统一到这一理论基础之上了。19世纪和20世纪的历史表明，在经济学基础理论的研究中，生产要素价值论的内在逻辑错误是一直存在的，从来没有得到改正，这一理论无法成为构建政治经济学思想体系的核心和基础。尽管如此，简单化地批判生产要素价值论仍然是不行的。问题的关键在于，传统的对于生产要素价值论的批判集中在这一理论确认生产资料即物在价值创造中发挥作用并不是一种理论认识错误。也就是说，生产要素价值论是错误的，但错并不在对价值创造中物的作用的承认上。因为生产要素价值论的这种认识是符合事实的，确定无疑，物是要在价值创造中发挥作用。生产要素价值论能得到很多人的认可，正是由于这一理论在这一点上符合事实。仅此而言，你能批倒这一事实，或是能改变这一事实，你才能批倒生产要素价值论，否则，你的批判就是没有说服力的，越批反而使其影响越大。我们说生产要素价值论是错误的，却并不能说这一理论承认物在价值创造中发挥作用是错误的。但是，自19世纪以来，凡是不承认物在价值创造中发挥作用的人，恰恰都是以此批判生产要素价值论的。

就具有价值与使用价值的商品的生产来讲，肯定是包含物的作用的，或者说，没有物的作用，就不可能有任何商品的制造。当然，在商品生产中，人的作用，即劳动主体的作用，是主导性的；物的作用，即劳动工具和劳动对象的作用，是受动性的。但是，无论从哪一个角度看，物的作用都是必不可少的。一位司机驾驶一辆汽车跑运输，司机起到人的作用，汽车起到物的作用，完成这样一个运输过程，不可没有司机的作用，也不可没有汽车的作用。煤矿工人下井挖煤，人的作用是煤矿工人的作用，物的作用是劳动工具和煤层的作用，通过煤矿工人的作用与物的作用相结合，才会有滚滚的乌金运送到井上。在这种结合中，煤层厚，煤质好，在煤矿工人同等的工作强度和时间内，生产的效果会更好；反之，煤层薄，煤质差，煤矿工人的生产效率和取得的效益就要差多了。没有煤层，煤矿工人是巧妇难为无米之炊，根本生产不出煤炭。一座投资数百亿元的现代化工厂，由于高度自动化生产，使用的人力很少，但不可能没有人的作用，相应地讲，更不能将企业创造商品使用价值与价值的作用全部划归企业员工，不承认那数百亿元投资的作用。信奉生产要素价值论的人们往往还会举出更多的例子来说明物在价值创造之中是具有作用的。

对此，传统的批判生产要素价值论的人们是不屑一顾的。他们会认为讲这些具体实例的人或者说提出这种事实的人是"不懂得价值的生产，也不懂得使用价值的生产"①。因为他们界定的价值仅仅包括劳动主体作用即人的作用，仅仅是劳动主体作用的无差别的抽象凝结，不包括劳动主体作用以外的任何一个原子。所以，他们认为坚持物在价值创造中具有作用的人违反了认识逻辑，既然价值的创造只是主体性的，只是人的作用的凝结，那就不会有物的作用包含在其内。从表层上看，生产要素价值论与其批判者的认识分歧是在对价值的界定上，生产要素价值论讲的价值是包括物的作用在内的价值，而其批判者坚持的价值范畴则只是人的作用在生产之后的凝结，并不是对等的范畴，即内涵是不一样的。但作以深层的分析后会发现，对生产要素价值论给予批判的人们讲的单纯的人的作用在现实之中并不存在，与事实不符合。当他们沉浸在对自身逻辑构建的完美时，忘记了这一逻辑建立的前提并不符合社会经济生活中的最基本事实。凡是生产商品，有人的作用，就有物的作用，将价值只定义为人的作用的抽象凝结是违背客观的，是从事实出发不能给予认定的。所以，认识的发展应体现在对商品生产的最基本事实的认定上。如果认定事实上存在单纯的人的作用于商品生产，即具体的劳动只指劳动主体的活动，抽象的劳动是对这种具体劳动的抽象，那么可以说在价值创造中不存在物的作用。可是，如果事实上不存在单纯的人的作用于商品生产，即商品生产必须包括物的作用，具体的劳动必然是具有整体性的劳动，即凡是劳动

---

① 胡世桢：《鱼目混珠的"整体劳动价值论"》，《当代经济研究》2006年第8期。

都是劳动主体与劳动客体的统一，抽象的劳动是对这种具有整体性的劳动的抽象，那么，就必须客观地、实事求是地承认在价值创造中存在物的作用，就必须对价值范畴的界定给予正本清源的、符合实际的重新认识，就不能说生产要素价值论承认物在价值创造中具有作用是错误的。

从事实出发，商品的价值与使用价值是统一的。物对创造使用价值起作用，就一定是对价值的创造起作用。否认这种统一，是不合逻辑的。抽象必须是对具体的全面抽象，一旦抽象只是对具体劳动中的人的作用抽象，人为地排斥物的作用，那就是不科学的片面抽象，是主观臆断的而非客观准确的。但是，在此必须强调，承认物在价值创造中具有作用，并不是说生产要素价值论不是错误的价值理论，而只是说这一价值理论的错误并不表现在对物在价值创造中的作用的承认上。

从逻辑上讲，生产要素价值论的错误要害在于混淆物的作用与人对物的占有作用。物的作用即物在价值创造中的作用，或者说是生产资料在具有价值与使用价值统一性的商品的生产中的作用。人对物的占有作用是指资本所有者（包括土地所有者）对生产资料的占有作用。一般讲，资本所有者的作用分为两个方面，一个方面是资本所有者通过对物的占有可起到对物的支配作用，这可以表现为资本所有者起到的一定的管理作用；另一个方面是资本所有者通过对物的占有而形成的参与分配的作用，这就是人对物的占有作用。就前一个方面讲，这种作用应归于生产中的人的作用；就后一个方面讲，这种作用形成了现实的剥削关系的存在。所以，人对物的占有作用具有复杂的认识内涵，是对近代具有剥削性的生产关系或者说是对封建社会的剥削关系和资本主义的剥削关系的概括。相比之下，物的作用是简明的，不需要作更多的社会性的阐释。只是，在价值理论的构建中，不能允许将物的作用混淆为或者说偷换为人对物的占有作用。而生产要素价值论正是做了这样的混淆和偷换，在讲到生产全要素参与价值创造时，这一理论直接讲的就是生产资料的所有者即资本所有者要占有一定的劳动成果，这种劳动成果即价值，于此，就将物在价值创造中的作用转换成人对物的占有作用是创造价值的作用了。

人对物的占有作用是不在价值创造的作用之内的。确认这种情况，是分析生产要素价值论逻辑错误的基点。这就是说，人对物的占有作用，不论是哪一个方面，都与价值创造中的物的作用截然不同。作为管理者，资本所有者是参与价值创造的；而作为剥削者，资本所有者是不参与价值创造的。具体的资本所有者，都是有如此的二重性的。而笔者要强调的是，人对物的占有作用，无论内涵多么复杂，也全部属于人的作用，而非物的作用。对于人的作用的确认，特别是对于复杂的含有剥削性质的人对物的占有作用的确认，将揭示生产要素价值论的认识混乱。在肯定物对价值创造起作用的前提下，从事实出发，要否定具有二重性的参与分配的资本所有者（不是起管理作用的资本所有者）具有参与价值创造的作用。因此，不能混淆物的作用与人对物的占有作用，物的作用是创造价值的作用，人对物的占有作用是不参与价值创造的。如果混淆这两种不同的作用，即把不创造价值的作用与创造价值的作用相混淆，那就无法对价值理论作出科学的解释。

自从产生了生产要素价值论，直到今日，信奉这一价值理论的人无一例外都在混淆物的作用与人对物的占有作用。生产要素价值论将物的创造价值作用直接表述为是人对物的占有作用，混淆了基本概念，即将物的作用完全等同于人对物的占有作用，对资本主义剥削作出是天经地义的解释。按照生产要素价值论的认识逻辑，一位司机驾驶一辆属于资本所有者的汽车跑运输，司机起人的作用，汽车起物的作用，即资本的作用，而资本的作用就是资本所有者的作用，因此，汽车起作用的价值就要给资本所有者。这就是将物的创造价值作用偷换为人对物的占有作用。

作为大型企业的投资人，向企业投下了巨额资产，按照市场规则，投资人要收取投资回报。如果我们撇开管理作用先不谈，那么投资人实际上在企业的生产活动中即价值创造中是没有作用的。而对生产要素价值论的信奉者来说，偏偏要强调的是投资人的作用，将投资的设备起到的作用等同于投资人的作用。特别是，由于收益是要给投资人的，这种将设备起到的作用等同于投资人的作用是为人们普遍认可的。生产要素价值论一方面承认物在价值创造中的作用，一方面又将这种作用混同于人对物的占有作用，这是对价值创造与价值归属区别的忽视。因为价值创造是整体性的，人与物都要发挥作用，不可能是只有人的作用，或是只有物的作用；而价值归属只能是主体性的，即只能是向劳动主体归属，不可能向劳动客体归属，即只向人归属，不向物归属。但是，价值归属不等同于价值创造，不能因价值只向人归属，物在价值创造中的作用要归属于变态劳动主体即资本所有者，就将物的作用偷换成人对物的占有作用。生产要素价值论最彰显的理论表现就是维护资本所有者的利益，将资本所有者对物的占有作用讲成是价值创造的作用。

事实上，物的作用与人对物的占有作用是有明显区别的，但长期以来，在价值理论研究中，人们未能严格区分这两种不同的作用。批判生产要素价值论的人不承认物有创造价值的作用，生产要素价值论的信奉者们又将物的作用与人对物的占有作用混同。生产要素价值论是内在逻辑混乱的价值理论，尽管这一理论承认物在价值创造中有作用是正确的，但是从其整体的思想认识讲是错误的，是对资本所有者的收益来源作了错误的解释。在没有人对生产资料占有的情况下，劳动主体与劳动客体相结合，生产的全部成果都要归属于与劳动客体实际结合的劳动主体，即都要归属参与生产创造过程的人，这是自然的也是朴素的社会性的表现。但是，自从有了私有制经济性质的生产方式的发展，大量的劳动主体只能与所有权不属于自己的劳动客体相结合，这时的生产成果就不能全部归属参与生产过程的劳动主体，而是要将其中的一部分拿出来分给对生产资料拥有所有权的人即资本（土地）所有者。生产要素价值论就产生于这样社会背景，其宗旨是要维护或者坚决维护资本所有者的利益，这是无可置疑的。这样的思想认识与资本主义时代的社会基本思想理念是相一致的。这一理论的认识，具有鲜明的时代烙印。在笔者的研究中，对生产要素价值论逻辑错误的揭示，是指其至今仍然保持的对物的作用与人对物的占有作用的混淆，然而，仅此一点，就完全可以说明生产要素价值论是不科学的。

生产要素价值论的本质是维护剥削制度。一般概括性地讲，剥削是指仅凭占有生产资料或生产要素而占有劳动成果的一部分。而实质上，剥削是指人们凭借占有生产资料或生产要素的权力而占有生产资料或生产要素在劳动整体中的作用并依此获取劳动整体创造的劳动成果的一部分的经济行为。

剥削是历史范畴，即剥削的存在既不是自人类的经济活动开始就有的，也不是永久存在的。但剥削的存在已有悠久的历史。从奴隶社会开始，就有奴隶主对奴隶的剥削；到了封建社会，又出现地主对农民的剥削；自工业革命之后，产生了资本主义生产方式，随之也产生了资本家对雇佣工人的剥削，即资本投入者对生产劳动者的剥削。在中国社会主义初级阶段，由于生产力发展的水平还很低，还达不到消灭剥削的发展水平，剥削依然是存在的。并且，从 21 世纪的情况看，剥削的存在是具有普遍性的，股票市场的建立和股份制的盛行就是剥削存在和其存在具有普遍性的最显著的标志。由于剥削的存在在人类社会发展过程中具有历史必然性，所以，对于剥削的存在是无须愤怒谴责的，在生产力发展尚未达到一定高的水平之前，即使是用暴力也无法消灭剥削。暴力只能消灭剥削者，而无法消灭剥削产生的经济基础，而这一基础是由人类劳动的整体发展水平客观决定的。

目前，在中国经济理论界，已形成了一种让人疑虑的倾向，这就是有一部分人否定剥削的存在，认为资本的收益不是剥削，只是资本所有者理所当然的收入。持有这种认识态度的人，其价值观都是生产要素价值论，他们并不承认生产要素价值论存在逻辑错误，在混淆物的作用和人对物的占有作用的基础上，他们将人对物的占有作用视为天然地占有劳动成果的一部分的权力，他们否认这种权力就是剥削权力，将其与劳动者凭自己工作而获取报酬的权力视为同等性质的权力，并且还大肆宣扬这种资本收益的权力是永恒的，是不存在剥削性质的。这就是生产要素价值论在现代社会经济生活中起到的误导作用，因其存在逻辑混淆而造成了一些信奉该理论的人对剥削的存在视而不见。所以，从科学地发展价值理论的角度讲，必须指出生产要素价值论存在的逻辑错误，澄清人们头脑中的认识混乱，明确剥削的性质及其存在的历史条件。生产要素价值论的错误认识的要害是将物的作用偷换成人对物的占有作用，但在价值理论上，这种认识逻辑的混淆并不能掩饰人类社会现实中存在的剥削关系。

现实的问题在于，站在 21 世纪的高度重新认识价值理论，应怎样认识剥削的存在。按照劳动主体价值论的理解，价值是劳动主体作用的无差别凝结，是与生产资料相结合的劳动者创造的，其中没有物的作用，只有人的作用，因此，剥削者即资本所有者是凭借拥有生产资料或生产要素的权力占有了资本和劳动者共同创造的劳动成果中的一部分，占有了只是劳动者创造的价值中的一部分，这部分价值就是剩余价值。由于这样的解释不承认物在创造劳动成果中有创造价值的作用，割裂了劳动成果创造与价值创造的统一性，与客观的事实不相符合，与客观的逻辑也不相符合，所以，实际上反而对于人们否定剥削的存在起到了某种作用，而不能使人们准确地认识剥削的客观性。而今，在新的历史条件下，对于剥削的重新认识是以对劳动的科学界定为前提的。其逻辑的起点是，从事实出发，确认劳动的整体性，即确认劳动是劳动主体与劳动客体的统一，世界上不存在单纯的劳动主体活动，价值是劳动整体创造的，劳动客体，即物，在劳动整体创造价值中具有不可替代的作用。在承认物在创造价值和使用价值中的作用的价值理论中，价值仍然是人类无差别劳动的凝结，只是这种被凝结的劳动是具有整体性的劳动，而不是只具有活劳动性质的劳动，所以，这种认识仍是劳动价值论，是劳动整体价值论，而不是存在逻辑错误的为剥削辩护的生产要素价值论。在新的时代，劳动整体价值论能够更深刻准确地揭示剥削的存在机理。这就是说，剥削者是以占有生产资料或生产要素的权力占有了生产资料或生产要素在劳动成果创造或价值创造中的作用，并依此获取了一部分劳动成果或价值，这部分劳动成果或价值就是占有了生产资料或生产要素并将其占有的生产资料或生产要素投入社会生产中的资本所有者获得的剥削收入。对此，依然是强调资本收益是剥削性质的。这样认识剥削是对客观事实的描述或反映，是任何人都无法否认的，这表现出了理论研究的彻底性和客观性，对于剥削存在的解释是与历史和现实的最基本的事实相一致的，也是与客观的逻辑相一致的。总而言之，在对抗现今时代否认剥削存在的思潮中，价值理论的研究必须与时俱进，而不能将政治经济学的思想认识仍然滞留在 19 世纪。

为什么中国在建立了社会主义基本经济制度之后，又恢复了剥削的合法性，并使之成为社会经济生活中普遍现象，这是需要马克思主义政治经济学理论工作者认真审慎思考的。如果我们的认识能力不足以把握新的历史条件下出现的新的复杂情况，那是无法对中国今天的现实作出科学认识的。经过了一个多世纪的丰富生动的社会实践，理论的认识应该向前大大地推进了，应该将不符合事实的传统认识加以修正，构建新的理论。可以说，经济学和政治经济学的理论研究的生命力，不在于不出现错误的认识，而在于能够改正错误的认识，不断地从事实出发进行思想上的认识创新。当前，我们一方面要探讨社会主义初级阶段剥削存在的客观性和特定的社会背景，另一方面更要在国家宪法的束缚下尊重剥削存在的合法性，而不能束缚于 19 世纪的思想，对现实生活中存在的合法的剥削行为采取一味地仇视态度。对于按要素分配的非劳动收入，不论是外资的收益还是内资的收益，都要被确认是剥削收入。科学的马克思主义政治经济学理论工作者是不会否认现阶段中国存在剥削的，更不会从根本上否认资本收益不是剥削。我们尊重今天现实生活中的具有合法性的资本收益，并不等于不再认为这种收益是剥削性的。现在，在某些方面，将剥削收入笼统地称为非劳动收入，并不改变这些资本收益的剥削性质。在按要素分配的生产领域，所有的非劳动收入都是剥削收入，只不过，在经过税收调整之后，这些剥削收入都构成合法收入的一部分。现实的情况是复杂的，价值理论的研究是重要的，这种基础性的价值理论研究对于准确认识现实的复杂情况是必不可少的。在已经进入 21 世纪的今天，这种基础性的价值理论研究必须大力向前推进，并且能够准确地阐明为剥削辩护或否认剥削存在的生产要素价值论的逻辑错误。

六 国际价值

在《资本论》第一卷第六篇第二十章，马克思提出国际价值概念。关于这一概念，在马克思主义政治经济学研究中，一百多年来，既属于劳动价值理论的研究领域，又属于国际贸易理论的基础问题。时至今日，理论界仍然对这一范畴的研究抱有浓厚的兴趣，希望能由此加深对价值理论和国际贸易理论的认识。因此，在进入 21 世纪之后，我们有必要重新对马克思的国际价值理论进行思想性的探讨，为这一方面的研究做一些新的基础工作。

1. 国际价值的提出意义

国际价值的问题，在马克思的《资本论》中是没有展开论述的，在马克思的其他著作中，也没有强调这一问题的意义。但是，这确实是一个非常值得研究的重要问题，这与马克思敏感地认识到劳动整体性是基本一致的，都是属于在马克思的研究中未展开的基础问题。在《资本论》第一卷第三篇第五章，马克思指出："劳动首先是人和自然之间的过程，是人以自身的活动来引起、调整和控制人和自然之间的物质变换的过程。"① 这是阐述劳动整体性的经典语句，然而，也是马克思未能展开认识的一个基础问题。提出劳动整体性，是马克思重要的理论贡献，提出国际价值概念，也是马克思重要的理论贡献。但相比之下，劳动整体性的提出是一个更为基础的理论问题。劳动整体性与国际价值之间有着内在的理论联系，只是，在目前的研究文献中，尚还未理清这种联系，还需要人们继续进行这方面的研究。现在，我

---

① 马克思:《资本论》第 1 卷，人民出版社，1975，第 201 页。

们要十分重视劳动整体性的研究，也要十分重视国际价值理论的研究。笔者可以确认，马克思提出的这两个方面的基础问题，对于现代经济学的发展是有很重要的引领作用的，坚持经济学基础理论的研究，就需要在这两个方面进行深入的开拓认识。

马克思指出："一个国家的资本主义生产越发达，那里的国民劳动的强度和生产率，就越超过国际水平。因此，不同国家在同一劳动时间内所生产的同种商品的不同量，有不同的国际价值，从而表现为不同的量，即表现为按各自的国际价值而不同的货币额。所以，货币的相对使用价值在资本主义生产方式较发达的国家里，比在资本主义生产方式不太发达国家里要小。由此可以得出结论：名义工资，即表现为货币的劳动力的等价物，在前一种国家会比在后一种国家多；但这决不是说，实际工资即供工人支配的生活资料也是这样。"①

以上是马克思关于国际价值的基础表述，从这里可以看出，马克思对国际价值是没有展开阐述的。国际价值在马克思的表述中是与国民劳动的强度和生产率相连的，或者说是由劳动与生产能力的国别差异决定的。而马克思要得出的结论，则是名义工资在各个国家之间的表现不同，名义工资与实际工资也是不同的。马克思没有就价值理论展开对国际价值的分析，而是在对工资的国别差别的讨论中提到国际价值问题的。

但是，从今天的研究进展来讲，我们应充分地认识马克思提出国际价值概念的意义。

第一，从价值到国际价值，说明原先对价值的研究是限于国家范

<hr>

① 马克思：《资本论》第 1 卷，人民出版社，1975，第 614 页。

围之内的。人类社会的历史与现实表明，国家是人与人之间关系中最重要的范畴之一，它是原始社会未有、未来发达社会也不会有的，但在现实社会中必不可少的社会组织，是现实中每一个人生存的整体屏障。因此，劳动首先要在国家内实现其创造作用。经济学的研究只能是反映这种事实，并根据这种事实作出概括认识。这也就是说，一般讲到价值，是没有国际概念的，只是就国家范围内的劳动作抽象的概括，劳动的强度是按国家范围考察的，价值的形成是以国家为范围界定的。提出了国际价值概念，相对就对价值概念的国家范围界定给予了明确。

第二，说明经济学不仅要研究各个国家内的劳动价值，还必须研究国家与国家之间劳动的联系而形成的国际价值。因此，国际价值概念的提出，实际上是打破了国家与国家之间的劳动界限，将各个国家或几个国家之间的劳动融为一体，这种对劳动融合的认识，来源于现实，它表现出了经济学研究的进步性。到了 21 世纪，随着经济全球化步伐的加快和影响的扩大，这种对于国际价值所表现的劳动融合的研究就显得更有现实意义了。

第三，进一步表明价值是对劳动作用的凝结。价值只能是劳动创造的，无论是在国内还是走出国门，价值永远是劳动的价值。国际价值是价值的扩展，内涵是不变的，并不会因进入国际范围，价值就可以不再由劳动创造了。马克思的价值理论，在国内价值与国际价值上，是一致的，都是建立在劳动价值论基础上的。

2. 国际价值的运用范围

在《资本论》中，马克思是在讨论资本主义工资问题时讲到国际价值的。《资本论》第一卷第六篇的标题就是工资，包括四章，即第十七章"劳动力的价值或价格转化为工资"、第十八章"计时工资"、第十九章"计件工资"、第二十章"工资的国民差异"。马克思在第二十章中指出:"在第十五章,我们考察了可以引起劳动力价值的绝对量或相对量(即同剩余价值相比较的量)发生变化的种种组合的情况,而另一方面,劳动力价格借以实现的生活资料量,又可以发生与这一价格的变动无关或不同的运动。我们已经说过,只要把劳动力的价值或价格换成外在的工资形式,那里的一切规律就会转化为工资运动规律。在这一运动中表现为各种变动着的组合的情况,对于不同的国家说来,会表现为国民工资的同时存在的差异。因此,在比较国民工资时,必须考虑到决定劳动力的价值量的变化的一切因素:自然地和历史地发展起来的首要的生活必需品的价格和范围,工人的教育,妇女劳动和儿童劳动的作用,劳动生产率,劳动的外延量和内涵量。即使作最肤浅的比较,首先也要求把不同国家同一行业的平均日工资化为长度相等的工作日。在对日工资作了这样换算以后,还必须把计时工资换算为计件工资,因为只有计件工资才是计算劳动生产率和劳动内涵量的尺度。"[①] 马克思的这段论述讲的是第二十章的研究主旨,即要讲国民工资的差异或工资的国民差异。因此,马克思随后在这一章讲到的国际价值,是适用于国民工资存在差异讨论的范围的,是在马克思的理论体系中要为工资问题的阐释服务的。

所以,在不同国家的工资问题讨论中,运用国际价值理论进行分析是符合马克思使用该概念的原义的。马克思是这样使用的,其他的人包括与马克思同时代的人和不同时代的人都是可以这样使用的。在马克思的分析中,工资就是劳动力的价值或价格,不同国家的工资就是不同的国家的劳动力价值或价格,而不同国家的价值相比就是国际

---

① 马克思:《资本论》第1卷,人民出版社,1975,第613页。

价值。有不同国家的劳动力价值，就有不同的国际价值。运用国际价值概念，可以直接说明存在国民工资的不同国家的差异。国际价值概念的如此运用，是用文字表现的最初运用，是马克思主义政治经济学运用这一概念的最早需要。虽然，我们看到即使在这一方面，有关国际价值的问题也没有展开进一步的分析，但毕竟这里是最早运用国际价值概念分析问题的领域。确认这一点，对于运用国际价值概念进行其他方面的理论分析是有很重要的学术意义的。

就国际价值属于价值范畴系列而言，国际价值应直接地广泛运用在价值理论研究领域。从价值研究到国际价值研究是一个跨越，不仅仅是跨越了国界，更重要的是跨越了经济学创建时期认识的局限性。在《资本论》中，马克思尚未将国际价值概念引入纯粹的价值理论研究之中，即在价值研究领域未出现过国际价值概念，但这并不妨碍人们继续扩大国际价值的运用范围，并把这一概念运用到价值与使用价值、价值与价格的关系研究之中。研究国际价值，实际上就是在世界范围内研究价值，至少也是在两个国家的范围研究价值。如果国家与国家之间存在着经济往来关系，或者说存在着商品的交换，那国际价值就是客观存在的。政治经济学不研究国际价值只是认识跟不上实践的表现，并不是不需要有这样的研究。所以，从 21 世纪的角度来认识这一问题，更应该强调国际价值在价值理论研究中的重要性，从理论上应探究为什么各个国家之间的国际价值要不同、不同的原因是什么。理论的抽象是不能回避国际价值问题的，不能对不同国家的不同国际价值没有原理性的解释。马克思提出了国际价值存在的问题，而解决这个问题看来已经不是一代人两代人的事情了，很可能还要长期讨论下去。

国际价值涉及国际交换，因此，较长时期以来，从事国际贸易理论研究的学者一直对国际价值概念进行本领域运用方面的探讨，由此希望更准确地阐释国际贸易的必要性和重要性，以及国际贸易双方之间的公平交易问题。因而，从实践的结果来看，国际贸易研究也是国际价值运用的重要领域。按照市场等价交换的原则，国际价值怎样体现在交换当中，体现在国家与国家的生产能力的差别当中，确实是需要得到深刻而准确解释的。这些方面的理论问题直到今日也未完全清楚，很需要借助有关国际价值的研究揭示其中的道理。历时已久的列昂惕夫之谜能否通过国际价值研究得以破解，也不是没有希望的。经济学研究中的许多争论，实际都源于基础问题研究不到位。如果在基础范畴上取得抽象的准确认识，在学界取得共识，那么可能很多问题的争论就不存在了。这并不意味着学术不需要争论，而只是说研究的推进要避免无谓的争论。如果人们能深一步或几步认识国际价值，从国际范围内找到劳动创造价值的均衡机制，那么将这种研究成果引入国际贸易领域，想必能很好地解释各个国家的对外贸易实践问题。运用国际价值于对外贸易层面上，从国际交往的意义上分析劳动创造价值的国别不同，这是就贸易讲贸易的研究所不能达到的深度。这也就是研究国际贸易理论的学者对国际价值感兴趣的原因之一。

3. 国际价值与世界劳动

马克思指出："每个国家都有一个中等的劳动强度，在这个强度以下的劳动，在生产一种商品时所耗费的时间要多于社会必要劳动时间，所以不能算作正常质量的劳动。在一个国家内，只有超过国民平均水平的强度，才会改变单纯以劳动的持续时间来计量的价值尺度。在以各个国家作为组成部分的世界市场上，情形就不同了。国家不同，劳动的中等强度也就不同；有的国家高些，有的国家低些。于是各国的平均数形成一个阶梯，它的计量单位是世界劳动的平均单位。因此，

强度较大的国民劳动比强度较小的国民劳动，会在同一时间内生产出
更多的价值，而这又表现为更多的货币。"①

马克思在这段论述中提出了世界劳动范畴，这是对国际价值的认
识相一致的表述。因为马克思的价值理论是劳动价值论，马克思讲的
国际价值同样是劳动的国际价值，而作为国际价值基础存在的劳动，
合乎逻辑地讲，那就是世界劳动，即具有世界性的劳动。在马克思讲
到国际价值之前，他先讲到了世界劳动。这不仅突出地表现了马克思
价值理论的自身逻辑一致性，而且也表明马克思对于劳动的认识在其
阐述的整体性基础上还达到了把握其世界性的高度。

从马克思的论述中，我们可以认识到劳动的国别差异，但更重要
的是从世界范围来认识人类劳动。世界劳动表现的国际价值，更明确
地揭示表面上有区别的各个国家劳动的内在统一性。这就是说，不仅
在各个国家内，各种行业之间的劳动在市场的交换中，是可以通约的；
而且在各个国家之间，不论是何种具体劳动，只要是有用劳动，只要
是市场接受的劳动，都是可以通约的。在这个意义上，更表明人类劳
动具有抽象的无差异性。有差异的具体的国民劳动经过市场的转化而
成为无差异的世界劳动的组成部分，这是国际价值存在的基础。如果
国家与国家之间的劳动是不可通约的，那就不会有世界劳动的存在，
更不会有国际价值的存在。从劳动的世界性讲，马克思是既看到了工
人劳动以及他们的工资收入在各个国家的具体差别，又看到了工人劳
动的抽象的无差别的统一性以及他们在不同的国家取得的不同的工资
收入所表现出的国际价值。世界劳动与国际价值，在抽象的认识层次
上，同劳动与价值的关系是对应的。有世界劳动概念的提出，才会有

---

① 马克思：《资本论》第1卷，人民出版社，1975，第613页。

国际价值概念的提出，马克思在其研究中把握了严格的内在逻辑。今天，距马克思提出国际价值概念已约有一个半世纪之久，我们仍然要按马克思的理论逻辑来认识世界劳动与国际价值之间的关系。

要深入地研究国际价值理论，笔者认为，首要的或者说必要的条件就是要深刻地理解和认识世界劳动的存在。人们可以将各个国家的劳动，甚至可以将某一地区或某一人的劳动，都称其为人类劳动，但这种表述，一方面是指这些劳动的性质是人类劳动，因此有别于动物劳动，再一方面也只是使用了省略的方法，即没有准确地讲这些劳动实际上都是人类劳动的组成部分，都是作为组成部分存在的，与整体的人类劳动概念是不同的。而世界劳动的概括与人类劳动的概括在外延上是一致的，只是概括的或者说表述的角度有所不同，世界劳动表现了更进一步的社会性，是有国家区别和市场存在含义的，而人类劳动从根本意义上讲是为了从整体上区别动物劳动而界定的。在研究国际价值理论中，世界劳动是概括所有的人类劳动的，但这种概括也只是同一时点的概括，也就是说，世界劳动是在同一时间层面上对所有的各个国家的劳动的概括表述，而人类劳动可以涵盖自人类起源之后的数百万年间存在过的不同于动物劳动的劳动，包括当代所有国家存在的劳动。所以，在考虑国家的劳动差异，考虑市场的国别差异，在研究同一时间层面上的国际价值时，应界定世界劳动概念与国际价值概念相对应。所谓劳动的世界性，其实完整而准确地讲，应是人类劳动的世界性，即人类两字是省略了，这种省略在交流上不会产生歧义。但是，不管怎样讲，只要明确各个国家的劳动都属于人类劳动、都是人类劳动，即劳动的组成部分，那就是表现了或是说界定了它们之间的同质性存在。因此，劳动不论具有何样的具体差异，产生在哪里，劳动的具体都是既具有国别性，又具有世界性，这种国别性与世界性的对立统一，也是劳动二重性的一个表现方面。因为从世界劳动层面讲，劳动只能是一种抽象的概括，一种无差别的抽象存在。抽象的存在不同于具体的界定，抽象的存在也是一种客观的存在。世界劳动的抽象存在是抽象地研究国际价值的前提，也是具体地研究各个国家之间存在的劳动交换关系的前提。作为世界劳动概念，它只表述人类劳动抽象性的一面，即只表现可抽象地凝结价值的一面。马克思提出世界劳动概念，并由此引出国际价值概念，都是在人类劳动抽象的前提下，对劳动的国别存在和国家与国家之间展开的简单的和复杂的劳动交换关系进行的市场角度的又一种抽象。而且，这种抽象是在讨论国民工资差异中提出来的。

4. 国际价值与价值规律

马克思指出："商品的价值量表现着一种必然的、商品形成过程内在的同社会劳动时间的关系。随着价值量转化为价格，这种必然的关系就表现为商品同在它之外存在的货币商品的交换比例。这种交换比例既可以表现商品的价值量，也可以表现比它大或小的量，在一定条件下，商品就是按这种较大或较小的量来让渡的。可见，价格和价值量之间的量的不一致的可能性，或者价格偏离价值量的可能性，已经包含在价格形式本身中。但这并不是这种形式的缺点，相反地，却使这件形式成为这样一种生产方式的适当形式，在这种生产方式下，规则只能作为没有规则性的盲目起作用的平均数规律来为自己开辟道路。"①

在马克思的研究中，始终将客观的东西看作科学所要认识的对象。对于价值与价值规律，马克思一直是将其作为客观规定性的事物来揭

---

① 马克思：《资本论》第 1 卷，人民出版社，1975，第 120 页。

示的。而从价值跃升为国际价值，马克思同样强调其客观性及其由客观性展现的规律性。马克思在分析国际价值时进一步指出："价值规律在国际上的应用，还会由于下述情况而发生更大的变化：只要生产效率较高的国家没有因竞争而被迫把它们的商品的出售价格降低到和商品的价值相等的程度，生产效率较高的国民劳动在世界市场上也被算作强度较大的劳动。"① 马克思在此强调了价值规律在国际范围内的表现。在马克思对价值规律的认识中，他将劳动作用按强度进行划分，明确存在高强度的劳动与低强度的劳动，说明价值的衡量是以中等强度计量的。在马克思对国际价值的认识中，他同样是分析劳动的强度和劳动作用的表现。马克思对国际价值与价值规律的认识，可以阐明关于国际价值与价值规律的、基本的、客观存在的经济关系。

（1）国际价值的价值规律表现以劳动为基础

马克思并没有抽象地就价值说价值、就国际价值说价值规律，而是就劳动的国际间表现讲价值的规律，就劳动的强度讲价值不同表现。马克思的论述始终没有离开劳动，劳动是马克思认识价值与国际价值的基点，马克思是从劳动的复杂变化来分析价值与价值规律的变化，是用劳动的国别差别来讲国际价值的问题。如果说，在马克思时代，思维的抽象就能把握世界上的国别劳动差异反映的国际价值问题，那么，在今天高度发达的市场经济条件下，人们更不会对这些问题产生认识上的困惑。

（2）国际价值的存在并不改变价值规律的普遍性

作为客观的经济规律，价值规律是普遍存在的。马克思在对国际价值的论述中，同样是肯定这种普遍性的。在马克思的研究中，并没

---

① 马克思:《资本论》第 1 卷，人民出版社，1975，第 614 页。

有解释价值在国际范围内的特殊性，而是依然强调价值规律的适用性，讲的只是实际的一些变化，这些变化都是用价值规律可以分析的，而不是脱离价值规律存在的。这一点不论怎样认识，我们都要肯定价值规律存在的普遍性。客观上这种存在是不以人们的主观意志为改变的，任何人的主观认识都不可能取代客观的规律，人们的认识只有反映了客观的存在规律，这种认识才是对社会经济关系的准确认识。由于价值规律是普遍性的存在，在国际范围内更是普遍地存在于各种交换关系中，存在于国家与国家的不同劳动交换中，所以，马克思对此是用一种直接分析的方法阐释价值规律应用于国际的变化，没有对价值规律本义再加以解释，没有说其在国际中就变成特殊性的了，马克思的阐释只是表现了规律的普遍性。因此，在研究价值规律的进程中，将国内的价值规律应用于国际的经济生活之中，是要寻找同一的客观基础的，并且也必须认识到这方面是有范围的国别差别的，但绝不会有根本的价值反映劳动的本质不同。

（3）国际价值反映的是国家间的劳动强度比较

从国内走向国际，自己国家的劳动仍然是不变的，从价值规律的角度看，只是劳动之间的比较范围扩大了，变的只是不同国家之间的比较。在这种比较中，同类劳动要比较不同的强度。这种同类劳动包括相同技术的同类劳动，也包括不同技术状态的同类劳动。这种同类比较可以是简单的，也可能是十分复杂的。比较的结果是要确定劳动强度的不同。马克思认为，中等劳动强度是价值的衡量线，劳动强度大在同等时间下表现为更多的价值，劳动强度低于中等线表现为较少的价值。因而，在马克思看来，国家与国家之间也存在这样的劳动强度的比较，并由此决定国际价值的不同，体现出国际价值存在的基本特征。

参考文献

[1] 马克思:《资本论》,人民出版社,1975。

[2] 亚当·斯密:《国民财富的性质和原因的研究》,商务印书馆,1972。

[3] 大卫·李嘉图:《政治经济学及赋税原理》,商务印书馆,1976。

[4] 李泽中:《中国特色社会主义经济问题研究》,武汉出版社,1999。

[5] 柳欣:《经济学与中国经济》,人民出版社,2006。

[6] 逄锦聚、柳欣、周立群主编《社会主义劳动与劳动价值论研究》,南开大学出版社,2002。

[7] 郭京龙、李翠玲主编《聚焦——劳动价值论在中国理论界》,中国经济出版社,2003。

[8] 蔡继明、李仁君:《广义价值论》,经济科学出版社,2001。

[9] 中共中央党校研究室编《28 位专家学者谈劳动价值论再认识》,中共中央党校出版社,2001。

[10] 钱伯海:《社会劳动创造价值之我见》,《经济学家》1994 年第 2 期。

[11] 魏后凯:《论按劳分配与按生产要素分配相结合》,《中国工业经济》1998 年第 5 期。

[12] 钱津:《劳动价值论》,社会科学文献出版社,2005。

[13] 钱津:《也谈应当如何把复杂劳动还原成简单劳动》,《争鸣》1991 年第 6 期。

[14] 钱津:《价值分析:劳动整体中的主客体作用关系》,《天津社会科学》1998 年第 1 期。

第三章　价格理论

在国际金融危机席卷全球之时，许多人单纯地以为是金融制度或金融创新出了问题，尤其是只将美国的次级贷当作罪魁祸首。其实，仅就金融界的职责和能力而言，美国的金融家们或者说全世界的金融家们已经做得够好的了，他们甚至是经济界里表现最为优秀的一些人，造成国际金融危机是有他们的过错，但是由于他们无法控制市场价格，他们也是无奈地看着美国的房地产价格一路下滑，看着世界石油的期货价格一路下滑，束手无策，直至国际金融危机全面爆发。这说明，在现代复杂的市场经济中，金融是中枢，但却不是万能的，金融控制不了价格，越是金融发达，越是需要价格刚性的支撑，造成此次国际金融危机的直接原因就是市场价格的跌落。试想一下，如果不是价格变化，或是说，当年价格形势依旧，那些银行的贷款，那些金融制度，能有何问题，会形成全球大萧条吗？因此，通过 2008 年国际金融危机，现代经济学的研究必须明确，在新的历史条件下，市场经济中的价格刚性原则已经是具有高度社会理性的国家宏观调控不容忽视的了。

价格理论是现代经济学研究的基础理论之一，经过此次国际金融危机的危害，从着重讨论维护现代市场价格的刚性原则做起，这一领域的研究应成为现代经济学基础理论研究的核心领域之一。

一　价格形成理论的比较

在市场上，就某商品，买卖双方谈妥一个价，然后买家付款，卖家付货，这一交易就完成了。这是最简单的市场交易，也是最清楚的实际价格形成过程。这表明，一个价格的形成，离不开买家的认识，也必须符合卖家的意愿，必然是买卖双方共同决定的，是双方认识和意愿的统一。但经济学的价格理论要研究，这个买卖双方统一的基础是什么？只有对此作出清楚的认识，才能建立坚实的价格理论，才能从理论上回答价格是如何形成的问题。遗憾的是，直至此次市场价格下滑引起国际金融危机爆发，即到了21世纪的第8年，现代经济学的价格理论研究还是一塌糊涂，不要说如何认识维护现代市场价格刚性原则的必要性和重要性，就是对最基础的价格形成机制也未取得统一的科学认识。所以，在这样的理论背景下，不发生由价格大落带来的大萧条才是怪事呢！世界是复杂的，现代市场亦是复杂的，因此必然要求现代经济学的价格理论相应抽象复杂地认识现代市场的价格关系，发挥社会理性的调节和控制作用，避免市场的盲目性以及由市场盲目性极度扩张造成的巨大社会损失。

下面，为了将价格理论研究切实地推进到21世纪，我们先要分析和讨论市场价格的形成基础问题，包括已有的理论认识和21世纪国际金融危机带来的新的认识启迪。

1. 价值决定论

什么是价格？经典的价值决定论对价格含义的阐述是："商品价值的货币表现。如1双鞋值4元，4元就是一双鞋的价格。价值是凝结在商品中的抽象人类劳动。商品价值不可能从商品体本身得到表现。只有当一种商品同其他商品交换，才能表现出来。在货币出现以后，各种商品都首先同货币交换，使自己的价值在货币身上表现出来。商品价值的货币表现，就是价格。"①

马克思指出："我们拿表现为单纯的商品交换的流通过程来说。在两个商品所有者彼此购买对方的商品，并到支付日结算债务差额时，流通过程总是表现为单纯的商品交换。在这里，货币充当计算货币，它把商品的价值表现为商品价格，但不是用它的物体同商品本身相对立。"② 所以，按照马克思的说法，"价格是物化在商品内的劳动的货币名称"③。马克思认为："商品的价值量表现着一种必然的、商品形成过程内在的同社会劳动时间的关系。随着价值量转化为价格，这种必然的关系就表现为商品同在它之外存在的货币商品的交换比例。这种交换比例既可以表现商品的价值量，也可以表现比它大或小的量，在一定条件下，商品就是按这种较大或较小的量来让渡的。可见，价格和价值量之间的量的不一致的可能性，或者价格偏离价值量的可能性，已经包含在价格形式本身中。但这并不是这种形式的缺点，相反地，却使这种形式成为这样一种生产方式的适当形式，在这种生产方式下，规则只能作为没有规则性的盲目起作用的平均数规律来为自己开辟道路。"④

分析和讨论价值决定论的重心在于确定什么是价值，不在于什么是价格。马克思说："一切劳动，从一方面看，是人类劳动力在生理学意义上的耗费；作为相同的或抽象的人类劳动，它形成商品价值。"⑤

①　许涤新主编《政治经济学辞典》（上），人民出版社，1980，第379页。
②　马克思：《资本论》第1卷，人民出版社，1975，第179页。
③　马克思：《资本论》第1卷，人民出版社，1975，第119页。
④　马克思：《资本论》第1卷，人民出版社，1975，第120页。
⑤　马克思：《资本论》第1卷，人民出版社，1975，第60页。

而劳动怎样表现价值呢？马克思说："作为价值，一切商品都只是一定量的凝固的劳动时间。"① 这就是说，在价值决定价格的理论中，明确无误地表述了价格的高低取决于劳动时间，即市场交换的价格是按劳动时间计算的。恩格斯在对《资本论》的增补中，曾对此强调："中世纪的农民相当准确地知道，要制造他换来的物品，需要多少劳动时间。"②

经济理论永远是社会经济实际的反映，价格理论也同样是社会经济实际中的市场交易的反映。现在看来，价值决定论的思想无疑也是一定时期的市场交易关系的反映，即在市场发展的历史进程中确实存在过只以买卖双方交换商品的劳动时间决定的价格。但那时，也就是恩格斯所说的中世纪，社会生产还十分简单，市场交换也十分简单。在那简单的时代，市场的交换双方是可以相互省略除劳动时间之外的其他一切生产条件的存在，只以生产商品的劳动时间为价格进行交换。可是，不用说从今天看，就是从18世纪、19世纪看，那一时代也是早已过去了。所以，在18世纪，亚当·斯密的价值或价格理论才陷入迷惘之中，一方面认为劳动时间决定交换的价值和价格，另一方面又感到当时的市场交换已经不是如此简单的了，资本和土地的作用也要进入交换价值和价格形成的考虑之内。在19世纪，马克思曾批判亚当·斯密的价值或价格理论不彻底，对价值重新作出由劳动时间决定的解释，对价格重新作出由价值决定的解释。那么，从21世纪来看，当年亚当·斯密没有认识到由劳动时间决定价值或价格的时代背景已经改变了，市场的发展并不接受原有的价值或价格理论的束缚，价格理论在18世纪就需要与时俱进，反映新的市场交易关系。

---

① 马克思：《资本论》第1卷，人民出版社，1975，第53页。
② 马克思：《资本论》第3卷，人民出版社，1975，第1016页。

在现时代，市场已早就不是只有商品交换市场了，表现契约价格的生产要素市场的出现标志着市场经济取代商品经济的开始，价格也早就不是只有实体经济的市场价格，相比之下，在某些时候，虚拟经济的市场价格表现得更加活跃。在这样的时代背景下，懂得理论研究与社会生活实际内在联系的人，知道劳动时间决定价格曾经是人类历史中的真实存在。而缺少历史意识的经济学人，或是仍然坚持以劳动力的劳动时间为价值的决定价格的理论，或是毫不负责地对这一价值决定论不屑一顾。

2. 成本决定论

生产价格概念的提出，构成了对于市场价格认识的成本决定论。马克思指出："求出不同生产部门的不同利润率的平均数，把这个平均数加到不同生产部门的成本价格上，由此形成的价格，就是生产价格。生产价格以一般利润率的存在为前提；而这个一般利润率，又以每个特殊生产部门的利润率已经分别化为同样大的平均率为前提。——商品的生产价格，等于商品的成本价格加上按一般利润率计算，按百分比应加到这个成本价格上的利润，或者说，等于商品的成本价格加上平均利润。"①

在马克思的著述中，生产价格理论占据重要位置。那么，为什么资本主义时代的价格一定要是生产价格？生产价格又是怎样形成的呢？马克思说："由于投在不同生产部门的资本有不同的有机构成，也就是说，由于等量资本可变部分在一定量总资本中占有不同的百分比而推动极不等量的劳动，等量资本也就占有极不等量的剩余劳动，或者说，生产极不等量的剩余价值。根据这一点，不同生产部门中占统治地位

---

① 马克思：《资本论》第3卷，人民出版社，1975，第176页。

的利润率，本来是极不相同的。这些不同的利润率，通过竞争而平均化为一般利润率，而一般利润率就是所有这些不同利润率的平均数。按照这个一般利润率归于一定量资本（不管它的有机构成如何）的利润，就是平均利润。一个商品的价格，如等于这个商品的成本价格，加上生产这个商品所使用的资本（不只是生产它所消费的资本）的年平均利润中根据这个商品的周转条件归于它的那部分，就是这个商品的生产价格。"①

显然，成本决定论不同于价值决定论。成本决定论的特点在于承认存在成本价格。就一般情况讲，商品的出售是不能低于成本价格的，或是说，一定要高于成本价格，不管是加上平均利润，还是加上利润，总之是要加上一些盈利的。这是生产厂家进入市场交换的基本意愿，也是为所有的买家所熟知的。恩格斯在坚持劳动时间决定价格的同时，也说明价格并非仅包括劳动时间，这与马克思对于生产价格的阐述是一致的。恩格斯说："中世纪的人能够按照原料、辅助材料、劳动时间而相当精确地互相计算出生产费用——至少就日常用品来说是这样。"②这样讲，明显是考虑到成本，而不是只以劳动时间为价格依据。

成本决定价格，这样的价格思想流传久远，似乎既实用又实际。但是，这种价格思想已经遇到现时代网络经济的挑战。市场发展了，网络产品出现了，其特点是成本不必增加，而销售却可以无限增加。这是当初考虑成本价格时没有任何人想到的，却确实成了今天市场上的现实。这种网络交易关系的出现，几乎颠覆了价格中的成本概念，成为需要改变现行市场规则的事情，社会理性如何处理这一问题，无论如何还是需要付出时日深入探讨的。只是，这表明成本价格的普适

① 马克思：《资本论》第3卷，人民出版社，1975，第177页。
② 马克思：《资本论》第3卷，人民出版社，1975，第1017页。

性已经不复存在了。事实上，本次国际金融危机之前表现出的市场价格混乱，已经说明现时代的市场价格，在较大的范围内，早就不是简单地用成本加利润能解释的了，即使人们能够用其解释实体经济中的产品交换价格，也断然不可能用其解释虚拟经济的价格形成机理。更何况，现时代的实体经济中还存在着契约价格，持成本决定价格的认识不是不能解释某些商品的价格形成，而是遇到生产要素组合中无生产成本存在的契约价格，就无以应对了。

虚拟经济中的市场交易，与实体经济中的市场交易一样，使用的是同样的货币表现价格，因而反映到现代经济学的研究中，必然要求建立统一的价格理论。如果价格理论对于虚拟经济中的市场交易价格与实体经济中的市场交易价格，不能做出贯通的、统一的基础性解释，那只能说明现代的价格理论的研究尚未到位。

面对由于价格跌落引起国际金融危机的严酷现实，现代经济学价格理论的创新不能不具有强烈的紧迫性，这必将要在价格研究领域实现一次认识的大综合。新的认识综合必然要统一反映现代市场中的所有价格关系，包括虚拟经济中的各种市场交易价格关系与实体经济中的各种市场交易价格关系，超越单纯而简单的成本决定价格论。

3. 供求决定论

认为供求关系决定价格的思想，包括稀缺性概念，还有价格弹性理论，说明不同的价格对应不同的供应量和需求量，按照一定价格形成的供求均衡决定此价格为均衡价格。不过，现代主流经济学阐述的所有这一切，都在此次国际金融危机的冲击下，全部被粉碎。石油的期货价格从每桶147美元，直落到32美元，相隔仅数月，不论是供还是求，都没有发生大的变化，只是价格的变化惊人。而且，即使没有此次国际金融危机，供求决定论的价格观也是值得商榷的。到底是价格决定供求，还是供求决定价格，在这一价格思想的运用中，始终说不清楚。市场上供应的萝卜多了，使价格下滑；焉知在此之前，也可以说是价格上涨，使得萝卜供应增多。所以，在供求决定价格的框架下，反之讲价格决定供求也是说得通的。好像一进入供求决定论，就是又一个鸡生蛋还是蛋生鸡的说不清楚的问题。这个基础性的问题，在经济学界内部的主流思想中成为这种为难的样子，在今天看来也确实需要有外部的力量冲击一下了。

早在70多年前，凯恩斯就对供求决定论发表了至今仍具有准确的针对性的见解："只要经济学家们论及什么是所谓的价值论时，他们总是习惯于说：价格取决于供给和需求状况；而且，特别是边际成本和短期供给弹性的变化起着重大作用。但是，当他们进入第2卷，或另成一书，讨论所谓货币和价格理论时，我们就再也听不到这些平常而易懂的概念，而恍若进入另一个世界，在这个世界里，价格取决于货币数量，取决于货币的收入流通速度，取决于相对于交易量而言的流通速度，取决于货币贮藏，取决于强迫储蓄，取决于通货膨胀和通货紧缩，如此等等。很少或者根本不再试图把这些空泛的名词同以前的供给和需求弹性的概念联系起来。那么，如果思考一下我们正在接受的传授，并且设法使之合理化，则在比较简单的讨论中，似乎是假定供给弹性必然等于零，需求与货币量成比例地变动；而在更深奥的讨论中，我们就像是堕入云里雾中，什么都不清楚，什么都可能。我们这些人都习惯于发现我们有时在月亮的这边，有时又在月亮的那边，不知道把这两边连接起来的道路是什么，这种情况有点像我们在清醒时和睡梦中的关系。"①

---

① 凯恩斯：《就业、利息和货币通论》，九州出版社，2007，第511页。

按照凯恩斯当年的说法，在 20 世纪初期，即与今相距整整一个世纪之前，经济学界对于价格形成的主流认识，就是供求决定论与货币决定论并存，就是孰轻孰重不分，模棱两可。货币决定论在今日也可称之为金融决定论，特别是遭遇此次国际金融危机，价格似受金融影响大乱，致使更多的人相信现代市场的价格是由金融决定的，至少具有期货市场的大宗商品的价格形成机理是这样的，在某种程度上不再迷信供求决定价格了。

4. 金融决定论

也许，在 21 世纪的市场中，我们还能看到不少的供求状况影响市场价格的影子；但是，经历此次国际金融危机，确实金融表现出对于价格更大的支配力量，只是，就在如此强势的金融支配力量下，关键时刻，金融还是控制不了价格。由此，给予现代社会人们的真实感觉是，成也萧何，败也萧何。

问题是，从美国出现次贷危机到全面爆发国际金融危机，这个由金融支配的市场垮了，垮得一落千丈。那么，今后还有没有人动用巨额资本炒作大宗商品的期货价格呢？我们说，肯定还是有的，而且，那些主权基金，那些机构投资者，那些积极的和消极的投资者们，恐怕还是一个都不能少，都要继续在这一领域牟利。所以，从现代市场发育的角度来认识，似乎是没有悬念的，在今后相当长的时期内，现代金融控制不了基本的市场价格是一个常态，现代金融能够决定某些时期的某些大宗商品的价格也是一种常态。我们现在仍然是生活在常态社会里，有很多可以理性但却很无奈的事情还可能要保持较长的时期。[①] 由金融决定价格，是进步还是退步，现在还不能定论，经济学界

---

① 参见钱津《劳动论》，企业管理出版社，1994。

可以继续深入地进行探讨，但无论如何，现代金融对于真实的市场价格的支配力量是存在的，这是复杂的现实社会的市场表现，我们每一个人都只能顺从地接受。而能不能在全球范围内做到对此扬长避短，或以此为转折点创新和提升现代的市场机制，关键是要看迎接此次国际金融危机挑战的现代经济学价格理论如何推进社会理性对此的认识，是要看未来的全世界范围内各个国家或地区宏观调控的社会理性如何发挥具体的作用。

5. 效用决定论

供求决定论与金融决定论都是现代经济学关于价格形成研究的主流认识，虽然不能透彻地阐述价格形成机制，但是，在 20 世纪的经济学界依然占据着强势的话语权。在 2008 年国际金融危机到来之前，关于价格的研究，除去供求决定论与金融决定论，还有一种更为基础的不同于价值决定论的效用决定论的解释。现在可以说，如果不包括虚拟经济的交易在内，那么，迄今为止，明确指出商品的效用决定商品的价格应该是对市场价格形成的最为贴近的解释。效用是现代经济学的基础范畴，需求理论就是从效用开始研究的，效用范畴在现代经济学理论体系中占有重要的位置。

人们进行市场交易，价格是双方最关心的问题。在现代市场经济中，既存在交换价格，也存在契约价格，不论对于哪一种市场交易价格，效用决定论的解释都是，劳动的作用不直接对应交易、只是劳动成果的作用对应交易，交易双方都需要的是劳动成果的作用，即效用对应交易、对应价格，效用的多少决定价格的高低。"效用不是主观的心理感受，而是对劳动成果作用一般化的抽象，是劳动成果客观实现的自然使用价值与社会使用价值统一的一般化表现。因而，效用与价格之间具有统一的认识基础。从市场关系讲，价格是效用实现的度量标准。这种标准与被衡量的物相比是有区别的，尺度不能代替被衡量的物。但是，在抽象的描述中，价格是可以作为尺度表现一定的被衡量物的效用。无论是理论上还是在实际中，人们都可以用价格表示效用量，即价格高是效用大的表示，价格低是效用小的表示。这也就是说，价格的实现与效用实现的一致性，在市场上表现为价格是对实现效用的量化。这种量化是对自然效用与社会效用统一的量化，是对由社会效用实现决定的劳动成果效用的量化。由于价格是市场决定的，是社会性的表现，所以，价格对于效用的量化是一种社会性的量化，不是自然性的量化，自然性的量化是以自然的标准对具体效用的量化，而价格的量化是对效用的一般化表现，即是表示各种效用之间在社会性上的可通约性。"①

　　问题的深刻性在于：效用对应价格，或者说，价格对应效用，表现的是劳动成果作用的一般化，市场交易是按照这个一般化进行的，不是按照生产投入的劳动作用的一般化进行的，即不是必须按生产过程的投入量交易，而社会各个行业的生产则必须按投入量补偿才能正常延续，商品社会的经济生活或者说生产与交易的基本矛盾就在这里。人们既不能因为生产的要求与交易的要求不同而使交易按生产的要求进行，也不能不使生产按照交易要求的结果进行调整，即这一基本矛盾最终是要在生产领域得到解决的。（这也是一个基本的逻辑问题：因生产是为了交易，并非交易为了生产，所以，生产必须服从交易，而不可以让交易的价格必须服从生产的投入量。）

　　在认真地研究了 2008 年国际金融危机中的某些领域的价格变化之后，笔者认为：效用决定论关于价格与效用关系的阐述基本上是正确

---

① 钱津：《劳动效用论》，社会科学文献出版社，2005，第 48 页。

的，符合一般商品即劳动成果市场交易的事实，既明确了劳动成果的自然有用性是价格形成的客观依据，劳动成果的社会有用性是价格形成的实现条件，市场实现的价格表现了劳动成果客观的自然有用性与社会有用性统一的效用量；又阐明了价格与效用的关系是表现与被表现、衡量标准与被衡量物的有用性之间的关系，价格必须体现社会对于各种不同的劳动成果作用的一般化通约的市场交易尺度。只是，当确定了效用是指各种具体的劳动成果的有用性或使用价值的一般化，那么也就是说，以效用度量或决定现代市场经济中的非劳动成果交易品的价格是无法实现的，或者说，是没有逻辑联系的，效用决定论在不作任何变通的条件下似乎只能适用于劳动成果交易价格的形成，包括对那些疯狂的实物产品的期货价格都具有一定的解释力，却无法对非劳动成果交易品的价格形成给出合乎统一逻辑的认识。这说明，经过这次国际金融危机，面对 21 世纪越来越复杂的现代市场交易内容，现代经济学对于全部市场交易价格形成的准确的概括性认识还需要作出更进一步的探讨。

6. 社会决定论

价格关系实质上是一种分配关系，契约价格直接体现分配关系，交换价格间接体现分配关系。包括虚拟经济领域在内，所有的市场交易通过价格都会自然而然地形成一种市场化的分配结果。正因如此，在 21 世纪人类社会的利益关系更复杂地体现于价格分配的前提下，价格理论研究必然要成为现代经济学基础理论研究的核心领域之一。

在以往的研究基础上，根据现代市场交易发展的基本事实，受到 2008 年国际金融危机引爆市场价格混乱的启迪，我们初步形成的思想认识是：现实复杂的市场价格，从根本上说，是由现实复杂的社会决定的。

　　这也就是说，有多么复杂的社会，就会有多么复杂的价格。在相对简单的社会发展状况中，经济关系不复杂，价格关系也不会复杂，至少不会很复杂，经济学的研究没有可能去认识尚未出现的复杂的价格。同样的道理，在高度复杂的现代社会，市场是高度复杂的，市场中的价格关系也是高度复杂的，在这个时代，即使还存在着一定的简单价格，经济学的研究也不能用以往的对于简单价格或者说不太复杂的价格的认识应对现在已经出现的高度复杂的价格。更何况，在经济学创立以来的几百年间，包括现代经济学的研究，始终对简单价格的认识存在很大的争议，有些似是而非的解释如同盲人摸象。

　　我们讲社会决定价格，归根结底，还讲的是劳动决定一切，经济学的研究不能离开最基础的劳动范畴。按照辩证唯物史观对于社会的认识，劳动内部矛盾是社会基本矛盾，劳动内部矛盾发展推动社会发展是社会基本规律；也就是说，劳动的复杂推动社会复杂，劳动的发展推动社会发展。因此，价格趋向复杂也是人类社会劳动的发展越来越复杂的一个方面的表现。全面而深刻地研究现代社会的复杂价格关系，必须从现代人类劳动发展的各个复杂方面去寻求最终的圆满解决答案。2008 年国际金融危机对现代经济学的挑战，在很大的程度上要集中体现在价格理论的创新上，这是新时代的创新，这是对现代高度复杂的市场分配认识深化的创新。（如果，在这样严重的国际金融危机的挑战下，应对复杂价格现实的科学价格理论还不能喷薄而出，那恐怕就要去找研究火星探测器的主创人员来研究这个问题了。）

　　历史上和现实中都存在简单商品交换的简单价格，但历史的社会与现实的社会不同，即使同是并不复杂的简单价格，也会因社会的不同而有不同的价格形成机制。在历史上，真实地存在过单纯只考虑劳动力的劳动时间的交换价格；而在今天的现实中，再简单的交换也绝不会单纯只考虑由劳动力的劳动时间决定价格，无论如何也会有生产成本的概念和最低利润的要求表现其中。

现在的社会，早已经不是使用者与使用者之间相交换，而是有专门的商业劳动介入其间，所以，商品与商品之间的价格比较就不是那么简单的了。而且，这种不简单的价格比较在 18 世纪、19 世纪就已经是普遍存在的，并非经济学的研究不能接触到。

最重要的是，价格是一个反映比价关系的社会性范畴。价格的决定不在于一个买家和一个卖家的关系，而是连接着全社会，是各个买家和各个卖家联系着全社会，每一种商品的价格都是与其他所有商品的有用性进行了社会性的比较才形成的，所以，没有社会性概念，不会懂得价格的基本属性，没有比价的概念，就不存在对于价格的准确认识。而只讲供求关系决定价格，似乎是排除了价格的社会性，也没有树立比价概念，因此，至多只是看到了供求变化引起了价格波动，并不能溯本求源地解释价格波动之前就存在的价格形成机理。也就是说，在人们看到供求变化时，价格早已是存在的了。

金融化的价格出现，已经是无可非议的了。在某些时期某些领域，说是金融决定价格，还就是由金融的力量在支配着价格，或者说，事实上就起到了决定真实价格的作用。我们明白，不是经济学要价格怎样价格就得怎样，而是价格怎样经济学就要怎样认识价格。市场创造出金融化的价格，我们也许就此能够看到，在现时代高度复杂的社会，形成价格的决定性可以是多元化的，事实如此，而多元化的存在可能并不妨碍现代经济学对于价格的理论研究形成统一贯通的概括性认识。

从多元化研究价格形成机制的角度出发，迎接 21 世纪国际金融危机的挑战，恐怕重点的研究要落在对于非劳动成果交易品价格认识的深化上。这包括对于虚拟经济领域交易价格的确切认识，也包括对于进入生产要素市场的劳动力契约价格的科学认识，还有其他方面的非劳动成果交易品的价格问题，等等。我们可以相信，所有这些方面的价格理论的基础研究，只要走上社会性的综合分析之路，从现代社会劳动分工的复杂性出发，就一定会显现达到认识彼岸的希望之光。

二　价格波动与价格刚性

市场价格的波动牵涉到各个国家以及各个阶层的利益关系，是全世界最敏感的经济社会问题。美国的房价飙升，引发了次级贷的狂热；美国的房价下滑，铸成了次级贷的危机；而美国的次级贷的危机，酿成了 21 世纪的第一次国际金融危机。这其中的价格一升一降，搅动了整个地球。这就是现代市场经济中价格波动的力量，堪比十八级地震。

自人类社会进入市场经济时代，似乎不断地出现价格波动就是一种市场的常态。"美国一二十年的鸡蛋价格都是不变的"[①]，那仅仅是鸡蛋的价格，或许还有少量品种交易物的价格也是这样长期不变的，绝不是可以普遍地适于其他商品的。中国所有的物价也曾一二十年都不变，但那是在中国相当贫困、落后和愚昧的计划经济时代，不堪回首。以 2.5 亿人口的绝对贫困，换得一二十年的价格稳定，再心宽的人也会无地自容。那不是好事，而是体制弊端，是没有市场价格只有计划价格的结果，那也由此成为中国改革的重点对象和重要内容。在当今世界，没有哪个国家或地区没有出现过价格波动，也没有哪个国家或地区已经能够避免价格波动。而在当今的现代经济学的主流意识

---

① 李杨：《美国金融危机及其对中国的影响》，中华演讲网，2008 年 12 月 24 日。

中，并不排斥一般的价格波动，只是反对剧烈的价格波动，反对具有强大破坏力的价格波动，甚至认为市场存在一般的价格波动是好事，是市场经济的特征和最可取的自我调节功能。至于一般的价格波动与剧烈的具有强大破坏力的价格波动之间的联系，为什么这些值得赞赏的好事最终会演变为骇人的弥天大祸，这在现代经济学的理论体系中，至今还没有解开。

历史的事实表明，价格波动具有某种客观的自发性。虽然，经济学家认为市场存在一般的价格波动是好事，但是，无论何时，生产者希望的价格波动是价格上涨，消费者企盼的价格波动是价格下降。而价格波动，总是表现为价格有涨有降，并非总是涨的，也并非总是降的。

中国改革开放后，逐步放开了价格，至今已很少有政府直接控制的价格了。因此，改革开放后走上市场经济之路的中国，也已与其他市场经济国家一样，产生了市场的价格波动。仅就生猪市场来说，在不到30年间，就已经出现了六次价格波动。"1985年为第一次波动。根据当年的中央1号文件，各地对猪肉价格体制进行改革，取消统派购，实行指导价，增加对城镇居民的肉价补贴。当年猪肉产量比上年增长了13.5%，价格涨幅达34.8%。1988年为第二次波动。由于价格放开后猪肉产量大增，1986年出现了卖猪难，养猪利润大幅度下降。从1987年下半年开始生猪存栏同比下降，在全国范围内出现了猪肉供应紧张的现象，猪肉价格同比增长18.6%。1988年继续上涨并达到波峰，比1987年上涨了50.6%。1989年进入下降期，1990年跌入谷底。1994年为第三次波动。经过1990年和1991年猪价低迷期，1993年10月出现了生猪存栏下降、生猪和猪肉价格大幅上涨等问题。猪价在1994年达到波峰，比1993年增长了54.6%。1995年2月开始下降，

1996 年再次跌入波谷。1997 年为第四次波动。由于受 1995 年阶段性
'卖猪难'的影响，1996 年下半年全国生猪出栏减少，猪肉价格上扬，
至 1997 年底猪价一直处于高价位。1997 年猪肉平均价格 13.7 元，同
比增长 10.1%。同期粮食价格走低，猪粮比价不断增大，一般在 1∶6
以上，从而引发了 1997 年的养猪热。各地仔猪补栏量猛增，全国能繁
母猪比重直线上升，达 10% 左右，一些主产省高达 15%。到 1998 年生
猪价格开始下跌，并一直持续到 2002 年。2004 为第五次波动。随着
'非典'的结束，非典期间宰杀母猪、补栏停滞所造成的生猪供求矛盾
突出，2003 年活猪价格反弹。2004 年，因非典期间造成生猪及种猪存
栏下降，而禽流感疫情刺激猪肉消费增加，同时受饲料价格大幅上涨、
玉米霉变事件等多种因素影响，全国各地活猪价格出现历史罕见飙升。
活猪价从当年 3 月至 9 月的 6 个月中上涨了 22.3%。2005 年进入下降
期并于 10 月份快速下跌至亏损线以下；2006 年跌入波谷。2007 年为
第六次波动。2007 年 5 月至 7 月，短短 3 个月内猪肉价格上涨了 45%。
综合各方面数据，目前生猪存栏总体同比减少 8% ~ 10%，已经降至正
常水平以下。"[1]

　　从现代经济学的现时代认识讲，价格的实质是市场化分配的尺度，
价格的决定是表现统一社会性的比价关系，价格的形成可能是综合性
的社会因素作用的多元化结果。因此，笼统地讲一般的价格波动是好
事的经济学家，只能是对价格的认识尚未进入现时代认识的经济学家。
准确地说，只有为实现正常化比价关系的价格波动才是好事，背离正
常化比价关系的价格波动不能是好事。实际上，所谓的剧烈的具有强
大破坏力的价格波动就是在背离正常化比价关系的一般的价格波动基

①　中国农业部生猪波动规律性研究课题组：《掌握发展规律稳定生猪生产》，载 http：//
www.mmimm.com。

础上逐步形成的，总是通过某一特殊的时点引爆。

　　需要明确的是，不论是为实现正常化比价关系的价格波动，还是背离正常化比价关系的价格波动，都会对现实的市场产生一定的冲击，各个国家或地区对于一般的价格波动的冲击一般情况下大都是能够承受的，其中对于为实现正常化比价关系的一般的价格波动的能够承受是有利于经济发展的，而若是对于背离正常化比价关系的一般的价格波动的能够承受则是养虎遗患。

　　更需要明确的是，不论是哪一个国家或地区，即使是能够承受为实现正常化比价关系的一般的价格波动冲击，也不能集中在较短的时期承受巨大的冲击力，否则，将会产生不必要的社会负效应，在某种程度上可能会引起市场秩序的紊乱。因此，各个国家或地区，即使是面对为实现正常化比价关系的一般的价格波动，也不能一味地讲这是好事，而忽略其可能产生的对市场冲击力过于集中或过大的问题。

　　就改革开放已 30 多年的中国来说，在计划经济时代曾造成严重的价格扭曲，即商品之间的比价关系不合理，尤其是农产品与工业品之间的比价关系不合理明显突出，因此，价格回归市场之后，随之出现的价格波动，主要是为实现正常化比价关系的价格波动。这一点，在 2007 年由猪肉价格上涨引起的新一轮的价格波动中，表现得十分明确。2008 年国际金融危机的爆发影响到中国，也不能改变和掩盖中国当时的价格波动是为实现正常化比价关系的基本性质。而且，中国这一轮的价格波动是与中国的工业化进入了腾飞阶段直接相关的。无可辩驳的事实是，工业化腾飞直接造成了物价总水平提升速度的加快，造成了先是主要农副产品的价格大幅度上涨，然后是工业品的价格也随之向上调整。我们可以确定，即使不遭遇国际金融危机，在经济全球化的时代背景下，在复杂的现代市场经济条件下，中国为实现正常化比价关系的价格波动也会无可回避地持续到工业化基本实现之时。

现代市场经济与传统的市场经济相比，最大的不同，就是存在着高度发达的虚拟经济。目前，不用说在发达的市场经济国家，就是在中国这样的刚刚走上市场经济之路十几年的发展中国家，虚拟经济也都表现出了相当强大的力量。而价格波动不单表现在实体经济市场之中，更是活跃在虚拟经济市场上。虚拟经济市场交易品的价格也是一种全社会的分配关系，只是其比价关系仅仅以虚拟经济中的各个领域为价格相比的范围，不涉及与实体经济市场交易品价格相比的比价关系，或者说，虚拟经济市场交易的价格是另成一个体系的。因而，与实体经济市场交易不同，虚拟经济中的各个领域的价格波动是一种市场常态，是虚拟经济市场不同于实体经济市场的一种特征。可问题在于，过度频繁的价格波动对于虚拟经济市场本身未必有利，对于国民经济的运行更可能造成不利的影响。如果是非常大的价格波动，像中国的股市上证指数从 2007 年最高的 6124 点直落到 2008 年最低的 1600 多点，那也是灾难，至少使中国的股市丧失了应有的市场功能。因此，在复杂的现代市场经济条件下，社会不仅要理性地对待实体经济市场的价格波动，更要理性地对待虚拟经济市场的价格波动。对于现代经济学来说，经过 2008 年国际金融危机，需要更深刻地研究价格波动，更需要考虑理性社会如何导引价格波动趋向价格刚性，即要努力地避免下行的一般价格波动，并要能够自觉地应对或利用好上行的一般价格波动，包括要努力地避免虚拟经济市场下行的一般价格波动和能够自觉地应对或利用好虚拟经济市场上行的一般价格波动，使宏观经济调控能够实现对于市场价格刚性原则自觉和理性的维护。

三　重新认识价格刚性

2008 年国际金融危机给全世界以重要的启迪，事实告诫我们，在现代社会，各个国家或地区的市场都已经高度发达了，不能再使保持自发的市场价格任意波动了，必须全力以赴维护市场价格刚性原则。

在中国 1988 年出版的一部辞典中，描述价格刚性是："价格确定后的不易变动性（缺乏弹性）。按照西方经济学者的解释，由于市场竞争为垄断所代替，出现了市场的不完全性。因而，企业生产的物品，其价格是由垄断的大公司规定的，物价被其控制、操纵，形成了价格'刚性'，即价格规定后易升不易降，使物价经常处于较高的指数上。价格刚性说是以美国学者托宾等为代表的。价格刚性是用来分析资本主义经济中的通货膨胀与失业交织并存现象，即分析宏观经济政策目标时提出来的。据此，西方经济学者认为，由于价格刚性连同工资刚性的存在，势必引起物价与工资的螺旋式上升，导出要割断这种'跳背游戏'须实行物价—工资管制（收入政策）方能奏效的结论。"①

关于价格刚性，学界另有的一种说法是："价格一旦被提高后就难以下跌的特性，即价格具有易涨不易跌的特点。价格刚性通常用于解释结构型通货膨胀。在整个社会总供给等于总需求的情况下，有些部门的商品因供不应求而出现价格上涨，而另一些部门虽然供过于求，但因价格刚性而出现价格不下跌的情况，从而使社会在总需求没有过度的情况下，仍然产生物价水平的持续上涨。价格刚性的实质，就是

---

① 刘凤岐主编《当代西方经济学辞典》，山西人民出版社，1988，第 245 页。

经营不善的供过于求部门力图保持价格不变来把它们遭受的损失或增加的成本转嫁给买者。"①

　　还有人认为："价格刚性一般指双头垄断企业在其边际成本范围内不轻易降价或提价，原因在如果降价，会引发另一企业不满，导致价格竞争，对双方都不利，翻过来，由于边际成本在允许的范围内提高，企业不会提价，原因在于如果自己单方面提高价格，另一企业不提价，会造成市场份额的损失。"②

　　总之，在过去的日子里，站在自由市场的立场上，经济学界并不认为价格刚性是可取的，或者说，对于价格刚性的认识是比较暧昧的，一方面承认价格刚性是现代市场的一种客观存在的现象，另一方面又表现出对于价格刚性基本上不欣赏的态度。不管以前对于价格刚性是怎样认识的，经过 21 世纪的国际金融危机，现代经济学界需要从根本上转变对于价格刚性的认识，应当重视其存在的客观性，应当深刻地认识到价格刚性对于整个社会稳定生产、稳定金融、稳定价格，即稳定社会与市场的必要性和重要性。在 21 世纪的经济学思想创新中，价格刚性不仅仅是一个微观经济学的范畴，也不仅仅是一个宏观经济学的范畴，而是一个既属于微观经济学又属于宏观经济学的范畴，是一个需要深入细致研究的价格理论的重要范畴。价格刚性的内涵应该是对市场价格波动基本保持上行趋势现象的明确描述，而对价格刚性的展开研究将涉及各行各业的企业经营、国民经济的运行状态、国家或地区的经济发展战略和经济规划、金融稳定与金融深化、货币的发行与回笼、资本市场的融资与保值、国民收入的提高与国民生活质量的提高、市场分配与市场消费、有效避免经济危机与金融危机、保持市

---

　　①　百科知识：《价格刚性》，珞珈网，2008 年 8 月 30 日。
　　②　无欲则刚：《经济学论坛》，中国经济学教育科研网，2005 年 4 月 15 日。

场的稳定与发展、维护市场交易秩序、保护国家经济安全等各个方面的基本问题。换句话说，如果市场价格的基本趋势不是稳中有升，而是大起大落或不断地趋向下降，那么，在复杂的现代市场经济条件下，国民经济的各个方面运行，从微观到宏观，都要受到严重的影响，都必然造成国家、企业和个人不同程度的经济损失。对此，2008 年的国际金融危机，不论从哪个方面，都给予了我们最现实和最充分的例证。

更进一步说，由于价格是用货币表现的，货币牵涉每一个人的生存利益，因此，价格刚性与货币币值之间有着直接而紧密的关系，保持价格刚性，就是保持币值的稳定。对于现代经济学来说，这是研究宏观经济稳定，以社会理性的智慧抗争剧烈的具有强大破坏力的价格波动或金融魔鬼的极为重要的基础问题。

四 价格刚性与币值稳定

现代人中，有些人的思想还留存在 20 世纪的新技术革命之前，包括一些经济学家在内，没有意识到新技术革命为人类的生存方式的转变起到的关键作用。人类的生产力是在新技术革命之后才真正获得了极大的发展，现代人时刻也离不开电脑的生存方式也是在新技术革命之后才形成的，这必然要求经济学改变新技术革命之前对于市场以及对于价格的一些基本认识。然而，直至爆发 21 世纪的国际金融危机，经济学界在这方面确实还很少形成新的认识，或者说，还都基本上是用老眼光认识新问题，并没有走在社会变革的前面，没有起到理性地推动广大人民随着生存方式转变而转变经济基本观念的作用。现在人们还在到处盼望着落价，视价格上涨为灾难。而 2008 年国际金融危机的爆发表明，大落价才是灾难，大落价必然带来大萧条。2008 年的下半年，国际石油的价格倒是落下来了，可这样落价，在复杂的现代市场经济条件下，石油生产国的国民经济是否能够承受？国际货币金融体系是否能够承受？价格表现的是一种比价关系，石油的价格落了，就表示石油生产国的利益突然从上升改为跌落，它要为发展石油生产所做的所有投入付出巨大的代价，甚至可能为此而破产。若石油生产国的经济陷入困境，那全世界人口的日子还能好过吗？价格的存在，在整个社会经济生活中，对应的是货币的币值，大落价就是币值的大飙升，就是对金融资产的大冲击，而近几十年内的国际金融制度、金融秩序以及各国的货币币值都是在石油价格以及房地产价格慢慢提升的市场走势下形成的，突然的价格跌落，直接冲击了全球金融制度、金融秩序以及各国的货币币值，在目前人人都离不开金融服务的生存方式下，出现这样重大的市场变故，怎能不造成全球社会的重大经济损失，怎能不重重地打击 21 世纪全球各地现代人的生活信心？

价格刚性关系到货币币值的稳定。在复杂的现代市场经济条件下，人们不能盼望落价，小的落价表现币值小的上升，大的落价表现币值大的上升，不论币值是小的上升还是大的上升，都是货币币值不稳定的表现，也都是要在不同的程度上扰乱市场秩序的。而且，对于某时的某些大宗交易品价格的大幅度下落，市场根本承受不了这种变化，恢复秩序非要付出惨重的代价。对于现代社会的经济生活，关键在于保持币值的稳定，尤其是要防备价格跌落造成的币值不稳定。这是现代市场经济的客观要求，并不是由经济学家的主观意愿决定的。市场发展的历史表明，价格的稳中有升，即一波一波地慢慢地升高价格是市场的常态，与其相对应，货币的币值稳中有降，即一年一年地慢慢地轻微贬值也是市场的常态。所以，从稳定币值的角度讲，无论哪个国家或地区，都必须维护市场客观要求的价格刚性。

如果不能实现价格刚性，社会盲目地追求价格下降，以降价作为维护人民利益的措施和手段，那就必然造成币值的不稳定，必然影响社会经济的发展。在遭遇国际金融危机的发达市场经济国家，高的价格水平早已形成，且高价格对应的是高收入，是高质量的现代化生活，即使在危机中，这些国家的人民也比发展中国家人民的生活水平高得多，是处于不同的档次上的，甚至是许多发展中国家再发展几十年也赶不上的。相反，在那些低价格的国家和地区，看似市场上的价格很低，其实是市场还没有发育起来，价格刚性的作用还未能发挥出来，与之相应的是低收入和低的生活水平。就此而言，对于发达国家来说，高价格不能再低下去，币值要相对稳定；对于发展中国家来说，低价格则需要在价格刚性的作用下慢慢地高起来，不仅币值要相对稳定，经济还要大发展，不能继续长期维护低价格。人们不能希望价格不断地落下去，像现在北京人盼楼市再降价那样，又要求货币的币值保持稳定，那是做不到的，那是不合逻辑的。对于简单的小商品经济，或是对于经济发展水平很低的时期，经济学似乎还可以讲一讲价格降低是劳动生产率提高的表现，但是，在现代复杂的市场经济条件下，经济学就只能讲币值稳定的必要性和重要性，讲价格刚性的必要性和重要性，在这个时代，货币已经被广泛地应用于虚拟经济领域，货币的相对独立运动远远复杂于实体经济领域的劳动生产率的提高及其对价格的影响。也就是说，现在货币表现的价格，货币本身的变化都已经是价格变化的不可忽视的重要因素，而要求高度注重货币的币值稳定也已经是对市场普遍的价格实现的一种基本的约束性了。

保持价格刚性对于币值稳定的必要性和重要性，不仅要体现在实体经济领域，而且要将这一原则贯彻于虚拟经济领域。在虚拟经济市场交易使用的货币与在实体经济市场交易使用的货币，是一样的货币，这就决定了虚拟经济市场交易品的价格与实体经济市场交易品的价格一样，在现代复杂的市场经济条件下，要影响货币及币值。因此，研究虚拟经济市场交易价格刚性，对于现代经济学来说，更是一个全新的认识问题。这就是说，股票价格的高低也关系到币值稳定，为了实现国民经济运行中的货币币值稳定，股票的交易也要保持一定的价格刚性。股票价格的大起大落，对于股票市场和绝大多数股民来说，岂止是一般的灾难，甚或可能就是灭顶之灾。如果一位股民在市场大起的时候买进股票，在市场大落前没有及时地卖出股票，那他就只有等候市场再大起了，若他不等，非要在大落时卖出，结果就是血本无归了。而对于国家来说，不能任由股票市场这样大起大落，国家的货币决不能跟随股票市场这样大起大落，国家货币的币值更不能跟随股票市场的价格这样大起大落。要是有人天真地以为股票市场可以炒得天翻地覆，跟货币市场和实体经济的运行一点儿都没有关系，那恐怕是还生活在 19 世纪，或已经是不食人间烟火了。实际上，股票市场的价格大起大落，比之实体经济市场交易价格的大起大落，对国家货币币值的影响更大，对国民经济运行的影响更大；尤其是股票市场价格的大落，对币值的影响更甚于实体经济市场交易价格的大落。算起来，像 2008 年石油价格的大落，那是几十年才发生这么一次，而世界各地股票市场价格发生大落，那在几十年里不知已有多少次，似乎许多人对此已经习以为常了。问题是，经历此次国际金融危机的爆发，现代经济学的研究应该认识到，出于稳定币值的需要，对于股票市场的价格大落情况，并不能习以为常，为保持国民经济运行的良好状态，在股票市场也必须保持价格刚性，即客观理智地讲股票市场的价格波动的常态也应基本是上行的，若无天灾不应出现大的价格跌落。像中国

2008 年的股票市场，莫名其妙地出现价格跌落现象，甚至跌破了发行价，必然对币值的正常变化造成不正常的影响，必然对中国这一时期的经济发展产生间接性的不利影响。

在虚拟经济并不活跃的时代，经济学可以不研究价格刚性与币值稳定的关系；然而，在现时代，即虚拟经济已经非常活跃的时代，现代经济学就必须深入研究价格刚性与币值稳定的关系。这就是说，有没有活跃的虚拟经济是一个分界线，关键是影响币值的价格因素就在活跃的虚拟经济之中。2008 年国际金融危机的爆发，确切地表明在虚拟经济领域，那些资本化的货币是可以"兴风作浪"的，它们巨大能量的释放不仅仅对虚拟经济会产生巨大影响，而且对整个国民经济都会产生巨大影响。虚拟经济的交易是真实的存在，虚拟经济市场交易使用的货币是真实的货币，虚拟经济市场交易的价格也会真实地影响到货币的币值。与虚拟经济并不活跃的时代相比，现时代虚拟经济的活跃是前所未有的事情，是现时代各个市场经济国家国民经济宏观调控必须解决的新问题，是现代经济学必须研究的新问题。从解决人们的经济观念转变入手，现代经济学面临着许多与以往不同的认识对象，研究虚拟经济的价格刚性和研究整个国民经济的价格刚性与币值稳定的关系，只是其中的一部分内容，当然这些都是极其重要的内容。现代经济学的思想推进，具体地说，就要展现在这些重要内容的研究深化之中。在未来的人类经济生活中，就是一个个极其普通的进入市场的人，在他们的头脑中，也会深深地嵌入虚拟经济概念，使他们时时刻刻地感受到虚拟经济的存在和影响，使他们明白重视虚拟经济的价格刚性是国家的利益所在，也是每一个人的利益所在，保护了价格刚性就是保护了货币币值的稳定，这也许就是现代经济学价格思想推进的普及成果。

五　维护价格刚性的社会理性

一座高炉建起来了，一座座炼钢炉也建成了，可就是在这个时间，粗钢和钢材的价格大大地下落了，甚至落到了成本之下，如此这般，新建的这些生产设备怎么开工？只好是闲置，只能是浪费。在现时代，如果出现了这样的情况，该由谁负责呢？企业是无能为力的，这需要由社会承担责任。这实质是要求社会理性发挥作用，适应现代市场经济的高度复杂性，能够自觉地维护价格刚性，有效地避免这种情况的发生。

现时代的社会化大生产是经不起市场价格的大起大落的。虽然，价格大起时，市场热闹非凡，企业的发展很顺当，一派繁荣景象；可价格大落时，市场就要崩溃，企业就要受罪，就像这次遇到的国际金融危机的情景一样，整个社会遭受严重损失和严厉打击。所以，这一次给我们的教训就是，需要重新认识价格刚性原则，不能再将价格刚性作为有碍市场自由的贬义词来看待。人类生活到了现时代，价格只能是稳定的或稳定地上涨，不能再欢迎价格下落了，不能再用小生产时代的思维对待现时代的社会化大生产。时代不同了，人们的认识就要随之发生变化，在现时代，就必须要有与现代化社会大生产同步的新认识。重新认识价格刚性原则，需要全社会自觉维护价格刚性，而不再让市场自由落价，更不能任由市场大落价，这是现时代的要求，是现时代社会理性的要求。生产规模大了，价格就必须具有刚性，如果价格不稳，那社会化的大生产就不稳；而如果社会化的大生产不稳，那整个社会经济、政治、国防、外交等方面，都是难以保持稳定和巩固的。因此，只要社会确认生产不能下落，那么，社会理性就要确认价格刚性原则是现代市场必须坚守的原则之一，就要坚决地维护价格刚性，不能任由市场价格下落，更不能在市场价格大下落时只有无奈的表示。

工资刚性与价格刚性是相关的，从市场的角度讲，工资就是生产要素市场的一种契约价格，工资刚性就是这种契约价格的刚性，因此，工资刚性与价格刚性具有内在的市场一致性。所有工薪阶层的人总是盼望自己的收入不断提高，这就是工资刚性的形成基础。若无这一基础，断无工资刚性的出现。事实上，这一基础是广泛存在的，于是对工资刚性也就不是可以排斥的问题，而是必须给以尊重，必须理性地给以维护。作为工薪阶层的人，也只能主要通过提高工资来增加个人收入，就此而言，工资刚性的出现具有无可争辩的合理性，自觉地坚持维护工资刚性，在全社会的范围内，是一件不可忽视的大事。只要人们能够认同工资刚性，那就要合乎逻辑地维护价格刚性，不能反其道而行之。一方面，具有内在的市场一致性的工资刚性与价格刚性是表现相同的，二者之间是正相关的联系；另一方面，工资刚性本身就可以理解为属于价格刚性的组成部分。所以，从大的方面讲，维护价格刚性，就是维护工资刚性，就是维护工薪阶层的收入水平的不断提高。有人认为，提高工资就是增加成本，增加成本就是削弱竞争力，因此，强烈反对工资刚性。但这也是看"老黄历"得出的结论，并不适合今天的现实。工薪阶层为什么努力工作，不就是为了提高收入和提高生活水平吗？这是原动力，是需要现代社会理性保护的原动力，没有了这一点，社会经济发展的目的就模糊了，社会经济发展的后劲就没有了。看到房价高了，就非要将房价拉下来，是没有现代经济意识的表现，是不懂得维护价格刚性在现代高度复杂的市场经济中的必要性和重要性，也是不懂得维护工资刚性对于不断提高工薪阶层收入的必要性和重要性。就现代的社会理性而言，治理高房价，从理性维护价格刚性和工资刚性的角度讲，应该是提高相比房价显得略低的工资收入水平，而不可简单地降低房价。因为，只要是感到房价过高，那就相应反映出工薪阶层的收入水平略低了，这时提高工资不会惹事，打压房价可能造成经济危机。当然，双高的结果可能引起货币较大的贬值，但只要货币贬值的幅度和速度都是在宏观调控的可控制范围之内，就是能够允许实施的。有惊无险的效果比起稀里糊涂地大落房价造成危机要好多了。

中国改革开放 30 多年，实际最为成功的一个效果是：在 20 世纪的末期迅速实现了货币的急剧贬值，并且没有引起任何金融和社会的震荡。在这一时期，中国人民币的贬值大约有 100 倍，可没有看到社会形成过激的反应，日子基本上是顺顺当当地过来的，甚至人们还有一些欢天喜地的表现。笔者认为，认真总结这方面的经验是极为重要的，这也是价格理论创新需要的鲜活而生动的具体实例。在改革开放之前，中国许多地方的公交车，乘三站地，收费 0.01 元，而现在，同样的车程，最低收费 1 元，价格明显上涨 100 倍，即货币贬值 100 倍。小学或中学教师上课，数理化的内容不变，法定的工作时间由每周的六天改为了五天，而他们的工资水平用名义货币衡量也是基本上增长了 100 倍，由过去的月薪几十元增长到几千元。过去，参观北京故宫的门票价格只是 0.1 元；而如今价格调整后，涨价不止 100 倍，要知道故宫里的展览内容这么多年来是没有大的变化的。看一场电影更是如此，原先票价就是 0.1 元或 0.2 元，而价格调整后，看一场电影的票价涨到 30 元或 50 元，还有 100 元的，价格飙升了 300 倍到 1000 倍。只是，猪肉类的农副产品、房屋类基本生活消费品等商品的价格调整多少慢一些，这么多年过去了，只涨价 10 倍到 20 倍，即人们目前最难以接受的房屋价格实际上是所有商品中涨价幅度最小的商品之一，根本没有体现出这一时期人民币的贬值水平，大多属于货币贬值后价格还很划得来的购买物。所以，在国家有效的调控下，货币随着价格刚性上升而贬值并不可怕，真正可怕的是愚昧，是对价格刚性与工资刚性缺乏现代理性的准确认识，是对维护价格刚性原则和实现经济发展客观允许的货币贬值的意义和作用缺乏社会理性的缜密思考和从容把握的能力。

可以说，没有人民币的大幅度贬值，没有这一时期市场经济的价格刚性发挥的积极作用，就没有中国改革开放30多年取得的辉煌成就。或许，有的人不喜欢这样说——中国改革开放的成就是在货币贬值基础上实现的，但事实确是如此。一方面，人民收入水平大幅度提高，人民生活水平大幅度提高，人民的生活质量大为改善；另一方面，人民币大幅度贬值，人民币的发行量极大地提升。这就是中国改革开放中对比性极强的变化，或者说，这也是中国融入国际社会走向世界的开始。

参考文献

［1］王振中主编《转型经济理论研究》，中国市场出版社，2006。

［2］柳欣：《经济学与中国经济》，人民出版社，2006。

［3］魏后凯：《论按劳分配与按生产要素分配相结合》，《中国工业经济》1998年第5期。

［4］钱津：《劳动论》，社会科学文献出版社，2005。

［5］钱津：《劳动价值论》，社会科学文献出版社，2005。

［6］钱津：《劳动效用论》，社会科学文献出版社，2005。

［7］钱津：《国际金融危机对现代经济学的挑战》，经济科学出版社，2009。

［8］钱津：《虚实经济一体化中的价格问题研究》，《社会科学》2009年第1期。

［9］钱津：《危机的启示：重新认识价格刚性原则》，《中州学刊》2009年第2期。

第四章　效用理论

概括地说，人类生存需要自然条件，也依靠劳动成果。人类一方面要尊重自然，保护自然条件；另一方面要勤奋劳动，获取劳动成果。劳动的作用凝结在劳动成果之中是抽象的价值，对劳动成果本身具有的有用性的抽象是财富。所以，从财富的角度研究劳动成果，就是研究劳动成果的作用，这种作用的一般化可称之为效用，即劳动成果的效用。这也可简称为劳动效用，因为毕竟劳动成果是劳动创造的，但是，我们一定要明确，效用是劳动成果的作用表现，这与价值是劳动作用的凝结不同。在人类生存的意义上研究效用，实质是研究劳动成果的作用，是研究生存与劳动和劳动成果之间的关系。

效用不同于具体效用，如劳动不同于具体劳动，是一样的。具体效用是指具体劳动成果的作用，即具体的有用性或具体的使用价值；而效用是对各式各样的劳动成果作用的抽象概括，即是指各种具体的劳动成果的有用性或使用价值的一般化。我们的研究将从不同的角度讨论效用范畴，这些范畴都有一般与具体之分，而我们在讨论中将不再特别强调这种区分，在此给予说明。

自然效用与社会效用是最基础的一对效用范畴。自然效用表示劳动成果作用的自然性，社会效用表示劳动成果作用的社会性。对人类生存而言，劳动成果的作用不可能只具有自然性，不具有社会性。在商品经济条件下，自然效用与社会效用需经过市场而取得统一，即凡市场交换实现价值的劳动成果的效用都是自然效用与社会效用的统一。这就是说，商品是价值与使用价值的统一，也是自然效用与社会效用的统一，其中社会效用就是商品的社会使用价值，是社会对劳动成果有用性的评价。商品只有获得社会效用，才能实现价值，实现价值与使用价值的统一，实现自然效用与社会效用的统一。

边际效用是效用研究最早展开的理论领域和影响最大的理论范畴。但建立在基数效用范畴确定基础上展开的边际效用分析，实际上对效用的认识与我们的研究基点并不一致。19世纪下半叶的一些经济学家认为，效用只是人们的一种主观心理感受。而他们兴起的边际革命就是由确认这种效用的主观性而引发的。在我们的研究中，强调的是效用的客观性，而不再是主观性。笔者指出，凡效用都是具体劳动成果的效用，如果没有具体的劳动成果，就不会有任何效用的存在，任何人都不能不顾劳动成果的客观存在，而只讲主观的心理感受。所以，科学的效用理论应从确认效用是劳动成果作用的一般化起始，应从确认效用具有客观性起始。从重新界定效用不是一个主观心理范畴入手，我们的认识不再囿于传统的边际效用递减规律的成见，而是从基本的客观事实出发，从效用范畴的客观性出发，研究现代经济学的效用理论。

我们的研究将涉及效用的均等性问题，即要提出与边际效用不同的均等效用范畴。这一范畴是从自然效用使用的角度对具体劳动成果作用表现的概括。效用的客观性源于劳动成果的自然效用，而这种客观性鲜明地体现在劳动成果的使用中，即不论社会效用的表现如何，同质同量的自然效用必然发挥均等作用。所以，均等效用是客观存在的，是对效用研究的新的理论概括。这是现代经济学研究贴近经济生活实际的一种认识推进。

我们还要划分中间效用与终点效用。这种范畴的划分揭示了现代市场经济中出现的虚假繁荣的经济机理。中间效用的膨胀将会引起严重的社会经济问题，而对此原本是缺乏理论认识的。时间将证明，如何控制中间效用总量和如何优化中间效用结构，将是政治经济学研究的一个重要领域。而我们讨论的终点效用优化问题仍然要以科学地划分生产劳动与非生产劳动为认识基础。这种讨论实质是生产劳动理论研究的落点，是政治经济学研究区分生产劳动与非生产劳动的学术意义的扩展与延续。

在我们的研究中，乏值效用是指劳动成果的自然效用被无奈地损耗了的情况。这也是效用理论研究的一个新的领域。展开这一领域的研究，有助于进行国民经济运行的分析，有益于提高宏观经济调控的质量。

军事效用是变态劳动成果的效用。笔者曾研究过军事价值，那是对军事劳动作用的研究，现在接续的是研究军事劳动成果的作用。强调军事效用存在的重要性在于揭示常态效用的性质。常态劳动是正态劳动与变态劳动的统一，常态效用也是正态效用与变态效用的统一。军事效用是常态效用中唯一的变态效用。这就是说，变态劳动分为军事劳动与剥削劳动，而变态价值和变态效用只有军事价值和军事效用，因变态的剥削劳动主体并不参与价值与效用的创造。阐述军事效用存在的历史阶段性，说明当代人类社会遏制军事效用发展的重心所在和实践意义，可使效用理论全面反映常态社会的劳动成果作用。

效用是劳动成果作用的一般化，也就是指劳动成果的自然使用价值与社会使用价值统一的一般化。因而，对效用的研究，就是对劳动成果作用一般化的研究，就是抽象地研究劳动成果在生产领域和生活领域的一般使用价值。或者说，研究效用分为两个方面：一个方面是研究劳动成果重新回到劳动过程中的作用，另一个方面是研究劳动成果满足人们生活需要的作用。由研究的内容决定，效用范畴在经济学体系中属于是最基础的范畴——劳动范畴——的延续，是一种核心的基础范畴和基础理论要研究的内容。

劳动成果再回到劳动过程中去，在一定的历史时期和相当大的范围内，属于资本的运作。因此，用于资本的劳动成果的效用可以简称为资本效用。而经济学研究资本的实质是研究资本效用。资本不等同于社会全部劳动成果，只是包含在社会全部劳动成果之内，所以关于劳动成果的研究是包含资本研究的，资本研究在现代经济学研究的重要性也决定了效用研究的重要性。

在社会生活方面，经济学对于劳动成果使用的研究，也是效用研究。生活消费效用，是劳动的最终目的。如何使生活效用更好地为人类生存服务，是经济学研究的最终目的。每一个人的消费行为可以是理性与非理性并存，但经济学的研究却都要以理性的头脑去分析。劳动的创造是一个方面，如何用好劳动创造的成果又是一个方面，经济学不仅要研究劳动，而且要研究劳动成果，这本身就使效用的研究构成经济学研究的重要组成部分，更何况这部分的研究还直接贴近人们的生活消费，是最为敏感的现实经济的反映内容。所以，不论是从生产方面讲，还是从生活方面讲，在经济学的基础理论研究中，关于效用的理论研究都是举足轻重的。

一　效用的界定

在现代经济学中，效用至今仍然是一个基础而又十分模糊的范畴。

如果对于这样的基础范畴的认识尚十分模糊，那么经济学的研究不用说解释国际金融危机，恐怕就连构建自身完整的学科体系都会遇到困难。因此，为了能够汲取 21 世纪危机的教训，提升经济学的解释力，理论的研究首先需要从对效用范畴的模糊认识中走出来。

1. 效用不应是主观性范畴

经济学是研究客观经济实际的学科，其基础范畴不能是主观性的。这也就是说，经济学的理论研究不能建立在主观性范畴的基础上。然而，在现代经济学的解释中，效用就是"满足"，效用范畴就是指人们消费商品享受的满足感。这就将该范畴理解成消费者纯主观心理感受的反应了。也许，如此界定效用范畴，恰恰表明经济学的研究还处于起步阶段。至少，在迄今为止的经济学讨论中，还缺少对于这种主观性范畴界定的批判。准确地讲，当将效用解释成一种满足感时，经济学的研究就已经偏离科学认识的轨道了。不光是对效用范畴，任何将经济学的基础范畴解释为主观性范畴的企图，都必定要将经济学的研究引入歧途。在传统的意识中，经济学家们甚至没有想到，如此以人的自身体验描述满足感，是一种科学研究最忌讳的以偏概全。在先哲们留下的文字中，讲到效用和效用递减，无不是以苹果、面包等食品为例，通过吃这些食品来确定满足感。可是，经济学研究面对的商品和劳务，绝不仅仅是可以入口的食品。所以，消费者通过自身体验找到的吃的满足感，并不能适用于所有的商品和劳务。苹果可以吃，煤炭就不能吃，钢铁也不能吃，实际上，在现代经济的商品中，能入口吃的商品只占很少的比重，而且，所有的劳务也都是不能吃的。这种主观性体验式的理解，这种明显的以偏概全，只可能出现在经济学研究的起步阶段。显然，面对 21 世纪国际金融危机的挑战，现代经济学对于效用范畴的认识不能再停留在那种起步阶段了。

2. 效用不应是闲置性范畴

效用是经济学的基础范畴，是经济学用来解释人类社会经济活动的一个重要范畴。但是，由于长期以来存在的以偏概全的认识，所产生的事实是，这一范畴已经几乎被闲置化了。不论是发达国家还是欠发达国家，在经济学家对各个国家的经济以及世界经济的分析中，现在根本看不到效用范畴的身影。而且，在现代经济学的教科书中，有关效用范畴和效用理论的阐述，都是很少的，甚至，有的教科书中只字不提。在 20 世纪中期，经济学家们还津津乐道的基数效用、序数效用，好像现在都没有人谈起了。只是，在各种版本的经济学辞典中，还保留着效用范畴的一席之地。无疑，在某些人看来，同国际贸易、反倾销、流动性等范畴相比，效用范畴似乎该进入经济学的历史了。造成这种局面，将效用范畴闲置起来，将这一基础范畴虚化或淘汰掉，固然与传统对于这一范畴的认识偏差有关，但是，这决不意味着效用范畴过时了，这一基础范畴在现代经济学的研究中没有用了。应该说，在经济学的学科建设中，凡属基础范畴，到任何时候都是有用的，都是不可或缺的。看不到效应范畴存在的重要性，自觉或不自觉地将这一基础范畴闲置，同有意回避价值范畴一样，不是经济学研究的进步，而是一种退步。

3. 效用是指商品和劳务有用性的一般化

在现时代，经过对于传统认识的反思，应当而且可以确定效用是客观性范畴。这一范畴就是指商品和劳务有用性的一般化。经济学不研究商品和劳务的具体有用性，并非不研究商品和劳务的有用性，而是要抽象地研究商品和劳务一般化的有用性。这样走出历史的圄见，重新界定效用范畴，将这一基础范畴回归为客观性范畴，是现代经济学的认识进步，是人类对于自身经济活动认识的时代进步。作为重要的基础范畴，在效用研究领域，蕴涵着丰富的可挖掘的经济思想内容。而新的理论认识的开始，就是要建立在对于效用范畴重新定义的基础上。只有这样，现代经济学的研究才能通过更正长期以来对于效用范畴的认识偏差，积极地发挥这一基础范畴的重要作用。在商品和劳务有用性一般化的基础上，深化对高科技时代社会经济的认识，这是现代经济学有别于传统经济思想的一个重要的起点，也是现代经济学的理论研究融入现代高度复杂的经济现实的一条必要的路径。

二　效用的分类

表示商品和劳务有用性一般化的效用范畴，在抽象的前提下，可有各种不同划分角度的分类。经济学人最为熟悉的效用分类是基数效用与序数效用、边际效用与非边际效用的区分。此外，还有自然效用与社会效用的区分，任何在市场中实现的效用都必然是自然效用与社会效用的统一。而实体经济中创造的效用分为实物效用、劳务效用和知识效用，这些都是与虚拟经济中的虚拟效用截然有别的实体效用。现在，需要给以明确的是，为推进效用理论的研究，还要特别强调研究一种新的分类，一种对于分析现代经济问题非常重要的效用分类，这就是对终点效用与中间效用的区分。在此分类的基础上，针对2008年国际金融危机的教训，我们要着重阐述具有重要思想创新意义的中间效用理论。

1. 终点效用

终点效用是指最终供人们生活消费和生产消费的效用。这就是说，凡成为人们最终生活消费或生产消费的商品或劳务，它们具有的一般化的有用性，都是终点效用。

在生活消费领域，人们实际得到的终点效用消费是福利，是社会福利的提供以保持人类生存延续的需要。在国民经济中，虽然存在生活消费品终点效用的结构问题，但人们对于终点效用的追求与对于社会福利增加的愿望是一致的。每一个人的衣、食、住、行等方面的消费，都是对终点效用的消费。

在生产消费领域，人们在生产过程中必需消费的劳动成果效用是终点效用。一般说来，这种必需的生产消费主要是针对属于生产资料的实物效用或知识效用的消费，而属于生产劳务效用的消费往往不在必需的生产消费之内，即在现代经济中大量存在的生产劳务效用基本上不能进入终点效用的概括范围。无论是哪一个行业，生产设备和生产原料的消费都必定属于终点效用消费。在生产领域的终点效用消费中，即使存在浪费或过度的消耗，也不能改变这些用于生产的实物效用或知识效用属于终点效用的性质。

粮食、蔬菜、水果、食糖、咖啡、茶叶，还包括可能让人喝醉的酒，以及肯定有害健康的香烟，这些商品提供的都是终点效用。钢铁、石油、煤炭、木材、水泥，还包括治病救人的药品，以及用于作战或维护社会治安的武器弹药，这些物资提供的也都是终点效用。更需明确的是，在现代经济中，保姆提供的劳务、戏剧的演出、医务和保健人员的服务等，其被社会承认的一般有用性，也都属于终点效用范畴，因为这些方面的消费能够增加人们的社会福利享受。

只是，终点效用不涉及虚拟经济领域。可以这样讲，在实体经济中，有一部分劳务效用不属于终点效用，但无论如何，凡是属于终点效用的商品或劳务效用，永远也不会脱离实体经济。这也就是说，只有实体经济才能给社会提供终点效用。

2. 中间效用

在社会劳动的效用创造中，除去终点效用，其余的都归为中间效用。确切地讲，中间效用是指不属于最终供人们生活消费和生产消费的效用，是只能起到帮助人们实现终点效用消费作用的劳动成果效用。一般来说，中间效用的主要存在方式是劳务效用，包括实体经济中的一部分劳务效用和虚拟经济中的全部效用创造。从历史层面来看，当出现了社会商业大分工，也就产生了中间效用。当社会经济高度发展了，劳务交换比重大幅度提高了，中间效用的比重也就相应大幅度提高。当虚拟经济领域相对独立地呈现，国民经济高度地虚实一体化了，中间效用相当大的一部分就是由虚拟效用构成的了。因而，中间效用是历史性范畴，是随着社会的发展而发展、随着经济的复杂而复杂的经济范畴。

在生活消费领域，中间效用是非福利性的生活消费效用，是人们消费后并不能增加自身福利享受的效用。在整个社会福利中，没有中间效用的内容。中间效用提供的劳务有用性，不能增加社会的福利。

在生产消费领域，所有的中间效用都属于非必需的生产消费效用。虽然在生产消费的过程增加中间效用消费同样要使生产成本增加，但是无论怎样增加中间效用，这些属于生产劳务创造的中间效用也不会成为生产必需消费的效用。这也就是说，在生产过程中，与生活消费一样，同样也是终点效用与中间效用并存，而且，也同生活消费的中间效用一样，所有生产消费的中间效用都是劳务中间效用。

在现代市场经济条件下，按行业划分，创造中间效用的劳动主要包括：商业劳动、银行业劳动、证券业劳动、广告业劳动、律师业劳动及其他市场中介服务业劳动等。

（1）商业效用

商业劳动创造的效用是商业效用。商业效用是实体经济最早出现的中间效用，也是在实体经济中占有相当大比重的中间效用。商业效用的中间性是由其劳动性质决定的。商业可以为人们购物带来方便，却并不能增加人们的福利。毕竟，人们去商场是为了买物品，不是去最终享受商业服务，或者说，商场对消费者的服务再好，消费者买不到自己称心如意的商品，那也是没有意义的。所以，商业劳动成果的效用只能是中间效用。

（2）银行效用

银行业劳动也是创造中间效用的劳动。银行业创造的中间效用是银行效用。在市场经济的发展中，银行业逐步成为了国民经济的调控中枢。社会赋予了银行业重要而艰巨的经济使命，使其成为社会各界必须依靠的中坚力量。但是，不管银行业多么重要，银行业为社会提供的服务统统都是中间效用。也许，在现代生活中，我们之中的每一个人都离不开银行提供的服务，只是，无论是谁，也不能将银行服务作为最终消费享受，即银行提供的服务无论多么好也不能增加我们任何一个人的福利，任何人都不可能将银行的服务作为生产或生活消费的终点。

（3）证券业效用

证券业效用是证券业劳动创造的效用。证券业的劳动是提供证券化资本市场服务的劳动，除与实体经济连接外，是主要活动于虚拟经济领域的劳动。在虚拟经济领域中，所有劳动创造的效用都是中间效用，即都是不能增加社会福利的效用或不属于生产必需消费的效用。这一领域的劳动是依据资本收益权而存在的，是人类劳动发展在特定阶段上的特殊表现。证券业劳动能够得到现代市场经济的承认，有其存在的历史作用，只是其永远不能为社会最终消费提供有用性。

（4）广告业效用

广告业效用是广告业劳动创造的效用。广告业的劳动目的主要是为生产厂家提供具有中间效用性质的广告服务。除去公益广告、个人广告，广告业的服务对象主要是企业，企业通过广告可以更好地销售自己的产品。可问题就在于，广告只是能促进产品销售，人们最终需要消费的还是广告宣传的产品，而不是广告。所以，在现代市场经济中，广告业提供的服务也只能列为中间效用。

（5）其他中间效用

还有其他一些行业的劳动向社会提供的也是中间效用，比如，各种市场中介服务提供的效用。除去生产非必需消费的中间效用，在现实的生活消费中，凡是不提供福利的劳务效用都是中间效用。创造这些中间效用的劳动是客观存在的，而任何中间效用的出现都是由社会劳动分工决定的。因此，在现代经济学的研究中，确认中间效用的存在，明确中间效用与终点效用的区分，是十分必要的。

3. 所有的虚拟效用都是中间效用

在实体经济领域，存在终点效用，也存在中间效用。在虚拟经济领域，只有中间效用，没有终点效用。因此，在对终点效用与中间效用明确区分之后，有必要进一步地强调所有的虚拟效用都是中间效用。由于虚拟经济是依附于实体经济存在的，这就从根本上决定了虚拟经济领域不可能向社会提供终点效用。

只是，尽管虚拟效用都是中间效用，银行效用和证券业效用都属于中间效用，但人们并不能将银行效用和证券业效用直接等同于虚拟效用。就这两个行业来说，都是既有为实体经济服务的部分，又有为虚拟经济服务的部分，所以，这两个行业的中间效用创造，在为实体经济服务的部分创造的效用是实体性中间效用，而在为虚拟经济服务的部分创造的效用才是虚拟效用。

银行业为实体经济领域的企业提供的服务，为广大居民储蓄提供的服务，都属于实体性中间效用的创造，而不是虚拟效用的创造。除去为实体经济服务之外，银行业的其他金融活动才是进入虚拟经济领域的活动，才创造的是虚拟效用。

证券业为实体经济领域的企业发行股票和债券，也是属于实体性中间效用的创造，不是虚拟效用的创造。而到了股票或债券的二级市场，那就是虚拟经济的领域了。因而，对于证券业来说，也是要除去为实体经济服务的效用创造，其余的所有业务活动才属于虚拟经济领域的活动，即创造的才都是虚拟效用。

总之，面对已经高度复杂的现代市场经济实际，明确所有的虚拟效用都是中间效用这一观点十分重要和必要。而更为重要和必要的是，还必须明确银行业和证券业为虚拟经济服务的部分创造的效用才是确定无疑的虚拟效用。

三　中间效用的适度性

迄今为止，人类社会经历了三种经济形态，即自然经济形态、商品经济形态和市场经济形态。其中，自然经济形态经历的时期最长，从人类社会起源到原始社会末期，有 400 多万年；而商品经济形态则分为简单商品经济形态和社会化大生产时期的商品经济形态，从原始社会末期到封建社会末期是简单商品经济形态的存在和发展时期，从封建社会末期到资本主义社会初期表现为社会化大生产时期的商品经济形态；市场经济形态在某种意义上属于高度复杂化的商品经济形态，其对商品经济形态的超越在于出现了生产要素市场这一概念，分为初始时期的市场经济形态和现代发达市场经济形态，初始时期的市场经济形态始于资本主义社会初期，而现代发达市场经济形态的标志是建立了高度发达的证券化的资本市场。中间效用在自然经济形态下是不存在的，在最初的商品经济中也是不存在的，只是当商品经济发展之后，出现了社会分工中的商业劳动，才出现了这种与终点效用不同的效用，即才出现了社会总效用中的中间效用与终点效用的区分。

1. 中间效用不能最大化

终点效用是能够提供生活最终消费的效用和生产必需消费的效用，从社会的角度讲，这种效用是可以追求最大化的。中间效用是为更好地实现生活消费和生产消费提供服务的效用，从社会的角度讲，对这种服务于终点效用消费的中间效用不能追求最大化，只能讲适度性。明确社会总效用中需有中间效用与终点效用的区分，界定中间效用的存在，从社会的角度，这将根本性地改变笼统提倡追求效用最大化的经济学理念。这就是说，面对现代高度发达的市场经济形态，经济学的研究决不能无视中间效用的存在，也决不能笼统地讲追求效用最大化。这表明，提出中间效用范畴，是将经济学对于效用的认识在某种意义上细化和深化了，是随着社会经济的发展而实现的经济学基础理论认识的推进。如果在现代经济中仍然笼统地提倡追求效用最大化，对中间效用也讲追求最大化，等同终点效用一样地追求最大化，那么，追求中间效用最大化的结果不仅不会使社会增加更多的福利，反而会违背中间效用对终点效用消费服务的适度性要求，对国民经济的正常运行会产生破坏作用，甚至是严重的破坏作用。

（1）实体性中间效用不能最大化

在实体经济领域，大量的中间效用存在是现代市场经济高度发展的现实，是现代复杂的社会劳动分工所需要的，每一类中间效用的存在都有其存在的市场依据。只是，不论是哪一类实体性中间效用的创造，如果不能保持社会劳动分工客观所需要的适度性，那对于国民经济的正常运行来说，都绝非幸事。商业效用是实体经济领域中典型的中间效用。以其为例：若要保持国民经济的正常运行，商业效用的创造必须保持适度性，不能任意扩大全社会商业劳动的规模。对于从事商业劳动的个人或企业，可以追求挣更多的钱。但对于社会经济整体，譬如一个国家或一个地区，却决不能让商业劳动过度发展，必须要求其保持在合理的适度量之内。比如：在一个拥有 1000 万人口的大城市，大型商场和大型超市的设置决不能越多越好。以 50 万人口设一家大型商场为限，全市至多可以设置 20 家大型商场。以 20 万人口设一家大型超市为限，全市至多可以设置 50 家大型超市。当然，对此还要求大型商场和大型超市的分布与全市人口的居住分布相匹配。若违反客观限定，盲目设置 100 家大型商场和 500 家大型超市，那样全市的商业劳动效率必定是十分低下的，超出适度性的大型商场和大型超市的设置必定要造成极大的浪费，其中某些商业资本的投入很可能会血本无归。这种例示商场和超市的设置过度还只是横向地讲全社会中的商业效用的过度。如果从纵向看，商业效用过度的危害性更大。市场交换分为经营性交换与非经营性交换，非经营性交换的目的是自己消费，而经营性交换的目的则是为了牟利。商业劳动从事的是经营性交换，是通过自身为买家和卖家提供服务而牟利。但如果从生产厂家到最终的消费者，商业劳动不断地增加交换环节，本来一个交换环节就可以完成服务任务，却人为地增加到几个乃至十几个或几十个交换环节，使中间效用的积累量不断增大，这样一来，整个社会劳动的效率就会大大降低，整个社会的经济发展就要承受巨大的损失。这种实例是发生过的，在曾经的钢材紧缺时期，经营商一遍又一遍地倒手钢材的买卖，倒一次手抬高一次价格，是实体性中间效用过度造成社会虚假繁荣危害的典型现象。

（2）虚拟效用更不能最大化

在虚拟经济领域，大量的中间效用的产生是以服务资本运作的方式出现的。同实体经济的中间效用一样，虚拟经济的中间效用即虚拟效用也有市场承认的存在依据。在现代经济中，承认虚拟效用的市场是高度发达的证券化资本市场。股票市场、债券市场以及各种金融衍生品市场是虚拟效用产生与发展的主要空间。问题在于，即使是在社会经济发展最繁华的时期，市场所能容纳的虚拟效用也是有限量的，即虚拟效用的创造必须保持一定的适度性。因为虚拟经济是为实体经济服务的，作为中间效用的虚拟效用的实现量必须与其为之服务的终点效用的创造量相匹配。就股票市场来说，市场允许存在一定程度的投机，即其中间效用的创造应是有限度的，在限度之内的投机是市场必要的润滑剂，但是，决不能允许出现过度投机，更不能允许出现为赌博服务的中间效用，即客观上不允许股票市场产生的中间效用超过适度量。就金融衍生品市场来说，属于赌博性质的金融游戏，其虚拟效用的创造并不直接与为实体经济服务相联系，而是直接为虚拟经济本身服务的，是相对复杂化的玩钱获利。所以，准确地讲，这一市场的存在是不符合中间效用适度性的要求的，必须始终受到严格的限制。一旦金融衍生品市场出现疯狂扩张，大幅度地突破适度性，必定造成相应的危害。

2. 中间效用适度性假说

社会最终消费的都是终点效用。在终点效用的生产与消费过程中，需要有中间效用提供必要的服务，由此决定中间效用的产生必须保持一定的适度性。在任何时期，任何经济范围内产生过多或过少中间效用，都不符合适度性的要求。这一要求具有客观的约束性。对于符合适度性要求的中间效用存在，没有一成不变的绝对量的限制，只有相对于社会效用总量变化的既定比重的约束。为清楚地阐明这一点，以社会总效用量为 100 单位，在本文中，假定中间效用的适度性要求为相对的 20 单位，即假定凡超过 20% 比重或低于 20% 比重的中间效用产生，都是对社会经济客观存在的中间效用适度性要求的背离。

下图表示以上的假设：

社会总效用中的终点效用与中间效用

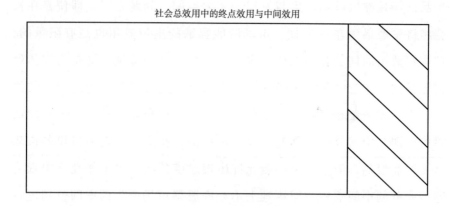

整图代表社会总效用，图中画线部分代表中间效用，其余部分代表终点效用。该图例示的假设表明，中间效用只能占社会总效用中的一定比重，这一比重是与终点效用相匹配的。只有在终点效用扩大时，才能随之扩大；在终点效用减少时，才能随之减少。除此之外，中间效用不能自行扩大或减少。在现代各个国家或地区的国民经济的运行和发展中，中间效用的产生量在客观上必须保持一定的适度性。

四　对资本收益的追求

对资本收益的追求是推动现代社会发展的强大动力之一。在人类社会发展的现阶段，如果排斥资本的扩张，排斥资本对于收益的追求，那就不能保持国民经济的正常运行与发展，甚至会使国家跌入经济贫困的泥潭。然而，历史表明，排斥资本对于收益的追求并不是普遍性的，只发生在过去的某些时期的少部分国家和地区。目前，世界上的所有国家或地区，无一例外，均制定有相关的法律保护资本收益，以维护个人和企业合法地追求资本收益的权力。事实上，无论在哪里，现在人们对于资本收益的追求似乎更强烈了。而且，这种追求有时达到相当疯狂的程度，不仅表现在实体经济中，更突出地表现在虚拟经济中；不仅表现在实体经济的终点效用创造中，同时也表现在实体经济的中间效用扩张中。

1. 实体经济的中间效用扩张

在资本统领社会经济的时代，资本的所有者拥有创立企业或开发投资的决策权。对于资本收益的追求驱使着资本所有者不断地在实体经济中寻找扩大再生产的机会。因此，实体经济中的中间效用扩张必然是由资本的所有者在这一领域自发地追求资本收益造成的。在实体经济中，如果中间效用与终点效用是同步扩张的，那就不存在中间效用超出适度性的问题；而如果只是中间效用扩张，终点效用不扩张，那中间效用就会超出社会的需要，背离了适度性的客观要求。

在实体经济实践中，中间效用脱离终点效用的需要而盲目扩张的情况是不断发生的，其中原因甚为复杂。就个案讲，原因都是具体的。可以说，疯狂地追求资本收益是造成这种情况不断出现的最主要原因。对于纯粹的资本收益追求，在实体经济领域中，投资中间效用的生产行业比投资终点效用的生产行业相对容易。比如：投资商业，不论是批发商业还是零售商业，都不需要研发或购买先进技术和生产线设备。投资广告业，即使要做得很大，投资规模比现代制造业的投资规模都要小很多。别看电视节目中的广告连绵不断，街头巷尾的广告牌琳琅满目，其实，广告公司大多是设在写字楼中，再大的公司也仅有几间办公室而已。投资市场中介组织，比如办一个律师事务所，主要是找合伙人共同来经营和发展，因此不用动辄耗费成千万美元或上亿美元的投资。

因此，在实体经济中，中间效用比终点效用更容易出现投资膨胀。但值得注意的是，出于对资本收益的追求，总是使实体经济领域的中间效用周而复始地膨胀，每次膨胀后都将跌落一段时间，然后再膨胀。在这周期之中，有些资本所有者的投资损失是会很快显现的。市场有时是相当残酷的。曾经有过这样的事：一家商业大厦刚刚装修好，尚未正式开张营业，就已经不得不准备下马撤资不干了。

这是一个传统的竞争非常激烈的领域，一方面不断地有资本进入，另一方面又不断地有资本退出。资本在这一领域的盲目扩张，到头来总会自食恶果的。对资本收益的追求，使资本所有者在这一领域前仆后继，在所不辞。而同样地，市场对于超过适度性的实体经济中间效用生产的惩罚，也是连绵不绝，毫不留情。在逝去的岁月中，对收益追求的投资冲动总是大于投资者的有限理性。其实，在这方面失败的投资者，不仅造成了个人或企业的损失，更重要的是，这造成的过多的中间效用同样是社会的损失。

2. 虚拟效用的扩张

从社会承认中间效用的角度讲，虚拟经济的扩张就是虚拟效用的扩张。而虚拟效用的扩张同样是由投向这一领域的资本的所有者决定的。在虚拟经济领域，对于资本收益的追求造成中间效用性质的虚拟效用超出适度性这一状况，其表现是更明显、更强烈的。毋庸置疑，在人类社会经济发展的现阶段，兴盛这一类的中间效用是无可非议的，资本收益权的历史存在必然会引领市场走向虚拟经济繁荣的轨道。但是，凡事都会有度的限制。对于中间效用必须保持适度性的要求，在虚拟经济中，就是对这一领域的总体效用创造规模的限制。这也就是说，在社会经济高度发展的现阶段，虚拟经济可以随同实体经济的高度繁荣而高度繁荣，但是决不可以脱离为实体经济服务的需要而形成自身发展的过度繁荣。

在实体经济中，追求资本收益，大大小小还要做一些实业投资，还要管人管物，操心费力。然而，在虚拟经济中，可以直接以钱生钱，追求资本收益，即只要投出资金，根据契约，就有望收取回报。若买股票，现在都不用去交易所大喊大叫，只需轻轻地点一下鼠标，不费吹灰之力。相比之下，有胆量、有实力的资本所有者更偏爱在虚拟经济领域投资。进入 20 世纪下半叶，与实体经济有直接联系的股票市场、债券市场等传统的资本市场，在虚拟经济领域已经沦为了小弟弟，其经济规模当量远远不能与金融期货市场等各种与实体经济已无直接联系的金融衍生品市场的交易量相比。这也就是说，现代的资本市场已经高度虚拟化，现代经济中的虚拟效用创造规模也早已游走在极限的边缘。在此领域，金融企业数不胜数，金融大鳄兴风作浪，巨大的资金流量伴随着巨大的收益回报，一再地激发置身其中的每一个人的投资欲望。现时代的高科技在创造先进技术的同时，也现实地提升了人们在虚拟经济领域中的创造激情与活力。

在这样的环境中，对于一些绝顶聪明的人来说，想不疯狂都不容易。因此，在新技术革命之后，随着高科技引领的经济现代化的推进，相比实体经济中间效用的扩张，现代虚拟经济领域的创造力不知要疯狂多少。更何况，迄今为止，在人类社会的经济生活中，始终未明确树立必须保持中间效用适度性的意识，依然在笼统地追求效用最大化，在虚拟经济领域也同样追求效用最大化，竭尽自由之能事。

面对越来越复杂的资本市场，虚拟效用创造的适度性在哪里？此前，没有人知道，也没有人想知道。这样追求资本收益的自发创造，疯狂起来并不能长久地给每一位投资者带来福祉。在缺失适度性自觉约束的前提下，这一市场参与者们各自的理性行为合成并积累起来，给社会造成的后果只能是极为惨痛的。

五 危机的警示与应对

无视适度性的要求，不论实体经济的中间效用扩张，还是虚拟效用的扩张，都会受到市场的惩罚。从历史来看，实体经济的中间效用扩张造成的经济损失相对要小一些。特别是单纯的实体经济中间效用的扩张可能造成市场经济秩序的严重紊乱，却不会直接引起经济危机。在实体经济领域中，出现的危机主要是由终点效用的供求结构失衡造成的。从 2008 年国际金融危机来看，此次危机是由虚拟经济领域引起的，不同于以往的经济危机。这表明，虚拟效用扩张的危害性是极其严重的，正是虚拟效用在全球资本市场的极度扩张才导致了一场席卷全球的金融危机的爆发。

众所周知，美国的次贷危机是直接引发此次国际金融危机的元凶。其实，美国的次级贷款没有可怕之处，真正引发此次金融危机的导火索是华尔街利用次级贷款创造的金融衍生品——住宅抵押贷款支持证券（MBS）。正是这种金融衍生品的虚拟效用的全球性扩张，突破了中间效用必须保持适度性的极限，才直接将美国经济拖入了损失惨重的大萧条之中，才对 21 世纪刚刚起步的世界经济给予了全球范围的沉重打击。

2008 年 9 月 26 日，全美最大的储蓄及贷款银行——总部位于西雅图的华盛顿互助银行被美国联邦存款保险公司（FDIC）查封、接管，这家银行设立于 1889 年，涉及资产 3070 亿美金，它的倒闭成为美国有史以来最大的一桩银行倒闭案。

2008 年 11 月 15 日，20 国集团领导人金融市场和世界经济峰会在美国首都华盛顿举行。本次峰会，与会各国就恢复经济增长发表了一份共同宣言。宣言称，与会国家决心加强合作努力恢复全球增长，实现世界金融体系的必要改革。宣言分析了此次危机的根源，并强调市场原则、开放的贸易和投资体系、得到有效监管的金融市场是确保经济发展、就业和减贫的基本因素。各国在会议期间达成了共识，共同制订了刺激世界经济增长的"行动计划"，同意各国分头行动积极采取措施，刺激本国经济，以配合全球应付金融危机。各国都认为，目前实施的国际金融体系，建立于 1944 年，这与 21 世纪世界金融业格局的监管和发展需求、与面临全球化挑战的形势不相适应。包括国际货币基金组织和世界银行在内的国际金融机构都应进行大幅改革，不仅要加强监管，还要保障经济自由平衡发展，同时应该给予新兴经济体更多话语权和参与份额。

此次金融危机威胁到全世界各个国家的经济安全。由于虚拟效用的极度扩张，造成了损害全球经济正常运行和发展的极为严重的后果。这是历史的教训，也是人类为自己的无知和盲目付出的惨痛代价。

保持中间效用的适度性，实际是一条具有一定缓冲幅度的警戒线。在这条线内，还是留有挽救危机的余地的。问题只在于，在各个国家的经济管理中，在世界经济的广泛合作中，各个层次的决策者的头脑中并没有这条线的存在。为此，即使有人凭借工作的经验感觉到可以采取某些措施弥补或挽救扩张中间效用的危害，但在全社会为此尚未形成明确的理性认识时，也是于事无补的。例如：2008 年 9 月危机情形日益恶化之际，美国财政部长保尔森曾代表布什政府提出了一份经济刺激计划。为恳求这份计划的通过，保尔森甚至不惜向众议院议长佩罗西女士下跪。可是国会山的众多议员经过考虑，还是全然否决了这份计划，让将近两个星期的黄金救援期白白浪费。

在 2005 年出版的著作《劳动效用论》中，我曾明确阐述："从现代宏观金融调控的角度讲，无论是哪一个国家或地区，也无论其开发金融衍生品市场的程度如何，对于这一市场的存在都应当采取低调的态度对待，不能大肆宣扬其市场的现代性。政府不应以增加税收为目的鼓励金融衍生品交易活跃，相反，宏观金融的调控应始终对这一市场进行严密监控，并采取有效措施使其市场交易能够控制在一定的范围之内。特别是要防止这一市场的交易发展到疯狂赌博的程度。在可能的条件下，已开放金融衍生品市场的国家或地区，要向未开放这一市场的国家或地区学习，逐步减低其开放程度，或是尽力创造关闭市场的条件。这是在常态的经济秩序下保持宏观金融运行正常的一种根本性的对策措施。"

在 2009 年出版的著作《国际金融危机对现代经济学的挑战》中，我特别强调："由于虚拟经济的中间效用的创造可在极短的时间内聚集巨大的增量，可能会对各个国家或地区的国民经济运行造成极大的损害，在现代高度发达社会，面对高度发达和极为活跃的资本市场，任何国家或地区都应对虚拟经济的中间效用的创造给予比实体经济的中间效用的创造更严密的社会关注和宏观控制。而且，各个国家或地区都应当尽可能避免虚拟经济领域的中间效用扩张，尽可能缩小金融衍生品的交易范围和规模，或是尽可能不设置金融衍生品市场。在应对此次国际虚拟经济危机的挑战之后，现代经济学的基础理论研究应当使所有的进入现代市场经济的交易主体都清楚，为了保持虚拟经济领域的中间效用创造的适度性，为了保证整个国民经济的正常运行，在现代复杂的市场经济条件下，拥有社会理性的各个国家的权力机构对于本国虚拟经济领域实施有效的宏观调控是十分必要和重要的，而整个世界的社会理性尽快实现对于全球虚拟经济领域中的中间效用创造的有效控制更是十分必要和重要的。"

然而，美国的资本市场在经受此次金融危机的冲击之后，接受了何等的教训？处于后危机时代，在这个金融帝国里，似乎人们讨论的焦点都在于决心加强金融监管。但是，本文阐述的中间效用理论表明，预防金融危机，并不仅仅是监管问题，更重要的是虚拟效用创造的规模问题。在一定的经济运行范围内，只要虚拟效用的规模突破了适度性的极限，类似的金融危机就还会不可避免地再次出现。

2010 年 4 月 8 日，中国股指期货上市启动仪式于下午 4 时在上海东郊宾馆举行。中共中央政治局委员、上海市委书记俞正声和中国证券监督管理委员会主席尚福林出席启动仪式。在中国股市基本丧失保值功能的同时，又大张旗鼓地启动股指期货交易，能说在这方面对于此次国际金融危机汲取了必要的教训吗？

中间效用是不能任意扩张的，虚拟经济绝对不能脱离为实体经济服务的轨道。2010 年，在全世界渐渐走出此次国际金融危机的阴影之际，越来越强烈地感受到经济徐徐复苏的曙光，是不是全世界每个国家或地区的人们对此都能够有比较清楚的认识呢？相信许许多多善良的人，是会"一朝被蛇咬，十年怕井绳"，不是因噎废食，而是汲取教训，远离金融衍生品交易。但是，对此需要的是社会理性的认识和把握，需要的是现代经济学理论的认识推进和发挥作用。

在大自然中，面对不可抗拒的灾难显现出人类的无奈，面对可以避免而没有能够避免的灾难是人类的无知。如果历经 2008 年国际金融危机之后，在全世界的资本市场上，金融衍生品的交易继续疯狂，虚拟效用的创造继续无节制地扩张，在社会的理性与权力的结合中仍然不能明确必须保持中间效用的适度性，那么，遗憾得很，在经济全球化的时代背景下，此次危机给予的警示就是，不管具体的导火索是怎样表现的，全世界各个国家或地区不得不时刻准备着迎接下一次国际金融危机的到来。

2008年国际金融危机爆发后，有许多人认为问题出在市场，是市场失灵造成了严重后果。还有许多人将责任归结为政府，认为是政府的干预或政府的不恰当干预造成了这一次的危机。更有人似乎是相对比较全面地看问题，他们认为出现此次危机，市场和政府都有责任。然而，实事求是地讲，在21世纪科学技术高度发展的现时代，在全球的范围内，发生了这么大的金融危机，既不能责怪市场，也不能抱怨政府，最根本的原因只在于现代经济学的基础理论太落后。

20世纪中期兴起的新技术革命彻底地改变了人类的生活方式。在新技术革命中，电子计算机出现了，这种延展脑力作用的劳动工具的问世具有划时代的重大意义，它标志着人类社会发展历史中的重大转折。由此之后，人类使用自己创造的劳动工具代替自己的脑力去工作，发挥出了前所未有的巨大威力，创造出了前所未有的巨大的社会财富。作为社会科学的基础学科，作为社会生活最贴近的理论研究，经济学本应该与时俱进，跟上时代转折和发展的步伐，但是，事实上，自新技术革命兴起，直到此次国际金融危机爆发之后，经济学的基础理论研究没有能够跟上时代的发展和变化。虽然已经进入21世纪了，人们却还在用20世纪初或19世纪的经济理论分析和解释现代社会的人类经济生活，还在以20世纪初或19世纪的眼光认识爆发在21世纪的国际金融危机。

在19世纪，自1825年英国发生第一次经济危机之后，大约每10

年就要出现一次经济危机。当时，应运而生的马克思主义经济危机理论认为：经济危机是资本主义再生产过程中周期性爆发的生产相对过剩危机。这是由资本主义基本矛盾决定的，资本家的贪婪与工人的贫困相对立，必然不断产生经济危机，直至消灭资本主义生产方式。但已经走过的历史事实是，每次经济危机过后，资本主义都会有更大的发展。2008年，美国一方面遭遇严重的危机，另一方面仍然是经济总量排名世界第一的国家，3亿美国人口创造的GDP比近14亿人口的中国和1.5亿人口的日本的总和还要多得多。在这样的前提下，从理论上仍然用生产相对过剩和资本主义基本矛盾来分析此次由金融衍生品市场泛滥引起的国际金融危机，肯定是对资本主义生产方式的又一次有力的强烈谴责和批判。但是，在现今全世界各个国家或地区都有严肃的法律维护资本主义生产方式的时代，这样的关于经济危机的继承性理论研究恐怕不再有助于解决现实的任何实际问题。

20世纪30年代爆发的严重经济危机，将世界拉入了一个相当长的大萧条时期，却成就了经济学上的凯恩斯革命。自此之后，世界上有许多国家逐渐接受了凯恩斯主义经济学的教诲，开始强化政府对国民经济的干预和控制，通过宏观经济管理的财政政策、货币政策、收入政策以及直接政府投资，力求维护经济总量基本平衡、避免失业率过高、平抑经济周期波动幅度、稳定经济增长、抑制通货膨胀等。经过数十年的历史考量，事实表明，凯恩斯主义经济学并未能有效地解决经济危机问题，只是在支持政府干预方面起到了一定的启蒙和导引作用，甚或对于某些国家某一时期的具体经济政策制定发挥了重要的理论作用，对于经济学的一些基础理论方面的研究产生了较大的推动作用。因而，在全世界范围内，凯恩斯主义经济学至今还具有较大的影响力。即便如此，凯恩斯时代遭遇的经济危机主要是产生于实体经济领域，并不同于 21 世纪这一次在虚拟经济领域引发的金融危机。所以，在此次国际金融危机爆发之际，试图从凯恩斯主义的萧条经济学理论中寻求应对方略，且不说这是一种明显的缺乏思想创新意识的表现，实际上更是表现出无视实体经济与虚拟经济的区别，缺乏对现代的虚实一体化经济现实的准确的理论认识。

在此次国际金融危机爆发之前，经济学界正处于新自由主义经济学大师辈出的时代。新自由主义经济学主要包括现代货币学派、理性预期学派、供给学派、伦敦学派、弗莱堡学派、公共选择学派、现代产权经济学等。新自由主义经济学家们在某种程度上继承了新古典经济学的理论，反对凯恩斯主义经济学主张的政府干预理论，认为宏观无经济问题，问题都出在微观，而微观出了问题是能够自行恢复的，只需要维护好微观价格机制的自动调整作用，保证市场中的自由交易，微观就不会出现太大的问题，从而永远不会有经济危机。2008 年，国际金融危机爆发后，信奉新自由主义经济学的人们不顾危机已经发生的事实，仍然坚持反对政府干预，坚决反对政府救市，仍然强调政府的宏观经济职责只在于维持市场秩序，他们主张让市场的价格机制充分发挥作用，由市场利率和价格的升跌来调节投资、消费、信贷等，政府不应该为了减少周期波动、促进经济增长、增加就业等目的而对市场的价格信号和资源配置进行直接的干预。他们甚至认为，这次波及全球的危机就是由某些国家的政府不当干预造成的。现在看来，新自由主义经济学对于政府干预的指责恰恰表现出现代经济学的某些研究思想严重僵化，并不懂得在新技术革命之后，各个国家或地区的经济发展规模都已发生巨大的变化，国民经济的运行已经高度复杂化了，在此时代变化的背景下，代表社会整体利益的政府不仅对于实体经济不能放任自由化，而且对于虚拟经济更不能任其自由化。简单商品经济与复杂市场经济是不一样的，起码经济规模有巨大差别，经济学的思想决不能总是停留在简单商品经济时代。随着社会的发展，经济的自由化必将成为历史。应对21世纪国际金融危机的事实表明，要不要政府干预已经不是经济学讨论的问题了，现代社会的实践已经对此作出了明确的解答，不论是应对危机，还是在非危机时期，政府干预对于保持国民经济正常运行都是必不可少的。现在，需要现代经济学研究的只能是政府应如何进行经济干预，政府的干预如何才能有效地避免危机或应对危机。

时代在发展，现在已经是虚实经济一体化高度发展的时代，新的时代需要新的理论。经济学的理论研究不能停留在20世纪，更不能停滞在19世纪。随着新技术革命带来的巨大变化，面对21世纪的国际金融危机的挑战，现代经济学必须实现理论的创新，必须创立能够真实反映21世纪人类社会经济生活现实的基础经济理论。

解决重大的实际经济问题，不可缺少基础经济理论的正确指导。只是，这种基础理论的指导作用，并不能等同于应用理论或政策的直接作用。必须保持中间效用的适度性，属于基础理论性质的认识创新。对于这一理论的假设，今后的研究还需要获得具体数据分析的支持和验证。但是，就各个国家或地区讲，根据这一理论的要求，通过具体的应用研究，是可以确定本国或本地区保持中间效用适度性的具体限度的，这样就可以使本国或本地区的宏观金融调控具有一定的自觉性，从而更好地达到政府干预的目的，更有效地促进国民经济健康发展。就全球经济讲，即使中间效用适度性的数值难以确定，但是在建立必须保持中间效用适度性的理论前提下，亦可有助于各个国家或地区自觉防范全球虚拟效用的过度扩张，有力遏制金融衍生品市场泛滥，从而更有益于全球经济实现高度的协调和稳定的发展。

参考文献

[1] 张卓元主编《政治经济学大辞典》，经济科学出版社，1998。

[2] 弗·冯·维塞尔：《自然价值》，商务印书馆，1995。

[3] 柳欣：《经济学与中国经济》，人民出版社，2006。

[4] 林毅夫：《潮涌现象与发展中国家宏观经济理论的重新构建》，《经济研究》
2007 年第 1 期。

[5] 钱津：《劳动论》，社会科学文献出版社，2005。

[6] 钱津：《劳动效用论》，社会科学文献出版社，2005。

[7] 钱津：《国际金融危机对现代经济学的挑战》，经济科学出版社，2009。

[8] 钱津：《试论效用与中间效用》，《学习与探索》2007 年第 5 期。

第五章　市场理论

市场是市场经济理论研究的核心范畴。市场理论是现代经济学的核心基础理论之一。在现代市场经济条件下，经济学的基础理论研究不可回避对于市场理论和市场经济理论的认识创新。

一　市场经济

什么是市场？这是经济学研究的基础，也是已经取得共识的。而什么是市场经济？直至目前，还是需要作基础理论层面的探讨的。经济学的研究是受客观约束的，客观的市场经济之路没有明确在哪里，走多少遍，或有多少人走，那也不是市场经济之路。也可以说，从一开始，市场经济对于我们就是朦朦胧胧的，多少知道是怎么回事，但是，距离搞明白还差得很远。这样一来，我们就一直处于对市场经济的探索之中，一路走来，留下了对市场经济的许多误解。

1. 对市场经济不确切的认识

过去有一段时间，在经济学界以及在更大的范围内，人们将市场经济等同于资本主义，如同在某些人传统的思想中将商品经济等同于资本主义，这两者是异曲同工的。但是，自从告别了那种将市场经济意识形态化的时代之后，现代经济学的基础理论研究仍然没有对市场经济作出准确的认识。现在，不能不说在这方面的看法十分混乱，许多经济学人的思想中主要存在着以下三种不确切的认识。

(1) **市场经济就是非计划经济**

很多人以为，中国搞市场经济，就是不要计划了。当时，即提出市场经济体制改革之时，几乎到了讨论要不要保留"国家计划委员会"的地步。后来还是保留了，但是名称改了，改成了"国家发展和改革委员会"，只是将"计划"两个字取消了。

从那时起到现在，中国的经济建设实际上并没有取消计划，只是到了 2006 年，才将计划改为规划，而规划的含义就是更粗一些的计划，也是计划的一种，与计划并无本质上的区别。对此，也有人说，中国现在搞的是有计划的市场经济。说这种话，大多是带有贬义的。他们似乎以为市场经济与计划是不可相容的，中国的市场经济还要保留经济计划，是不伦不类的。

著名经济学家刘国光先生认为：社会主义市场经济也需要计划。当前，国内有一种错误的认识在广为流传，那就是把"计划"一词完全贬义化。有些人主张什么都应该市场化，根本不需要计划，不需要宏观调控，政府只要充当"守夜人"就可以了。这种过度摒弃计划的泛市场化观念很不正常，并且也是错误的。关于计划和市场，其实在邓小平那里就早已经有定论：计划多一点还是市场多一点，不是社会主义与资本主义的本质区别。计划和市场都是经济手段，社会主义也可以用，资本主义也可以用。他还说：强调"计划"，并不是要回到计划经济。我所指的"计划"，是在坚持市场取向改革的同时，必须有政府的有效调控干预，对市场的缺陷加以纠正，有必要的计划协调予以指导。建立社会主义市场经济体制，就是要把市场作为资源配置的基础方式和主要手段，那就是把社会主义市场经济作为一种新的经济制度来看待。那么，"计划经济"作为一种经济制度，"计划"作为资源配置的基础方式和主要手段，是否就不能再起作用了？至少在社会主义整个初级阶段，其不能起决定作用，那是再也明显不过的道理。但作为经济制度的"计划经济"，与市场经济制度前提下的"计划调节"，却是不能混为一谈的。这里说的计划调节包括：战略性指导性计划，必要的政府对经济的管理和调控等。①

不论是过去还是现在，我们都不可能没有计划。所以，市场经济不是非计划经济，市场经济与计划经济并不对立，因为只要国民经济有计划在内就是计划经济。就此而言，搞得最好的市场经济，也就是搞得最好的计划经济。我们现在搞市场经济，实质只是要摒弃传统的计划经济体制，并没有不要计划经济。

（2）市场经济就是政府退出

更为普遍的一种错误认识是，市场经济就是不要政府介入，就是自由主义经济，在市场经济中政府要全部退出，远离市场。一说到市场经济的建设，有人就讲，政府退出市场的效果如何，政府还应当怎样继续退出市场。这种说法对于市场经济的认识，就是一种没有政府作用在内的经济状态。

在关于市场经济与计划经济的讨论中，有人认为，市场经济就是商家生产商品，然后拿到市场上去卖，市场上的价格和销售都是由市场控制的，一般要卖的货品比要买的人多的时候，价格就会下降；少的时候，价格就会上升。这种经济可以促进生产的积极性，但是很盲目并且调节很滞后。计划经济是政府对价格和市场上的供求量的大小

---

① 刘世昕：《社会主义市场经济也需要计划》，《中国青年报》2006年3月20日。

进行调节的一种方式，具有目的性，但是不能充分发挥市场机制的运行作用。计划经济就是指所有的资源都由国家按计划来协调分配。在计划经济下，企业都是国有的，企业的盈亏都由国家承担，大家都吃大锅饭。所以，在计划经济条件下，大多数企业的效率不高，竞争力意识不强，工作效率低下，资源浪费十分严重。所谓市场经济是针对计划经济而言的，它指的是市场在资源配置中起决定性重要，由价值规律来协调资源的流动。市场经济强调企业的效率和竞争意识，坚持优胜劣汰的原则。因此，更有利于资源的优化配置。①

这种认为市场经济就是政府退出的错误来源于将市场经济与计划经济相对立的认识。在这些人看来，好像政府全部退出市场了，中国的市场经济就成功了。其实，哪有这种事。我们可以看一看世界上所有的发达市场经济国家，哪一个国家的政府退出市场了？没有，一个也没有。相反，那些国家的政府都比中国政府在市场上支配的资源比重要高。正是由于这样，在探索了多年之后，中国的经济学家们基本上也都认识到，各级政府都是市场经济中不可或缺的主体。

（3）市场经济就是商品经济

这些年来，在中国的市场经济体制改革中，有些对传统经济学研究的很深的人一直是用商品经济解释市场经济，将商品经济与计划经济相对立。在他们的思想深处，所谓的市场经济就是商品经济。

譬如，有人讲：市场经济概念在当前比较难理解，甚至可以说比较模糊。在经典的马克思主义经济学理论那里，市场经济的概念是清晰的，就是资本主义、资本主义商品经济。但是，邓小平同志明确指出，市场经济不等于资本主义，似乎突破了经典马克思主义理论，这

---

① 百乐题：《什么是市场经济和计划经济？》，载 http://cn.blurtit.com。

应该怎么理解呢？有林同志在《全面理解邓小平关于计划和市场问题的论述》一文中，认为这是就市场经济的一般（一般性）而言的，即商品经济以及作为商品经济极度发展的市场经济，就其一般性来说，无非是指为交换的目的而进行生产并经过交换而实现其价值的经济。笔者认为有林同志的看法是有道理的，所谓市场经济的一般（一般性）就是商品经济一般，邓小平同志所说的"市场经济不等于资本主义"，实质是说商品经济不等于资本主义，实质是说商品经济一般不等于资本主义。马列主义、毛泽东思想、邓小平理论是一脉相承的，作出其他理解都有可能破坏这种一脉相承的关系。这样，问题就迎刃而解了，邓小平同志的论断完全符合经典马克思主义。通过上面的简单分析，可以知道，只有当市场经济特指资本主义、资本主义商品经济时，才成为独立的、完整的社会经济运行形式，而当市场经济作为商品经济一般概念使用时，并不具有独立的、完整的社会经济运行形式的意义。①

但是，如果说市场经济就是商品经济，那我们还有必要将建设有计划的社会主义商品经济转换成建设社会主义市场经济吗？我们一定要明确，中国提出进行社会主义市场经济体制改革是具有重大转折意义的。将市场经济说成就是商品经济，无论如何是解释不了这一重大转折的意义的。

对此，我们真正应该解释的是，为何市场经济不同于商品经济？或是说，市场经济到底与商品经济有何不同？

经过以上分析，一个十分清楚的逻辑摆在了我们面前，从客观的角度认识，市场经济与计划经济并不对立，市场经济与商品经济也并

---

① poguanzi 的个人空间：《市场经济的本质特征是什么？》，载 http：//my. tv. cctv. com。

不相同。

以上分析的说法都是流行至今的，所以，我们不得不承认，以前，在市场经济体制的改革中，对于什么是市场经济实际一直存在各种误解。

2. 市场经济的定义

为了准确地认识市场经济的含义，对市场经济作出科学的定义，提升我们对市场经济的理论认识，在中国工业化腾飞阶段有力地推进市场经济体制改革，我们先要根据经济学研究已经取得的共识确定市场经济是一种社会经济形态。

我们已经知道，从古至今，人类社会的发展一共经历了三种社会经济形态：自然经济、商品经济、市场经济。

自然经济的特征是不存在市场交易关系的，劳动者的生产资料是自有的，劳动者生产出来的劳动成果是自用的。

商品经济的特征是指存在一种市场交易关系，即劳动成果市场交换关系。在某种意义上说，这种社会经济形态中生产劳动成果的人或组织的生产资料也是自有的，只是他们的劳动成果除了自用以外还有一部分是用于交换的，或是全部劳动成果都是用于交换的。问题是，只要有了部分的劳动成果交换，人类社会就进入了商品经济时代。

市场经济的特征是指存在两种市场交易关系，即比商品经济多出了一个生产要素市场，这是市场经济与商品经济相比的根本不同之处，也是市场发展的结果。这就是说，在商品经济条件下，只存在劳动成果交换市场；而出现生产要素市场之后，人类社会就从商品经济时代进入了市场经济时代。

从只有劳动成果交换市场到生产要素市场出现后与劳动成果交换市场并存，是市场的发展，也是人类社会经济发展历程中的一次重大的飞跃。这首先表现出市场交易关系的复杂。在商品经济中，市场交易关系只表示市场交换关系，即所谓的市场关系就是交换关系，除此之外，没有别的市场关系。在市场经济中，市场交易关系分为两种：一是市场交换关系，二是市场契约关系。市场经济的交易关系比之商品经济的交易关系，多出了一个市场契约关系的不同内容。事实上，这种市场契约关系不存在于劳动成果交换市场，只存在于生产要素市场。生产要素市场的产生表明市场契约关系的出现。这也就是说，在生产要素市场，人们之间的交易不是交换关系，而是契约关系。生产要素市场主要包括：土地及其他矿产资源市场、资本市场、劳动力市场。由于生产要素的配组已经高度资本化，所以，在发达市场经济中，土地及其他矿产资源市场已经为资本市场所涵盖，生产要素的配组仅仅限于资本市场与劳动力市场的运作。而在资本与资本之间、劳动力与劳动力之间、资本与劳动力之间，它们的市场关系就表现为契约关系，而不是交换关系。由生产要素的配组而形成的企业是契约组织，在这一组织内，资本与资本之间不是交换关系，劳动力与劳动力之间也不是交换关系，资本与劳动力之间更不是简单的交换关系，它们之间全都是市场契约关系，是生产要素组合间的市场契约关系。这是一种市场高度发展之后才出现的经济关系，是不同于市场交换关系的又一种市场交易关系。在这种市场关系中，交易的双方或各方并不是相互交换劳动成果，而是将自己所拥有的生产要素与他人拥有的生产要素组合起来，以形成新的生产能力，在组合中各方之间签订契约，以确定组合各方在生产中的权利和责任以及对劳动成果如何进行分配。在资本市场进行这种组合是契约关系，在劳动力市场进行这种组合也是契约关系。现代新制度经济学研究的契约理论主要就是研究这种契约关系，从双头合约到多头合约，讲的都是生产要素配组中握有产权的人们之间的契约关系，这是对市场经济中新的市场交易关系做出的新的研究和概括。①

新制度经济学的理论研究表明，在市场经济条件下，不能将所有的市场关系都归纳为市场交换关系，在传统的市场交换关系之外，还有反映企业契约组织形成的市场契约关系，这是生产要素市场的交易关系，是构成社会生产组织的市场化关系，是超越简单的市场交换关系的又一种市场经济关系，是与市场交换关系在市场经济条件下并存的又一种市场交易关系。新制度经济学理论解释了 19 世纪经济学无法解释的问题，即只用交换关系无法解释所有的市场交易行为，包括资本家与雇佣工人之间的经济关系。站在 21 世纪的高度，人们对市场经济不同于商品经济的特征看得更清楚了，即对市场的发展形态有了更进一步的理性认识。

由此，我们可以对市场经济体制改革以来人们一直困惑不解的不同于商品经济的市场经济作出如下定义，即市场经济是在商品交换市场发达的基础上又进展形成生产要素市场的社会经济形态。

根据以上定义，我们可以明确地指出：商品经济只有一个市场，即只有商品交换市场；而市场经济有两个市场，即商品交换市场和生产要素市场。市场经济与商品经济的不同就在于商品经济不存在生产要素市场，而市场经济存在生产要素市场。人们所讲的市场经济通过市场配置资源，指的就是通过生产要素市场配置资源。如果只有商品交换市场，没有生产要素市场，那就只是商品经济，那就只能是生产者通过市场实现各自劳动成果的交换，而无法实现通过市场进行生产上游的资源配置。

---

① 参见陈佳贵等编著的《企业经济学》，经济科学出版社，1997。

3. 现代市场经济的主要标志

市场经济是拥有两大类市场的社会经济形态，这是我们以上定义给予确认的。从 21 世纪中国发展市场经济和完善市场经济体制的角度讲，我们还需要进一步明确传统的市场经济与现代的市场经济的区别。

只要是市场经济就拥有生产要素市场，但在传统的市场经济中，生产要素市场还没有高度发达；而现代市场经济中的生产要素市场已经高度发达了，其中最为重要的是资本市场高度发达。因此，与传统的市场经济相区别，现代市场经济的主要标志是建立了高度发达的资本市场。

二 市场分配

市场可表示交易场所，也可表示交易关系，市场的存在是常态的必然。在经济学研究中，从社会分配的角度认识，市场具有分配功能，而且是基础分配的功能。常态社会的存在表示的是人性与非人性的统一。而自古至今，世界上每一个国家的常态下的市场分配，又都是理性与非理性的统一，即在表现人性与非人性统一的市场之中，也不存在完全的理性与完全的非理性。自发的市场分配，有价格机制的作用，有契约组合的功能，还有其他方面的行为表现，其中既体现客观性，也可能存在盲目性。在已不是完全自发的市场分配中，有些分配关系是经过修正的，有些分配关系是自然稳定或调节稳定的，还有些分配关系是需要调节而又难以做到的。以目前人类具有的组织能力看，可以发射探测器到火星着陆并发回高清晰度的照片，却还不能对市场分配的各个环节的细节关系都认识清楚，即现实之中社会管理的力量还无法完全控制整个市场分配。虽然社会的理性早已浸透于市场分配之中，并且随着理性的强化，现代的市场分配已经有了较多的社会控制内容，但这同时也使原本只具有朴素的自发性的市场分配变得十分复杂了。而且，在正常的市场分配中，国家整体利益是必须得到保证的。因此，现代的市场分配聚集了理性的与非理性的、自发的与非自发的方方面面的利益要求，其中最突出的是国家代表全社会施加的强制性的影响。

1. 市场的法定分配

国家税收是有偿性质的征收，是市场的法定分配的内容。市场分配的实质是以市场交易的方式分配劳动成果，国家法律的强制性使税收分配成为市场必须遵从的社会指令。国家税收的规范性使市场的法定分配具有统一的尺度和一致的行动。将国家税收转为市场行为是现代经济的特征之一。但国家税收的有偿性质却是自古以来就具有的。国家税收的本质是国家公务劳动即社会管理劳动创造的社会生产条件及生存条件与社会各行各业组织及各界人士对社会生产条件及生存条件需求的整体性交换。这种由国家法律保护的强制性交换表现了特殊的市场交易关系和市场分配关系。任何一位国民都需要接受国家的管理和保护，任何经济组织都需要社会生产条件，这些需求必须拿出相应的劳动成果与国家的创造性劳动成果进行交换，这是国家税收有偿性的市场依据，也是这种特殊的市场分配关系建立的基础。国家税收的市场交换性质决定按税法征收的税额总量。由于放之四海而皆准的市场交换的基本原则是等价格交换，所以，毫无疑问，只要保持公平交易，国家公务劳动创造的社会生产条件及生存条件与各行各业组织及各界人士对社会生产条件及生存条件的需求之间的交换也必须是等价格交换。

　　一般来说，在国民经济运行之中，国家税收分为三大类税进行不同税源和不同税负的征收。这三大类税分别是个人所得税类、公司税类及财产税类。

　　向公民个人征收工薪及其他收入的所得税，是市场经济国家税收的主要来源。这种税的征收涉及每一位有合法收入的人。从交换的意义上讲，这是每一位依靠个人收入生存的人为其需求的国家安全、社会管理等生存条件付酬，而国家也正是依据每个人的不同需求向其征收不等量的税。从市场分配讲，这是社会对公民个人收入最先做出的扣除，是刚性的，也是规范的。在个人所得税的征收上，对任何人都是一视同仁的，并不因人制宜，只是因收入制宜，除非有特殊的理由才可以例外。如果说每一位公民在其一生中都会有一定的收入，那么个人收入所得税类的税收就是针对每一位公民设立的，而且，这一类税收一般有属地征收的国际惯例，即在没有外交豁免的情况下，一个人在哪一个国家哪一个地区取得个人收入，就应当在哪一个国家哪一个地区交纳个人所得税。

　　向公司征收营业税和所得税等公司税类的税收，更是直接体现国家公务劳动创造的社会生产条件对企业生产经营起到的必要作用。每一个公司都必须在社会秩序良好的环境中才能生产经营，每一个公司都要为这种生产必需的外部条件付出代价。作为生产企业不论多么大，都不可能自己为自己创造外部条件，都只能依靠社会管理劳动对社会生产条件即外部条件的创造，或者说这只能是由国家统一地为各个企业创造良好的生存环境。企业为此付出的代价就是交税，企业的生产规模越大，收入越高，所交纳的税收也越多。这表明，企业需求的社会生产条件越多，其付出的代价就越大。

　　向财产拥有者征税的主要原因是国家为私人财产提供了保护，同时，也起到调节社会贫富差距的作用。因此，拥有的财产量越多，国家征收的税也就越多。基于人类理性，社会是不允许后人依赖前人的财产生存的，所以，社会对个人财产的拥有必须课以重税，不使其一代代地传下去，以求每一代人都要为自己的生存奋斗，保持社会的活力。再有，社会的进步也体现在社会公共福利的增加上，对个人财产征税可以用于增加社会公共福利，这也是一种社会的调节作用。作为一种市场分配关系，国家税收体现出对社会分配的基本要求，这是法定的分配关系，是必须强制实行的。财产税类的设立，是国家税收总量之中的一个重要的具体部分。这一类税收更为具体地体现社会管理的作用。

2. 市场的价格分配

从某种意义上讲，市场就是价格关系。但价格不仅体现交换关系，而且具有分配的功能。商品交换的价格，是由买卖双方确定的，在这种确定中，买卖双方可能是地位平等的，也可能是地位不平等的。如果在商品交换中，是一个买家与一个卖家谈价格，谈妥了就成交，谈不妥就双方各自找别家再谈，这种状态下双方的地位是平等的，相互之间没有强迫、没有无奈，有的只是自愿。如果一个买家与一个卖家在交换商品中，买家一再压低价格，而卖家迫于找不到别的买家而被迫接受买家开出的价格，这时双方的地位就是不平等的，表现出卖家的无奈，买家的强势，市场的不自由，交换的不公平。如果卖家拥有市场垄断权，那买家就不得不屈服于卖家给定的价格，这时又体现出另一种的地位不平等，表现为买家无奈而卖家有优势。但不论发生哪一种情况，即不论是出现哪一方无奈，还是没有无奈，最终的成交价格还是由双方确定的，并不是由买或卖单方面确定的。而一旦确定了双方要交换的商品价格，从分配的角度看，就是双方依据这一价格实现了双方在市场上的分配关系。

企业生存于市场，从最初的策划筹建，直至生产出商品到市场销售，最终的利益得取是表现在价格上。如果没有买家愿意以最低的价格购买某企业的产品，那么这家企业只能是零收益。如果有买家按市场中等价格购买其产品，那么这家企业将获得一般水平的收益。如果这家企业的产品是市场上的抢手货，价格较高，那么这家企业会获得较好的经营收益。这就是说，在市场交换中，价格体现分配关系，企业能够在市场上取得多少收益，直接是由价格决定的。如果同样的劳动付出创造的同样的产品在市场上得到不同的价格，那么，这不同的价格于不同的企业就意味着不同的市场分配，而这种情况在现实生活中并不是罕见的。这就体现价格分配的力量。即使价格体系是紊乱的，价格是扭曲的，仍不会改变价格的分配作用，即有什么样的价格，就会产生什么样的分配关系。在企业的生产经营中，需要购买生产原料、燃料或其他材料，这些生产消费品的价格也直接影响企业的收益。若购买生产资料的价格偏高，那就会相应提高企业的生产成本，减少企业的利润。所以，不单是企业生产的产品的价格对企业的收益有影响，企业生产中的消耗品的价格对企业的收益也有影响。一般说来，企业只能是从市场上获取收益，所以，价格的分配功能对于企业的生存来说，是非常重要或至关重要的市场分配的决定因素。因而，每一企业研究市场分配，其主要的研究内容都应是本企业产品在市场上形成的一系列的价格关系的变化。一个成年人，只要不是在社会公职部门或企业就业，那么不论其从事何种职业，其个人的工作收入都是市场分配的直接结果。一个人，不论是成年人还是未成年人，只要拥有一定的资本，那么在进入资本市场之后，其资本收入也都是市场分配的直接结果。因此，对于个人来说，只要取得的收入直接来自市场，那么价格的变化就是市场的变化，只要市场的价格关系发生剧烈的变化，那么就必然要影响到他们的个人收入状况。这也就是说，价格影响市场，价格的升降会影响市场供求的变化，价格的这种影响也是同时涉及分配关系的，其个人的收入变化无论是名义上的还是实际的，都与价格变化的影响有关。

3. 市场的契约分配

经济契约是一种市场关系的具体缔结，具有法律效力的经济契约同样具有市场分配的功能。从广义上讲，任何市场交易的双方或多方确定的经济关系都具有契约性质，因而也就都具有市场分配功能。但是，准确地讲，属于商品交换的经济关系的分配功能，是市场的价格分配功能，不是市场的契约分配功能。与价格分配不同，纯粹的契约分配是指狭义的市场契约关系决定的分配。在市场上，这主要是指生产要素组合之中的契约关系法定的与契约各方有关的分配关系。

市场的契约分配是由市场一直延伸到契约组织内部的。但从市场角度认识契约分配，主要是强调市场对资本收益权的承认与保护，特别是明确地指出了市场契约决定的对参与各方的利益索取。自然人和法人都可在市场经济条件下自主作出投资决定，与其他权益拥有者共同组成经济组织。同样，这些自然人和法人也可选择建立纯粹的资本运作关系，只形成契约组合，不形成经济组织。在契约组合中，即在非组织契约中，资本关系的形成主要是针对分配的，或者说，契约分配的功能作用是主要体现在这里的。如果一批投资者，比如社会养老基金、证券组合基金、保险组织及某些投资商等，并不看好一个项目，即这些投资者都看不到该项目能有良好的收益前景，那么这个项目就得不到投资者的支持，就不会与投资者发生契约关系。相反，如果这个投资项目对投资商非常有吸引力，各路投资高手均看好这个项目，那么这些投资商就都会为这个项目投资，与这个项目结成一种投资契约关系。在这种市场关系中，契约的建立取决于分配，只有认定有良好收益，才会有契约关系的存在。当然，这种对项目的认识，即建立契约关系的前提认识是预测性的，如果项目的实际运作是失败的，或是不怎么成功，那么投资方也可能得不到预期的收益，也要接受失败或不成功的后果，只是在建立契约关系时投资者必然是看好投资回报的，而决不会预测投资效益不好的。即使投资失败了，各方投资者也是要按照事先签署的契约规定承受损失的，这种投资契约对责任的要求与利益的分配是一致的，即如果项目成功投资者可获取的利益与项目失败投资者应承受的损失是对等的。

契约分配的市场基础是社会承认资产收益权，即社会承认仅凭占有生产资料投入劳动过程便可获取一部分劳动成果，只不过资产收益权既可在生产资料的实物形态占有上表现出来，又可在生产资料的价值形态占有上表现出来。生产资料的实物形态进入劳动过程是资产收益的基础，在这一基础之上才允许存在占有价值形态的资产收益。市场的契约分配就是只对进入社会生产的价值形态资产进行收益分配。每一投资契约都规定有详细的收益分配要求。契约分配不同于价格分配，即不同于交换关系的分配。在市场交换中，商品的所有权是相互让渡的，一方放弃自己用于交换的物品的所有权，才能取得另一方用于交换的物品的所有权。而在市场契约关系中，各方均不放弃其拥有的资产的所有权，并且都是凭借自己投入资产的所有权获取收益的。市场交换的价格决定交换双方的利益获取，而契约关系则是事先规定资产投入后的收益。价格分配是在交换时兑现的，其分配的实现相对简单；而契约分配是要经过一个资本运作过程才能兑现分配，相对比较复杂，甚至可能是很复杂的。

比起价格分配，市场的契约分配更需要相关法律的保障。每一项投资都需要制定完备的法律文件。凡属合法的契约关系，法律都要给予保护。参与契约的各方，是在遵守法律规定的前提下，自主决定投资收益的分配方案的。由于从投资到收益，可能时间不长，也可能时间很长，在这一时间过程中，如果出现纠纷，都需要根据相关法律进行处理，有时还要直接借助于国家司法的力量予以强制解决。

4. 市场的公益性分配

在社会常态之中，人们的市场交往，有非人性和非理性行为，也有人性的温情和理性的睿智。即使是在钱欲横流的时代，人性的善也是会处处都有自身的表现。所以，从现实的情况讲，市场的分配也并不都是权益性的分配，而是事实上存在着一定的公益性的分配。

公益性的市场分配是指市场格局的改变是由于在人们之间出现了只求奉献不求索取的经济行为。如果没有公益性介入市场分配之中，那么决定市场需求格局的是购买力，决定市场利益格局的是各种经济权力。而加入公益性分配，就会使市场原有格局发生一定的变化。比如，一万套棉衣投放市场是用于货币交换的，棉衣的所有者卖掉棉衣得到货币，购买棉衣的人放弃货币得到棉衣，这是一种交换关系，也是一种分配关系。现在假定，这一万套棉衣全部无偿赠送给最需要棉衣的人，那么棉衣的所有者送出棉衣之后一无所得，只是作出了奉献，而得到棉衣的人没有支付货币，便可以用省下来的货币购买其他商品，市场的格局由此发生了变化，原有的交换关系发生了改变，原有的分配关系也发生了改变。这就是公益性分配起到的作用。但如果是一方面捐赠物资或资金，另一方面又从其他渠道索取更大的回报，比如，一方面捐助一笔教育资金，另一方面又无偿或低价从政府手中得到一大片可用于商业开发的土地，那就不是捐赠行为，不属于公益性分配，也产生不了公益性分配的效果。这就是说，以公益的名义，获取更大的收益，仍然是市场中的权益分配，与公益是无关的。无论在哪里，公益性的捐赠行为都是不要求经济回报的，其得到的只是社会荣誉。通过公益性捐赠，社会上有些人和机构可以得到无偿的救助，解决一些他们的现实困难。比如，地震发生之后，除了政府的救援外，社会上也有一些组织和个人伸出支援之手，捐钱捐物，帮助受灾人口解决生存上的困难。再如，由于家人有病，失去劳动能力或收入能力，使家庭陷入贫困，他们除了可以得到政府发放的救济金之外，还可能得到慈善机构为他们募集的钱或物，对他们的生活有所补助。以社会名义实现的公益性捐赠产生之后，相应的，市场的公益性分配也随之实现，并由此改变市场格局。现时代，随着生产力的提高和社会的进步，公益性的分配将越来越多地出现在各个国家的市场经济之中。能够做出公益性的捐赠的前提是捐赠者在能够养活自身及其承担的社会责任之后还有剩余的资财。如果一个人连自己都养活不了，一个企业连基本的创利能力都没有了，那么这样的人和企业是绝不可能成为捐赠者的。只有一个人的收入大大超过他的消费需要，一个企业的创利大大超过自身的支出，这样的人和企业才可能成为捐赠者，即成为市场公益性分配的支持者。将自身不使用的钱财或自身节约下来的钱财拿出来奉献给社会，去无偿地帮助别人，对于这样的经济行为，把社会给予高度的评价放在其次，首先是社会要承认这些捐赠者是有相当强的生存能力的人或组织。

在市场的公益性分配中，捐赠者具有高尚的道德情操，尤其是在金钱至上的年代，能够为社会做善事是十分可贵的，是受社会敬重的。但我们也应看到，产生这种经济行为，出现这种分配方式，也是具有自然基础的。这是因为无论一个人多么富有，实际上财富对于每个人来说都是生不带来，死不带去，任何人都要只身离开这个有生命的世界。因此，在人类文明的进化中，越来越多的人认识到这一点，并且还认识到每一个人都没有来世，人生在世应当回报社会。对于未成年子女，家庭负有养育责任；对于成年子女，父母相信他们自己会走出自己的人生道路，至少可以像父辈一样自己养活自己和养育后代。因而，有相当强的生存能力的人和组织才会作出将自己的资财捐赠给社会的选择，使社会可以通过公益性分配改变市场格局，以有利于社会进步，并表现自身的善心。这种社会现象的基础仍是自然界对于人的生存限制。所以，在这样的自然基础上，除了具有相当强的生存能力的人和组织之外，还有更多的生存能力并不太强的人和组织也参与到市场的公益性分配中来，尽微薄之力向社会捐赠财物。所以，这种由人们自发的经济行为而形成的市场公益性分配，是具有自然基础的，也是相应具有广泛的社会基础的。

现时代，公益性的市场分配在各个国家或地区都已纳入法制的轨道。社会救助机构和慈善机构均是在法律的框架之内实施公益性分配的。由于有充分的法律保障，现代的公益性分配能够发挥出更好的社会作用，并且能够达到更好的分配效果。而且，这种公益性分配的资财来源，在现时代也具有前所未有的普及性和自觉性，有越来越多的人和组织将向社会捐赠确定为自身的一种奋斗目标。

5. 市场的投机性分配

在常态社会之中，不可避免地存在市场的投机性分配。这种分配从形式上属于契约分配，而性质是投机的，所以，我们按其性质将其单列一类。

现代市场是充满投机交易的，而且，金融市场越发达，投机交易越繁荣，并有一些投机性交易进一步转化为赌博性交易。而不论是投机还是赌博，这一类交易的结果都是形成了一定的市场分配关系。有的人因投机性交易而发财，有的人因投机性交易而破产。与其他交易相比，市场的无情，更多地体现在投机性或赌博性交易之上。而获取暴利，相比之下，也是更多地体现在由投机性或赌博性交易决定的分配关系中。

在市场经济条件下，投机性交易具有润滑市场运行的特殊作用，人们公认这是市场交易中不可缺少的一部分。因此，投机性交易在各行各业的市场中几乎无所不在，但主要是存在于金融市场，包括证券市场、外汇市场以及期货市场等。抱有投资目的的人购买股票，是为了做股东，取得股东权力和股金收益。而投机性地购买股票，是只想做股民，不想做股东，只是为了获取股票买卖之间的差额收益。这种投机者研究市场，只是为了能够获取更大的投机收入。

在现阶段，只要是合法的，不违反市场规则，社会就允许并保护投机性交易的市场存在。这也就是说，在常态社会，更注重的是收入的合法性，而不是收入的来源和性质。因此，从分配关系上讲，只要人们的投机性收入是合法收入，就要纳入整个社会的分配之中，并无可指责。但是，如果市场上出现了过度的投机，虽然没有超出合法范围，也会对国民经济运行和发展造成一定的危害。在 20 世纪末的亚洲金融危机中，国际投机资本的恶性冲击，使得亚洲一些国家或地区的经济遭受严重损失，应该说这留下了深刻而惨痛的历史教训。即使是不过度的投机，其实在市场上也会起到一定的误导作用，使相当一部分人将精力和财力都放在投机之上，成为酿成过度投机的前奏曲。所以，现代社会对于投机性交易更需要有理性的认识，要有能力将投机性交易控制在必要的范围之内，要特别地防止投机泛滥，更要极力避免出现赌博性交易。

在市场上投机很热的时期，投机性分配对整个社会的分配格局的冲击很大。此时，投机的负面作用是明显的。但即使出现这种情况，现实的市场也不能取消投机，而只能是给投机活动降温，投机作为合法的交易行为，将会在相当长的时期内是市场的必要存在，同样，市场的投机性分配也会长期地在国民经济的分配中占有一定的份额。

三　市场体系

为有效发挥市场配置资源的基础性作用，充分发挥市场价格的导引作用，在现代市场经济条件下，必须注重发展各类自由贸易的商品市场，着重发展资本、房地产、劳动力、技术等生产要素市场，完善生产要素价格市场化形成机制，健全市场规则，加强市场管理，清除市场障碍，发展和建立统一开放、竞争有序的现代市场体系。

1. 建立现代市场的价格机制

建立现代市场体系就是要更好地使经济活动遵循客观规律的要求，适应供求关系决定的市场价格变化。在竞争性领域，通过价格杠杆和竞争机制的功能，把资源配置到效益较好的环节中去，并给企业以压力和动力，实现优胜劣汰，运用市场对各种经济信号反应比较灵敏的优点，促进生产和需求的及时协调。在非竞争性领域，市场需要保持平稳和连续，价格的动态稳定是保持国民经济正常运行的关键，更具有全局性意义。

（1）通过放开价格理顺比价关系

商品与服务的价格之间存在一定的比价不合理，在现代市场经济条件下，不需要政府加大调整力度，而只要是坚持依据市场关系的调整，就可以逐步理顺比价关系。比如，农产品的价格过低，与工业品的比价长期处于不合理状态，这在价格不放开的时代是始终没有解决的，而在以市场为基础形成的价格体系中，这一问题必然会得到解决，即放开市场价格之后，农产品与工业品的比价不合理就会成为历史，农产品的价格自然会上升到合理的位置。

（2）**资源的稀缺性也要决定价格**

在现代市场经济条件下，不光是市场供求关系决定价格，资源的稀缺程度也是决定市场价格的重要因素。在现代生活方式下，资源的消耗急剧增加，即使是实现节约型社会，也不可避免地要大量地消费资源性产品。因此，市场价格的走势必然要与资源的稀缺性紧密相连，表现为资源性产品的价格升高。这既是对社会消费的一种理性遏制，也是对稀缺性资源的一种有效保护。积极稳妥地推进资源性产品价格改革，包括合理调整水利工程供水、城市供水和再生水价格；推进电价改革，逐步建立发电、售电价格由市场竞争形成，输电、配电价格由政府定价的机制；适时推进石油价格改革，建立与替代能源价格挂钩的天然气价格形成机制；扩大利用市场机制形成城市土地开发价格的范围；等等。

（3）**建立现代市场价格平抑机制**

由市场决定价格为主，而不是由政府管制价格为主，这是市场经济体制区别于非市场经济体制的极大不同之处。市场本身是有约束力的。在现代市场体系下，政府对于各类重要商品价格的管理，并不是撒手不管，而是要借助于市场约束力，以期能够间接控制价格的稳定性，即政府要拥有必要量的重要商品储备，以备在紧急时期投入市场平抑价格，而不是再像传统计划体制那样直接地去控制商品价格。这是现代发达市场经济国家已经积累的有益经验，值得借鉴；也是中国经济转轨之后，随着现代市场体系的建立和完善，各级政府适应新体制要求的经济管理能力提升。

2. 努力实现城乡市场的紧密结合

国内市场的统一，除去地区之间打破贸易封锁，还表现为实现城乡市场的紧密结合。城乡市场保持良好的连接与沟通，是市场能够发挥资源配置的基础性作用的环境要求。市场经济体制改革的推进，需要在实现城乡市场紧密结合方面做出新的努力。

（1）要实现统一的管理服务

长期以来，城市的市场管理与农村的市场管理分属不同的系统，这就在管理的体制上造成了城乡市场的分割。从塑造发挥市场资源配置基础性作用环境的角度讲，必须改变这种市场管理体制分割，建立为城乡交易者提供统一服务的管理体制，实施城乡贸易的一体化管理，有效促进城乡市场的紧密结合。这要求各个地区的市场管理不再以城市的市场管理为中心，而是要转换成以提供统一的市场管理服务为中心，使城乡贸易能够平等地相处在一个没有制度歧视的统一平台。

（2）要以农为本

现代的社会生活使越来越多的人从农村移居到城市，使城市生活越来越远离农村。但这样的发展走势并不意味着城乡市场的紧密结合是要求农村市场必须向城市市场靠拢，而是要比以往更迫切强调统一市场的建造必须以农为本，即必须打造好统一的市场有效地为农村市场诚挚服务的社会基础。国民经济发展的基点在农村，农业的生产决定整个社会的生存，不论社会的发展进入多么高级的阶段，以农业为基础这一点都不会改变，都不能改变。所以，未来的城乡市场紧密结合必定要求新型的市场能够更好地为农村服务，为现代农业的发展提供全方位的保障。

（3）在资本运作层次上统一市场

在现代市场经济条件下，城乡市场的紧密结合必须抵达资本运作层次。这就是说，在现时代，没有资本的结合，就没有市场的结合。市场经济的实质是资本控制资源的配置权，资本承担市场资源配置的风险。现代市场体系的建立特别强调的是资本的统一，即在资本运作的层面上，城乡的市场要统一，资本要统领市场，统一改造农户，统一承担风险。所有进入市场的公司都应负起资本统领的责任，即所有的风险必须由公司承担。只有这样，才能在深层次上实现城乡市场的紧密结合，才能在此基础上形成稳定、透明的城乡市场一体化的国民经济管理体制。

3. 促使国内市场与国际市场相互衔接

国内市场的统一是实现国内市场与国际市场相互衔接的前提条件。在更为深入的市场实践中，发挥市场资源配置的基础性作用，必须在国内市场统一的基础上进一步促使国内市场与国际市场相互衔接，加快内外贸易一体化进程。

（1）要使国内市场更加国际化

从名义上的国际市场，到实际的国际市场，有相当长的路要走。使国内市场与国际市场相互衔接，从国内市场建设的角度讲，就是要使国内市场在世界贸易组织协议约束的框架下实现从名义上的国际市场到实际的国际市场的发展转变。现在，少部分地区已经实现了这种市场转变，即实现了国内市场的国际化。而且，也有少部分行业市场实现了国内市场的国际化，如汽车行业、护肤品行业等。然而，就大多数地区和行业而言，由于经济的发展和开放还没有达到应有的水平，其市场还未能实现国际化，还是一种仅仅处于一般性对外开放的市场。

在现代市场体系建设中，需要改变这种状况，需要在国内市场已有的国际化的基础上，实现进一步的国际化，即让更多的地区和行业的市场能够与国际市场实现相互衔接。

（2）用多元化手段连接国际市场

在现代市场经济的发展中，企业走出国门，可以利用多种手段开拓和保持国际市场。其中，主要有三种手段：一是市场化手段，依靠资本的实力打入国际市场。这包括直接的技术交易、产品营销、品牌营销、发展国际代理商等。二是用让政府提供服务的手段，通过政府有关部门或外交部门的帮助进入国外市场。包括企业家随同国家领导人出访，与外国商界建立联系；还包括请大使馆出面，沟通国外的商界，创造市场进入的机会。三是利用非政府组织的手段，间接地与国外市场连接，实现打进国际市场的目的。包括利用商会、协会组织的市场外活动，使企业成功地连接国际市场。前一种市场化手段是以往企业常用的手段，后两种市场化手段都是用市场外的力量达到打开市场的目的，都是企业以往不用的，而今刚刚启用的手段。就未来的发展趋势讲，企业可以更多地利用市场化与非市场化相结合的手段去努力连接国际市场，对于各种非市场化的手段不仅要用起来，而且要用好，即要很好地利用政府和社会团体的帮助实现与国际市场的衔接。

4. 稳步增进市场中介组织的公信力

在现代市场体系中，促进生产领域与流通领域的发展，必须相应发展会计师、审计师和律师事务所，公证和仲裁机构，计量和质量检验认证机构，信息咨询机构，资产和资信评估机构等；并且，还要积极发挥行业协会、商会等社会组织的作用。所有规范发展的独立公正的专业化中介组织都要依法通过资格认定，依据市场规则，建立自律性运行机制，承担相应的法律和经济责任，并接受政府有关部门的管理和监督。

（1）匡正专业中介机构行为

专业中介机构包括会计师、审计师和律师事务所等，都是企业性质的市场化的营利机构。这些中介组织的存在必须要有公信力，否则，市场将更加混乱。出现一些市场中介组织行为的不规范乃至违法乱纪现象并不为奇。但重要的是，在现代市场体系的发展完善中，为保证向社会提供良好的市场中介服务环境，必须严格规范和强化各类市场中介组织的自律机制，加强对这些必须要具有社会公信性的机构的监督管理，努力将其可能造成的负面作用降到最低的程度。

（2）规范社团法人组织作用

与市场专业中介机构不同，还有一类属于社团法人的社会组织。这些以行业协会、地方商会形式存在的社团法人事业单位是非营利机构，即不能像企业性质的中介机构一样向市场提供有偿服务。这类社团法人的存在是必要的，或者说，在市场经济条件下是必不可少的，设立这一类的社会组织对于增进企业和行业的自律，自觉维护市场经济秩序，是十分重要的。从社会管理的角度讲，完善市场经济体制，创造良好的市场环境，对于社会中介组织的建设，必须坚决地制止所有的社团法人非营利机构从事违背其存在宗旨的市场营利活动。

5. 切实发挥行政许可制度的作用

在现代市场体系的建设中，实施行政许可制度是为了保证企业正常的市场进入、市场竞争和市场交易秩序，保证公平交易，平等竞争，保护经营者和消费者的合法权益。

（1）行政许可证的颁发应始于工程立项

行政许可，是指行政机关根据公民、法人或者其他组织的申请，经依法审查，准予其从事特定活动的行为。从已有的颁发行政许可证的工作实践来看，确实有需要改进的做法。其中，最迫切需要改进的是行政许可应从工程立项时实施控制，不能是立项之后，甚至是工程完工之后，再进行是否颁发行政许可证的控制。比如，对于电力业务许可证的颁发，如果是等到电厂建设完工验收之后，再审查决定是否颁发给电厂发电业务许可证；等到输电线路建设完工之后，再审查决定是否颁发给输电企业的这条输电线路输电业务许可证；等到供电营业设施全部建成之后，再审查决定是否颁发给供电单位供电业务许可证。那样做，根本起不到对特种经营的行政监管作用，只不过是一种管尾不管头的消极对待的形式主义的做法。对此，必须考虑进行根本性的转变，即颁发行政许可证必须控制在工程立项的环节，这样行政许可的制度管理才能发挥实际的作用。

(2) 对行政许可证的管理必须规范到位

颁发行政许可证只是行政许可证管理的一个环节，实行行政许可制度必须实现行政许可证管理的整个过程的规范到位。为此，行政监管单位即颁发行政许可证的行政部门需要高度重视对持有行政许可证的企业的日常监管，发现问题及时处理，或是将问题消灭在萌芽之中。如果是颁发了行政许可证之后具体的行政监管就不再有了，放任持有行政许可证的企业为所欲为，存在破坏市场秩序的行为，那就是监管的失职，就是对行政许可证管理的玩忽职守。在市场经济体制下，对行政许可证的管理规范到位，必须做到建立健全监督制度，通过核查及时反映被许可人从事行政许可事项活动情况的有关材料，履行监督责任。行政监管机构必须依法执政，在对被许可人从事行政许可事项的活动进行监督检查时，应当按照法律规定将监督检查的情况和处理结果予以记录，由监督检查人员签字后归档保存，并允许被许可人查阅执法监督检查的情况记录。在规范的管理中，行政监管机构还应当依法创造条件，实现与被许可人、其他有关行政机关的计算机档案系统的互联，以便全面地及时核查被许可人从事行政许可事项活动的基本情况。

参考文献

［1］商务部：《全国商品市场体系建设纲要》，载 http：//finance. sina. com. cn。

［2］中华人民共和国国家统计局：《中华人民共和国 2006 年国民经济和社会发展统计公报》，《人民日报》2007 年 3 月 1 日。

［3］刘树成：《论又好又快发展》，《经济研究》2007 年第 6 期。

［4］张晏、夏纪军：《地区竞争与市场化进程的趋同性——中国是否会出现"一个国家，两种经济"》，《财经问题研究》2007 年第 4 期。

［5］张小蒂、朱勤：《论全球价值链中我国企业创新与市场势力构建的良性互动》，《中国工业经济》2007 年第 5 期。

［6］欧阳日辉：《民营企业进入垄断领域的成本》，《中国财经报》2007 年 2 月 27 日。

［7］林吉双：《我国对外贸易增长方式的制度解析》，《国际经贸探索》2007 年第 1 期。

［8］钱津：《规范市场——经济运行研究》，东北财经大学出版社，2002。

［9］钱津：《劳动效用论》，社会科学文献出版社，2005。

［10］钱津：《感受腾飞——论中国工业化与通货膨胀》，人民出版社，2010。

第六章　产权理论

在现代经济学的基础理论研究中，产权理论占有重要的地位。1991 年诺贝尔经济学奖获得者、美国经济学家科斯是产权理论的创始人和主要代表。他依据产权范畴，论述了成本与收益之间的关系，阐明了产权交易的基本含义，突出地强调没有产权界定的社会是一个效率绝对低下、资源配置绝对无效的社会。进入 21 世纪之后，随着社会经济的发展，产权理论的研究不断深化和扩展，更加增进了应用性。本章拟从产权范畴的界定出发，具体讨论现代产权的性质、意义和运作等方面的理论问题。

一　产权的界定

作为已经风靡全球的产权理论奠基人，科斯本人并没有对产权给以明确的定义。在科斯定理的传播中，产权范畴的定义是科斯的一些追随者根据科斯著述和法学原理作出的，他们认为产权是一组权利，包括"占有、使用、改变、馈赠、转让或阻止他人侵犯其财产的权利"[1]。

重要的是，经济学的产权范畴界定不能依据法学的理论阐释，更

---

① R. 库特：《法与经济学》，上海三联书店，1991，第 125 页。

不能跟随在法学的产权范畴的界定之后再界定。相对法学，经济学是社会科学中更为基础的研究学科。或者说，任何涉及经济领域的法学范畴界定，都应是建立在相应的经济学范畴界定的基础上。因为，经济关系是有史以来人类社会中最基础的社会关系。从辩证历史唯物主义的立场出发，人类的经济关系属于社会经济基础，而法学研究的人类的法律关系则属于社会上层建筑。无疑，是经济基础决定上层建筑，不是上层建筑决定经济基础。所以，在由科斯兴起的现代产权理论研究中，不论是科斯本人，还是科斯的追随者，似乎都没有搞清楚社会经济关系与社会法律关系之间的区别与联系，而是将对于这两种不同的社会关系的研究混淆在一起，这样形成的结果是既不利于经济学产权理论的研究，对于人们的经济生活也不利于法学如何进行法律调整方面的研究。身处复杂的社会之中，撇开法律关系进行经济研究是经济学基础理论研究的必然要求。有了对于基础经济关系的确定，才能有相应的法律关系的调整和法律对于人们经济生活中各种权利的维护。

如果产权就是指在人类经济生活中的个人或组织拥有的法律权利，那么，就是法学范畴而不是经济学范畴。尽管清晰的法律产权可以很好地有助于解决外部不经济的问题，但经济学研究的是更为基础的社会经济关系。就此而言，经济学研究的任务是为法律确定清晰的产权提供理论基础的。如果产权就是指占有、使用、改变、馈赠、转让或阻止他人侵犯其财产的权利，那么，这一定义之中还隐含着不同法学体系理解的重大区别。当今世界，法律分为大陆法和英美法。从大陆法看来，产权本身是不可分的，一物只能有一个产权，作为产权拥有的客体，一般是有形物。而英美法中的产权客体，不仅可以是有形物，还可以是某项权利。这样的某种权利的产权含义是复杂的，它既可以用来指某人具有的权利，也可以用来指某群体具有的权利，并且这方面的权利都与财产占有无关。譬如，某人或某群体需要安静的生活环境，他或他们一旦受到噪声的干扰，就会使他或他们完全与财产无关的权利受到侵害，或者说使他或他们这方面的产权受到侵害。这样举例讲，可能比科斯在《联邦通讯协议》一文中的举例更确切。

1. 科斯的认识

科斯举的案例是：当火车驶过一片种有树木和庄稼的土地时，机车排出的烟火经常引起周围的树木、庄稼着火。如果这块土地属于农场主，农场主就有权禁止火车排放烟火，火车若要排烟，火车的所有者就必须向土地的主人赔偿一定的费用。相反，如果火车主人具有自由释放烟火而又不负责任的权利，那么农场主若想避免由于火车释放烟火所导致的火灾造成的损害，进而要求火车不放烟火，就必须向火车主人支付一笔费用，以使火车主人愿意并能够不排烟火，甚至停止运行。

科斯用这样的一个案例试图说明，更有效地消除外在性，用市场交易的方式实现赔偿，前提就在于明确产权。仅就此案例而言，科斯强调的明确产权，是指明确法律赋予的产权，而且这种赋予是带有任意性的，并不具有经济学研究针对的客观性。在科斯看来，要么可以赋予农场主产权，要么可以赋予火车主产权，只是二者之中必须明确一个拥有产权；明确农场主有禁止火车排放烟火的产权，火车若要排烟，火车主就必须向农场主赔偿一定的费用；明确火车主具有自由释放烟火而又不负责任的产权，那么农场主若想避免由于火车释放烟火所导致的火灾造成的损害，进而要求火车不放烟火，就必须向火车主支付一笔费用。事实上，这样的案例明显地抹杀了产权应当具有的客观性，农场主拥有土地，就必然拥有土地不受侵害的权利，这是客观决定的；而火车通过这块土地，法律并不能赋予火车主释放烟火而又不负责任的权利，这是客观不能允许的。因而，只可能是肇事的火车主向受到损失的农场主赔偿，不可能是农场主失去保护自己土地的权利向肇事的火车主赔偿。产权在法律上的明确并不能任意而为，并不能缺失或违背经济关系具有的客观性。科斯为说明产权明确的重要性，任意举例，违背事实，恰恰表明接受科斯产权理论的现代经济学研究还具有十分大的幼稚性。科斯关于产权的著述，虽然引起了经济学界高度重视和广泛讨论，甚至被授予诺贝尔经济学奖，但是，科斯从法学的角度认识的产权范畴还是与需要从客观性出发的经济学对于产权范畴的界定存在较大的距离。

2. 产权不同于所有权

经济学的认识源于人类客观的经济生活，经济学认识的发展源于人类客观的经济生活的发展。科斯的产权理论对于现代经济学的研究具有很大的启示作用，但经济学的产权研究仍需要从经济生活实践出发，坚持经济学范畴的客观性，不能跟在法学概念的后头，迷失经济学研究的性质。科斯最大的贡献就是向经济学提供了一个可深入研究的不同以往所有权范畴的产权范畴。在现代经济学的研究中，将产权范畴等同于法学的产权范畴是不妥的，尽管这两者之间存在着内在的联系；将产权范畴等同于所有权范畴也是不能允许的，那是完全忽视了产权范畴和产权理论创新的重要意义。我们必须明确，对经济学范畴的认识只能源自社会经济生活，而不能源自经济学家的头脑。各种经济学范畴都是对经济生活的客观内容的抽象认定。人类社会的经济生活发展了，经济学范畴才会有新的变化。所有权范畴在经济学研究中，是对 20 世纪中期以前的社会经济生活的一种反映；而后，社会经济生活发展了，才应运而生出现了产权范畴对于社会经济生活新的认识和概括。如果没有现代社会经济生活的高度复杂，也就不会产生相对所有权范畴更为复杂的产权范畴。从经济学研究的角度界定，产权范畴是现代高度复杂的社会经济生活的反映，是在所有权范畴基础上发展出来的新的经济学范畴。产权涵盖所有权，所有权反映的社会生活的复杂性远远不及产权，产权具有更为丰富的客观认识内容。

第一，所有权只表示对于财产的占有、支配、使用、收益等权利，而产权则表示对于社会经济生活中的所有利益维护的权利。比如，不受噪声的干扰，也是一种利益要求，可以表述为是一种产权。简言之，所有权是财产权，产权是利益权。财产权是包括在利益权之内的，决定所有权是包括在产权之内的，即凡是所有权都可称之为产权，而产权却不可都称之为所有权，产权比所有权的概括范围大，不仅限于表示对于财产的占有、支配、使用、收益等权利，凡是有利益存在的地方就有产权。

第二，一个所有权不能衍生出另一个所有权，而一个产权却可以衍生出另一个产权。例如，一家公司拥有一家酒店的所有权，这个所有权是唯一的所有权，不可能出现第二个这家酒店的所有权；但是，这家公司却可以将这家酒店租赁出去，使自己拥有的所有权性质的产权之外，又衍生出一个租赁性质的酒店产权，归属这家酒店的租赁者拥有。

第三，在一定的时点上，所有权不能分割，属于谁的就是谁的；而在一定的时点上，产权却可以分割，可分割成不同方面的产权。例如，在某一时间某一条生产线归属某企业所有，这是不变的，也是不可分的；但是，同时在这条生产线上工作的 5 名工人，却可因分工将这条生产线的生产产权分割成 5 个部分，每人拥有其中一部分生产产权。

第四，现代产权的界定比传统所有权的界定更为精细准确。例如，以前,某人拥有一亩地的所有权,基本的含义就是说某人拥有了这一亩土地的地面;而现在,用产权界定,就要明确这亩地的地下 10 米以下和地上 10 米以上不属于土地所有者,土地的使用年限是多少年,土地的既定使用性质不能改变,等等。

第五,对既定物,所有权只有一个;而产权在既定利益上可以形成产权束,即形成众多的产权。例如,一条皮带,只有一个所有权,归一个人使用;但一个城市的公众,对这个城市却拥有不要噪声、环境绿化、大气清新、水质安全、清洁卫生等多方面的公共产权,形成一种内容丰富的产权束。

总之,产权不同于所有权,所有权是财产权,产权是利益权。在科学界定经济学的产权范畴不同于所有权范畴的基础上,我们可以进一步探讨产权的定义问题。

3. 产权的定义

不同的经济学范畴是对不同的经济生活内容的反映。因此,准确地讲,"产权是一个在当代应运而生的范畴,它可以表示所有权的全部内容,更可以比所有权范畴描述更多的经济权益要求。在最一般的意义上,我们可以作这样的定义:产权是社会经济生活中各种利益归属所需要的基本维护权力。简而言之,产权就是利益权,而不单纯是财产权,有财产可以有产权,没有财产也可以有产权,只要有利益归属存在,肯定就有产权存在"[①]。现代产权范畴的出现,其对现代经济生活内容的概括反映,客观上已经不同于传统所有权的反映内容。所有权可概括为是财产权,而现代产权则可更大范围概括为是利益权。经济学从只研究所有权到既研究所有权又研究产权,是现代社会经济发

---

① 钱津:《国有资产的市场化经营》,经济科学出版社,1998,第 35 页。

展的反映，是现代经济学进步的表现，展现了现代经济学比传统经济学更为广阔的研究视野。在界定现代经济学的产权范畴之后，我们才可以进一步探讨现代市场经济中的产权问题。

4. 个体产权与公共产权

产权是一个大于所有权的范畴，即所有权可以被包括在产权的范畴之内，而产权不仅指所有权，还包括其他权益的要求。从认识本身的发展来看，从所有权归属的单一性发展到产权归属的共有性，表现出个体产权与公共产权的不同。从所有权讲，所谓单一，并不是指个人所有，集体所有、全民所有等都具有这种归属的单一性质，即归于哪个权力个人或单位就是定准的和具有排他性的。而从产权关系讲，除了个体拥有产权之外，还可以实现产权共有，即共同利益的存在决定的长期共有。这就是说，共同利益以涉及者的存在而共有，某涉及者退出，则没有其利益，此利益仍为共有利益，为其他涉及者维护。比如，一个城市的空气不被污染是全市居民的共有利益，这可用产权表示，这种产权不因某些居民搬迁他城市而带走，它永远是居住在这个城市的居民的共同利益。显然，这样一种权益表示用所有权来界定是不适用的，而产权范畴的使用可将经济问题很好地表述清楚。事实上，股份制企业的产权就是一种典型的公共产权。

二 企业产权

企业的构成是人本与资本的统一，企业的劳动是劳动主体与劳动客体的统一。因此，企业的存在不单单是资本的存在，不单单是劳动客体的存在，将企业等同于资本投入，将人本的存在排斥于企业的权力主体之外，不符合客观的要求，违背了客观的企业制度安排。由此而言，如果确定企业是由人本与资本统一构成的，企业经营要以人为本，人本的作用比资本的作用更为根本，更具有决定性，那么，企业的产权就不等于投资者即股东的产权。企业作为法人存在，其产权是法人的产权，企业法人产权要维护的是企业利益，企业利益不等同于股东利益即资本利益，也不等同于员工利益即人本利益，而是股东利益和员工利益得取的前提，只有确保由人本与资本构成的企业能获取自身劳动创造的价值代表的企业利益，企业才能满足股东利益和员工利益。所以，从创造的方面讲，我们只能说企业的整体劳动创造了企业利益；而从分配的角度讲，我们也可以说企业利益获取后要分为股东利益和员工利益。不论是股东还是员工，都首先要为企业利益的创造作出贡献，然后才有资格在企业利益实现的前提下索取自身的利益。

因此，需要明确的是，在企业利益不等同于股东利益的前提下，股份制企业的产权不应该由只代表股东利益的股东会控制，即股东会不应该成为股份制企业的最高权力机构。如果企业利益包括员工利益，企业的存在包括人本的存在，那么股东会无法承担为企业利益所负的责任，也无法代表人本权力的要求。

企业的产权是法人产权。这一产权的存在代表企业的存在，而企业的存在是人本与资本的统一。但就像劳动具有整体性一样，企业法人产权也具有整体性，或者说，企业法人产权不等同于人本产权和资本产权的相加。进入企业支配的人、财、物，就不再从属于人本产权或资本产权，而只是从属于企业法人产权。也就是说，股东投入企业的资本，进入企业之后，就不再归股东支配了，企业拥有的任何一件设备，都归属企业所有，而不归属股东所有。股东只拥有企业的股份，没有企业法人名下的资产，对这一点是一定要分辨清楚的。所以，股东不仅不能干预企业日常的生产活动，而且对企业的任何财产也不能提出权力归属的要求。在这方面，人本也是一样。人本进入企业，是要与资本相结合的，纯粹的人本不可能发挥作用，因而，人本在企业，不是应受资本产权支配，也不是要受人本产权支配，而是同样需受企业法人产权支配，即所有的劳动者都应是在企业的法人产权约束下发挥自身的人本作用。

更进一步讲，企业的法人产权是一种集合性产权，即属于公共产权性质。每一个股东的产权和每一位员工的产权合在一起构成了企业的法人产权。然而，不论是股东的资本产权，还是员工的人本产权，都是个体性的产权，法人股东的产权在这里也与个人拥有的产权性质类似。个体产权与企业公共产权是完全不同的。企业的产权明晰并不是一定要明晰到股东拥有的个体产权的归属，而是一定要明晰企业的产权只能归属于企业法人。这是一种个体产权聚合后形成的公共产权，是集合不可分的产权。法人产权要维护的是企业整体利益，法人产权不可再分为股东个体产权，企业要依靠这种不可分的产权获取企业整体利益，只有在保障了企业整体利益实现的前提下，企业产权才能保障对进入企业的人本和资本进行利益的分配。个体的资本产权根本无权干涉企业的公共产权运作。

三 行业产权

产权是利益权，行业产权就是维护行业利益的权力。行业不同于企业，并不是归属谁所有的，但是，有行业利益的存在，就有行业产权的存在。行业产权代表了行业的整体利益，这种产权也是具有集合性的公共产权，不是可以分散给行业内的各个企业的，而是相对于行业的存在而存在的。

1. 行业产权的分类

根据行业的市场分类，相应有不同行业类别的行业产权。

（1）垄断性行业的行业产权

垄断性行业包括自然垄断行业和经营垄断行业，自然垄断行业是指电信、自来水、供电铁路等行业，经营垄断行业是指公交、民航、军工、造币、市政等行业。在现代市场经济条件下，一般垄断性行业都是由各级政府创办的公营企业经营的，民营企业只有在政府特许的情况下才能进入，并不占主流。占主流的公营企业分为中央公营企业和地方公营企业，分别控制在中央政府和地方政府手中。各级政府直接或间接地控制这些行业，是为了使这些行业更好地服务于社会，更好地起到维护市场经济秩序的作用。

垄断性行业产权代表了垄断性行业的整体利益。但与其他行业产权不同，这些垄断性行业的产权是直接与国民经济整体利益挂钩的，正因如此，这些行业才需要各级政府直接或间接控制经营。但是，这些垄断性行业的产权仍是独立存在的，也仍是需要本行业企业精心维护的。像电信行业，虽是自然垄断行业，但也要通过各地企业向社会提供优质的服务，才能维护本行业的利益，其行业的产权必须在维护本行业的利益中发挥应有的作用。像军工行业，它属于经营垄断，没有或者说不存在外在的竞争压力，但其技术的研发决定行业的命运，只有不断地研制出新型武器，才能保持行业的活力，所以，不断实现高水平的技术进步正是这一行业的利益所在，正是这一行业产权所要维护和行使的权利。城市的出租车属于公交系统，不能民营化，必须控制在各地政府的公营企业手中，尤其是租车价格，更是要由各地政府直接控制的。在这一行业，更是具有整体利益的存在，行业产权需要得到非常妥善的运作，才能起到维护全行业整体利益的作用。

（2）寡头垄断行业的行业产权

寡头垄断行业是指由少数几家企业垄断本行业经营的行业。这几家企业的产量占全行业总产量中很高的比例，从而控制着该行业的产品供给和产品价格。寡头垄断行业的形成是由某些产品的生产与技术特点所决定的，如钢铁、汽车、石油等行业。而且，寡头垄断企业为保持自身地位而采取的种种排他性措施，以及政府对某些寡头垄断企业的扶持政策等，也可促进寡头垄断行业的形成。

相互依存是寡头垄断行业的基本特征。由于企业数目少而且占据市场份额大，无论怎样，一家企业的行为都会影响其他企业的行为，影响整个行业市场。所以，每个寡头在决定自己的策略和政策时，都非常重视本行业的其他企业对自己这一策略和政策的态度和反应。每个作为寡头垄断者的企业是独立自主的经营单位，具有独立的特点，但是他们的行为又互相影响、互相依存。由此可见，在各个寡头垄断行业，都是存在十分鲜明的行业利益的，即都是具有客观的强烈的行业产权要求的。

正是由于寡头垄断行业的企业之间存在着很强的相互依存性，在寡头垄断行业的市场中，这种相互依存的关系是被明确认识到的，因此，这种行业的整体利益是十分明显地表现出来的。例如，某一家钢铁企业降低价格或扩大销售量，其他钢铁企业都会受到显著影响，从而作出相应的对策。这就使得任何一家钢铁企业作出某项决策的时候，都必须考虑整个行业的具体反应，并对这种行业的反应作出估计，而不能不考虑维护全行业及自身的现实利益问题。

与垄断性行业产权相比，寡头垄断行业产权的市场表现更加明显。从最简单的行业关系讲，在这种行业中，每个企业都必须做到自觉维护行业产权，任何企业都不敢损害行业产权，因为每个企业的命运都是和行业的命运紧密地连接在一起的。

（3）竞争性行业的行业产权

竞争性行业是指一个行业市场中有许多企业生产和销售有差别的同种产品的行业。在垄断竞争理论中，把这一类行业中的企业称为垄断竞争企业。

在竞争性行业中，企业数量较多，每家企业都只占很小的市场份额，因此，单个企业产销量的变化对于其他企业的影响是微不足道的。假定某一家企业决定有限度地降低其产品的售价以扩大销售量，于是其他同行业企业就会由此丧失一部分客源，但该企业所扩大的销售量在整个行业市场上所占份额很小，再加上高度分散，因而其他企业并不会明显感受到这种竞争性的影响。

在竞争性行业中，实际各个企业的产品是有差别的，企业之间的成本水平和技术水平也未必相同。但在竞争性的行业市场中，竞争总是激烈地存在着，企业之间往往竞争过度，甚至，在竞争的前提下，采用不正当、不合法的手段从事企业经营活动，从而损害竞争对手的企业利益和本行业的整体利益。这也就是说，在竞争性行业，企业最容易忽视行业利益，也最容易损害行业利益。因此，在这一类行业，强调行业的利益和行业产权的存在是最重要的。而且，在这一类的行业中，企业的数量也是最多的。

竞争性行业中的企业过度竞争会造成全行业严重亏损，使本行业处于弱势行业之中。有的企业产品售价接近成本，甚至低于成本，就这样，还仍在用低价格的撒手锏逼迫本行业其他企业进入微利经营的态势，使整个行业处于毫无发展后劲和希望的状态。这种情况的出现，充分地表明了在这些行业中，行业产权尚未被运作起来发挥应有的维护行业利益的作用。所以，在高度复杂的现代市场经济中，尤其是在竞争性行业，必须遏制企业间的过度竞争，将行业产权很好地运作起来，将行业产权的作用很好地发挥出来。

2. 行业产权的运作

与市场专业中介机构不同，社团法人性质的行业协会、地方商会等是社会中介组织。这些以行业协会、地方商会形式存在的社团法人是非营利机构，即不能像企业性质的会计师事务所、律师事务所等专业中介机构一样向市场提供有偿服务。这类社团法人性质的社会中介机构的存在是必要的，或者说，在市场经济条件下也是必不可少的，设立这一类的社会组织对于增进企业自律和行业自律，自觉维护市场经济秩序，是十分重要的。

在中国的市场经济建设的起步阶段，社团法人性质的社会中介机构本应起到维护市场秩序的重要作用，但是，由于社会管理不到位，目前在这一类社会组织的活动中也存在着严重的行为不规范的问题。其中，对市场危害性最大的问题是，打着非营利组织的旗号从事市场营利活动，利用社团法人具有的公信性蒙骗企业，巧立各种名目向企业收费，或逼迫企业为其组织的各种活动买单。"近年来有些行业协会挂靠在某些政府部门下，用各种方法迫使企业入会，收取高额入会费，还通过'评比'、'排名'、'认证'、'会展'等手段，向企业乱颁证、乱收费，在自毁信誉的同时，也使主管部门的权威受到严重损害。"[①]这样一来，企业对于名目繁多的这一类社团组织不是欢迎，而是烦不胜烦。从企业对这一类组织的排斥情形看，目前清理整顿这一领域是迫切需要的，否则，长此以往，将会给社会造成越来越大的危害。从社会管理的角度讲，完善市场经济体制，创造良好的市场环境，在今

---

① 李松：《"官办"协会角色质疑》，《瞭望新闻周刊》2007 年第 26 期。

后的社会中介组织建设中，必须坚决地制止所有的社团法人非营利机构从事违背其存在宗旨的市场营利活动。

企业自律和行业自律对于规范市场具有其他监管方式不可替代的重要作用。因此，强化企业自律和行业自律是各个市场经济国家强化市场监管的重要内容。这需要各个行业从维护本行业的整体利益和长远利益出发，自觉地约束本行业的企业行为，严肃诚信，奉献社会，安分守法。要做到这一点，即保证企业自律和行业自律的规范具有显著的成效，在各个地方，都需要积极发挥地方商会的作用；各个行业中，都必须组织成立规范的行业协会。

在此，我们先不研究地方商会等社会中介组织的活动和作用，只是侧重讨论作为社会中介组织的行业协会对于行业产权的运作问题。行业利益需要行业协会维护，这是成立行业协会的必要性，而行业协会正是依靠行业产权来实现对行业利益维护的。一般都不需要再专门立法规定行业产权归属行业协会掌握，在行业协会成立的章程中就可以十分肯定地明确这一点。行业协会依据行业产权维护行业利益，是通过行业协会的社会中介作用实现的，是表现为有组织的行业自律和企业自律达到目的的，不是依靠政府作用对企业进行更强制的约束，更不是运用法律手段制止本行业企业的不当行为的。行业协会唯一拥有的权力就是行业产权。

将行业协会等同于政府部门，或是将行业协会与政府部门捆绑在一起，都是市场经济体制不允许的。而且，即使是不捆绑，行业协会只是完全依赖于政府做事，离开政府力量就一事无成，那样，也是取消行业协会的存在，也是没有有效地发挥出行业协会在市场经济中的应有作用。行业协会的存在需要运作行业产权，而不是其他什么权力，明确这一点，才是产权理论研究的一个贡献，才是行业规范发展的一个条件。至于如何运作行业产权，开展行业协会的工作，这正是我们需要深入探讨研究的。

中国包装联合会就是中国包装行业的行业协会。在其章程中规定的主要业务是：落实国家包装行业方针政策，协助国务院有关部门全面开展包装行业管理和指导工作；制定包装行业国家五年发展规划；开展全行业调查研究，提出有关经济发展政策和立法方面的意见和建议；经政府主管部门同意和授权进行行业统计、发布行业信息；创办刊物，开展咨询；组织人才、技术、职业培训；组织技术交流会、展览会等；经政府部门同意，参与质量管理和监督工作；指导、帮助企业改善经营管理；组织科技成果鉴定和推广应用；开展国内外经济技术交流与合作；制定并监督执行行规行约，规范行业行为；协调同行价格争议，维护公平竞争；反映会员要求，协调会员关系，维护会员的合法权益；经政府部门授权和委托，参与国家投资或国家控股企业重大技术改造、技术引进、投资与开发项目的前期论证；受政府有关部门委托，组织、修订国家标准和行业标准，并组织贯彻实施；受政府有关部门委托，参与行业生产、经营许可证发放有关工作，参与企业产品从业人员的资质审查；参与指导包装产品市场的建设；发展行业和社会公益事业；承担政府部门委托的其他任务等。

中国包装联合会章程规定的具体业务范围可以给我们研究探讨行业协会运作行业产权的基本工作要点一个很好的参考。在对其初步研究的基础上，结合中国目前经济发展的实际，笔者认为，行业协会维护行业利益，运作行业产权，需要重点做好以下工作。

首先，行业协会运作行业产权要展开行业自律的垄断性预防，即对防止行业市场垄断要发挥行业协会的重要作用。中国新制定的反垄断法规定：行业协会应当加强行业自律，引导本行业的经营者依法竞争，维护市场竞争秩序。行业协会不得组织本行业的经营者从事法律禁止的垄断行为。行业协会违反法律规定，组织本行业的经营者达成垄断协议的，反垄断执法机构可以处五十万元以下的罚款；情节严重的，社会团体登记管理机关可以依法撤销登记。《反垄断法》作出如此明确而严厉的规定，将强化行业协会的产权运作，对于实现在反垄断方面的行业自律起到重要的基础性作用。

其次，行业协会运作行业产权要稳定本行业的供求关系，避免恶性竞争的发生。在现代市场经济条件下，企业的发展依赖于行业的发展，行业利益对于企业的存在是一种整体利益，即行业产权是比企业产权更高一个层次的产权。确认这种行业利益与行业产权的存在是实行行业自律管理的客观基础，企业从维护自身利益出发，必须自觉服从行业产权的管理。如果某一个行业的企业盲目地扩大供给，那么不仅可能造成行业内的一部分企业的严重损失，而且会扰乱整个行业的市场秩序，对整个行业中的每一家企业都造成不利影响。而自律性的行业管理是由行业协会实施的，在维护行业利益的前提下，行业协会可以具体运作行业产权，做好日常的协调工作，有效地控制本行业的产品供求，达成行业内企业间的认识一致，不搞过度竞争。

再次，行业协会运作行业产权要规范本行业企业的技术管理。技术指标是行业自律的重要内容，没有规范的技术标准，企业就无法实现生产的规范和现代化的管理。而这种技术规范，在现代市场经济中，是要由行业协会组织负责落实的，行业协会起到的不是政府管理作用，而是行业产权对于本行业生产的约束作用。

而且，行业协会需运作行业产权保护行业信誉。不能让已经出现的局部的问题扩大为行业的问题。比如，如果有一种热水器出现伤人事故，热水器行业协会就要立即行动，不能让这次事故影响到整个热水器行业的生产。行业产权的运作必须向全社会澄清事实，作出科学的解释和分析，尽力保障本行业继续正常生产，不受局部问题的影响，坚决地维护好本行业的整体利益。

最后，最重要的是，行业协会需运作行业产权来维护本行业的产品及服务质量。质量是产品进入市场的准许证，不是更高标准的要求，行业协会要在这一基点的问题上做好工作，发挥行业产权的约束作用，促使本行业内每一家企业都能保证自己的产品及服务的质量超过市场允许进入的标准。或许，行业协会依靠行业产权还能发挥更多更重要的具体作用，但笔者认为，不论是哪一个行业的行业协会，只要能将维护行业利益的基点问题解决好，将行业自律和企业自律的工作做好，在目前阶段，就已经是很不容易的了。

参考文献

［1］约翰·伊特韦尔等主编《新帕尔格雷夫经济学大辞典》，经济科学出版社，1996。

［2］陈佳贵主编《企业管理学大辞典》，经济科学出版社，2000。

［3］R. 库特：《法与经济学》，上海三联书店，1991。

［4］张凤林：《西方资本理论研究》，辽宁大学出版社，1995。

［5］陈佳贵等编著《企业经济学》，经济科学出版社，1998。

［6］何国华等编著《管理经济学》，武汉大学出版社，1998。

［7］吴易风：《当前经济理论界的意见分歧》，中国经济出版社，2000。

［8］刘树成、吴太昌主编《中国经济体制改革30年》，经济管理出版社，2008。

［9］陈宏辉等：《企业利益相关者的利益协调与公司治理的平衡原理》，《中国工业经济》2005年第8期。

［10］张怡恬：《我国产权制度研究结出丰硕理论成果》，《人民日报》2009年7月24日。

［11］ 刘诗白：《论中国的社会主义产权改革》，《经济学动态》2009 年第 7 期。

［12］ 钱津：《国有资产的市场化经营》，经济科学出版社，1998。

［13］ 钱津：《产权明晰：国有资产市场化经营的先决条件》，《中国特色社会主义研究》1997 年第 4 期。

［14］ 钱津：《完善现代市场体系的若干基本问题》，《兰州大学学报》2008 年第 2 期。

［15］ 钱津：《论公共产权构成的企业利益关系》，《中国工业经济》2004 年第 6 期。

第七章　企业理论

在现代市场经济条件下，微观企业是经济学基础理论研究的重要领域。企业作为一种现代经济组织，承载了现代社会化生产的重要责任。本章研究资本主义企业生产方式、社会主义国有企业的性质与作用、国家资本主义性质的公营企业制度、股份制企业制度的缺陷以及现代企业的人本构成等基本的企业理论问题。

一　资本主义企业生产方式

从社会变迁的角度认识企业范畴，是要以资本主义生产方式的考察为历史背景的，离开对特定的企业生产方式的分析，是无法深刻地认识企业理论的。因此，重温《资本论》中关于资本主义企业生产方式的论述，看一看马克思是怎样界定资本主义企业生产方式的性质与特征，对于现时代更复杂地认识社会经济运动的内在规律，以更好地把握和运用企业理论于市场经济的实践发展之中，具有相当重要的理论意义和现实意义。

1. 资本主义生产方式的历史规定性

马克思指出："资本主义生产方式是一种特殊的、具有独特历史规定性的生产方式；它和任何其他一定的生产方式一样，把社会生产力及其发展形式的一定阶段作为自己的历史条件，而这个条件又是一个先行过程的历史结果和产物，并且是新的生产方式由以产生的现成基础；同这种独特的、历史规定的生产方式相适应的生产关系；——即人们在他们的社会生活过程中，在他们的社会生活的生产中所处的各种关系——具有独特的、历史的和暂时的性质；最后，分配关系本质上和生产关系是同一的，是生产关系的反面，所以二者都具有同样的历史的暂时的性质。"①

在这段论述中，马克思强调的不是资本主义生产方式的特定表现，而是强调这种生产方式的历史存在性。这一思想认识是深刻的，是足以让现代人敬佩的，它反映了一种客观事实的科学认识。在马克思时代，他就看到了资本主义生产方式将会被新的更高级的生产方式取代，就像资本主义生产方式取代封建社会的生产方式一样，这是具有历史性眼光的高明之处。相隔约 150 年之后，今天还有相当多的人认为资本主义生产方式是最完美的，是永恒的，是不可被取代的。也许，资本主义生产方式在几百年内不会被取代，但在历史的长河中，几百年也只是一瞬间，几千年也只是一瞬间，这种生产方式的留存，比一代人的生命时间长得多，却并不会永远延续的，历史注定它会产生，也注定它将被取代。资本主义生产方式的历史存在是人类劳动发展决定的，社会接受资本主义生产方式是生存的需要，是人类整体生存的需要，但这其中对于一部分人来说是十分受益的，而正是这些人感到资本主义生产方式太美好了，应该让它永远保存下去。事实上，抱有这种想法的人大可不必多虑，资本主义生产方式能够在他们生活的年代

---

① 马克思：《资本论》第 3 卷，人民出版社，1975，第 993 页。

得以保存，对于他们来讲，已经是足够了，他们奢求更遥远的未来也存在资本主义生产方式没有客观意义，他们既看不到那个时代，也不必为那个时代担忧，他们只应讲在自己这一代用好资本主义生产方式就可以了。一种旧的生产方式要离开与一种新的生产方式要产生，同样都是客观的，都是人们主观上无法阻挡的。顺应潮流者，将是明智的，悖逆潮流者，总是要自寻烦恼的。在一种生产方式存在时，人们无法拒绝它，在一种生产方式结束历史作用时，人们也无法挽留它。这就是生产方式的历史性。马克思首先强调的是资本主义生产方式具有这种历史性。当然，马克思并没有特别突出地强调资本主义生产方式可以存在较长的历史时间，已经存在了几百年，还可能继续存在几百年，甚至更长的时间，而只是突出地强调资本主义生产方式存在的历史暂时性，是要走向消亡的一种生产方式。今天，学习《资本论》的这些论述，更重要的是体会马克思对资本主义生产方式历史性的理解，这与承认资本主义生产方式仍在现阶段发挥作用并不矛盾，这种生产方式要消亡是一种历史趋势，但正由于它是现存的、客观的生产方式，才会走向消亡。

更重要的是，马克思指出："就劳动过程只是人和自然之间的单纯过程来说，劳动过程的简单要素对于这个过程的一切社会发展形式来说都是共同的。但劳动过程的每个一定的历史形式，都会进一步发展这个过程的物质基础和社会形式。这个一定的历史形式达到一定的成熟阶段就会被抛弃，并让位给较高级的形式。"[1] 这就是说，马克思对于资本主义生产方式的历史存在性是给予了劳动过程的历史形式不同的解释，这种解释至少可以阐明资本主义生产方式的存在取决于这一

---

① 马克思：《资本论》第 3 卷，人民出版社，1975，第 999 页。

特定历史存在时期的劳动具体过程的特殊性。首先，这种解释的路径是科学的。因为劳动是人类的本质，劳动的变化决定社会的变化，这种决定性要具体地落实在对生产方式的约束上。除去以劳动过程的不同作不同生产方式存在的解释之外，不会再有其他的科学解释。这种关于劳动过程分析的阐述对社会生产变迁的认识是唯一可以讲清为什么资本主义生产方式可以存在和为什么这种生产方式又会消亡的。其次，这说明劳动过程的变化决定生产方式的变化。因为生产方式是决定社会存在形式的，只要对社会存在形式能起到决定作用，那就必然要对生产方式起到更根本的决定作用。马克思的这段阐述可以表明，劳动的发展与生产方式变迁之间的内在关系，为最终阐明资本主义生产方式的历史规定性提供了一条科学研究的明确思路。

在坚持和发展马克思主义政治经济学的前提下，已经进入了 21 世纪的经济理论界认识到，马克思所讲的劳动过程的各个时期的不同，关键在于人类劳动整体之中的智力因素发挥的作用不同，即智力发展水平的不同决定了不同历史时期的生产方式的存在，智力因素是劳动内部起主导作用的因素，是决定劳动发展水平的因素。智力体现的是人与自然的关系，智力水平高说明人对自然有了相应高的认识和交流，相反，若智力水平低则表明人对自然还没有多深的认识，人对自然的利用水平是不高的。马克思所讲的资本主义生产方式的历史规定性，从根本上讲，就是由同时期的劳动智力水平给予的规定，在一个相当长的历史过程中，人类劳动的智力还达不到更高的整体水平，因此，由智力水平决定的资本发挥支配作用的阶段就还没有过去，资本主义生产方式就必然要存在。然而，一旦人类劳动的智力水平的发展超出了资本发挥支配作用的阶段，重新将这种支配作用回归劳动主体因素方面，那资本主义生产方式就不能存在了，就要走向消亡，这是必然的规律。

2. 资本主义生产方式的第一特征

马克思概括的资本主义生产方式的第一特征是："它生产的产品是商品。"① 即资本主义生产方式是一种商品经济的生产方式。

马克思对此进行了进一步阐释："使它和其他生产方式相区别的，不在于生产商品，而在于，成为商品是它的产品的占统治地位的、决定的性质。"② 这就是说，不是产生了商品，就产生了资本主义生产方式，而是当商品的生产占到统治地位时，这就表现出了资本主义生产方式的明确特征。马克思对资本主义生产方式的这一特征有敏锐的认识，他在《资本论》开端的第一句话就写道："资本主义生产方式占统治地位的社会的财富，表现为'庞大的商品堆积'，单个的商品表现为这种财富的元素形式。因此，我们的研究就从分析商品开始。"③ 无疑，马克思在《资本论》开宗明义讲的商品是资本主义商品，马克思就是从商品范畴表现出的这种第一特征开始研究资本主义生产方式的。不可否认的是，马克思并不是只讲资本主义生产关系，他在《资本论》的研究中，更为强调表述的是资本主义生产方式的特征，这是需要当代研究者给予注意的。

对于资本主义生产方式占统治地位的商品生产，马克思认为："这首先意味着，工人自己也只是表现为商品的出售者，因而表现为自由的雇佣工人，这样，劳动就表现为雇佣劳动。根据以上的说明，已无须重新论证资本和雇佣劳动的关系怎样决定着这种生产方式的全部性质。这种生产方式的当事人，资本家和雇佣工人，本身不过是资本和

---

① 马克思：《资本论》第 3 卷，人民出版社，1975，第 994 页。
② 马克思：《资本论》第 3 卷，人民出版社，1975，第 994 页。
③ 马克思：《资本论》第 1 卷，人民出版社，1975，第 47 页。

雇佣劳动的体现者。人格化，是由社会生产过程加在个人身上的一定的社会性质，是这些一定的社会生产关系的产物。"[①]

在这里，马克思坚持的是自己的基本理论思想，即强调资本主义生产方式下的雇佣工人是一种商品，一种特殊的商品。这种认定在马克思的著作中是始终未变的，被作为一种基本理论的构成点。但关于这一问题，中国理论界在改革之后是有不同看法的。主要有3种观点：第一种观点认为，资本主义劳动力是商品，社会主义劳动力不是商品。这种对资本主义劳动力的看法与马克思的观点是一致的，是对马克思劳动力商品论的坚持。这种观点对社会主义劳动力的认识是顺延马克思理论的，因为社会主义与资本主义是对立的，所以，尽管马克思没有讲社会主义劳动力是不是商品，但只要资本主义劳动力是商品，那社会主义劳动力就不是商品。长期以来，在马克思主义政治经济学研究领域，人们一直是这样想，这样坚持的。这种观点从苏联建国后一直流传到苏联解体，流传到今天，也有相当多的人对此坚信不疑。第二种观点认为，资本主义劳动力是商品，社会主义劳动力也是商品。这种观点被认为是一种改革的观点。因为这种观点改变了长期以来的定论，将社会主义劳动力与资本主义劳动力等同了。但也可以说这种观点仍然坚持的是马克思的观点。在商品经济形态上，资本主义生产方式存在着，社会主义生产方式也未脱离。所以，从商品经济的角度讲，社会主义与资本主义并非没有相同之处，若讲商品经济决定劳动力是商品，那么合乎逻辑地推论，社会主义劳动力也应该是商品。这是持这种观点的人特别强调的。这种观点相比前一种观点，在现代更有支持率，许多人认为社会主义劳动力也是商品，与资本主义没有区

---

① 马克思：《资本论》第1卷，人民出版社，1975，第47页。

别。而前一种观点批评这种观点，不是等同社会主义劳动力与资本主义劳动力，而是等同社会主义生产方式与资本主义生产方式。第三种观点认为，资本主义劳动力不是商品，社会主义劳动力也不是商品。这种观点是讲资本主义经济的特点或是说资本主义生产方式的特点不在于劳动力是不是商品，商品是用于交换的劳动产品，劳动力既不是劳动产品，又不用于交换，所以到任何时候都不是商品，生产方式的不同不以劳动力是否具有商品性划分。这种观点与马克思的观点相比有不同之处，但现在看来，产生如此对立的观点也未必不值得肯定，因为在这种认识的对立下，更需要搞清楚马克思为什么说资本主义劳动力是商品，资本主义生产方式的特性是不是与劳动力成为商品有关系，劳动力到底能不能作为一种特殊的商品看待。

其实，马克思认识的深刻性，并不完全在于对资本主义雇佣工人的认识上，而是在于他指出了资本家同样是由社会生产过程决定其社会性质的。这是作为思想家的马克思的过人之处，也是《资本论》中最深刻的认识体现。这就是说，马克思看到的不是个人的作为，而是社会的一种必然的表现，是劳动决定的社会对每一个人，无论你是资本家，还是雇佣工人，都同样是一定的社会生产关系的产物。因此可以讲，在分析资本主义的生产方式中，强调劳动力的商品性并不是马克思理论阐述的全部基本内容。

3. 资本主义生产方式的第二特征

马克思指出："资本主义生产方式的第二个特征是，剩余价值的生产是生产的直接目的和决定动机。"[①] 马克思的意思是说，资本主义的生产不是为了满足社会生活的需要，而是为了满足资本家追求剩余价

---

① 马克思：《资本论》第 3 卷，人民出版社，1975，第 996 页。

值的需要，资本主义的生产方式直接服务于资本家的生产目的。

马克思认为："资本本质上是生产资本的，但只有生产剩余价值，它才生产资本。"① 所以，马克思才将追求剩余价值的生产作为资本主义生产方式的第二特征看待。与第一特征相比，马克思对资本主义生产方式第二特征的概括更抽象。从这一点来讲，在马克思看来，什么是资本主义，什么是资本主义生产方式，简单一句话，就是追求剩余价值的生产。可以进一步理解的是，在马克思的理论体系中，价值和剩余价值全部是雇佣工人劳动创造的，其中没有生产资料的作用，尽管生产资料的存在是生产和价值创造的必要条件，但马克思认为价值创造与生产资料没有关系，所有的价值都来源于工人的劳动。因此，剩余价值也只能是来源于工人的劳动。马克思特别强调："只是由于劳动采取雇佣劳动的形式，生产资料采取资本的形式这样的前提，——也就是说，只是由于这两个基本的生产要素采取这种独特的社会形式，——价值（产品）的一部分才表现为剩余价值，这个剩余价值才表现为利润（地租），表现为资本家的赢利，表现为可供支配的、归他所有的追加的财富。但也只是由于一部分价值这样表现为他的利润，那种用来扩大再生产并形成一部分利润的追加生产资料，才表现为新的追加资本，并且整个再生产过程的扩大，才表现为资本主义的积累过程。"②

一部《资本论》，几乎讲的全部是剩余价值的生产与分配，马克思将资本主义的剩余价值生产作为资本主义生产方式的第二特征，只是从结果的角度概括的，也就是说，第一特征讲的是前提，第二特征讲的是结果，是目的。而就目的而言，是最重要的。那么，认识马克思

---

① 马克思：《资本论》第3卷，人民出版社，1975，第996页。
② 马克思：《资本论》第3卷，人民出版社，1975，第997页。

的这些理论观点，对于今天的经济建设有何意义呢？应该说，意义很重要。不论是初期的资本主义，还是发达资本主义，其本质都是一样的，其生产方式的基本特征也都是一样的，不会有两样。因此，马克思对资本主义生产方式的概括，至今仍然是有效的，是有理论指导意义的。就中国来讲，经过 60 多年的发展，仍然处于社会主义初级阶段，在这一阶段，不用说要同国外的资本主义生产商打交道，就是在国内也是有相当数量的追求资本增殖的经济人，因此，不了解资本主义生产方式的特征是不行的。马克思对资本主义生产方式的分析散见于他对资本主义生产过程的论述，其思想的洞察力是远远超出同时代人的，他留下了宝贵的思想财富。按照马克思的分析，资本主义生产就是剩余价值生产，资本主义生产方式就是剩余价值的生产方式。今天，我们一方面要看到马克思时代分析问题的深刻性，再一方面也要看到现代社会发展的复杂性。领悟马克思的思想，一定要结合现代社会背景，不是死钻书本，将思想仍然停留在马克思时代。

马克思讲剩余价值是资本主义的特征，并没有讲剩余价值是资本主义生产方式的全部内容。对这一问题的概念，不能混淆。比之 19 世纪的资本主义生产，当代的资本主义更复杂，也更有协调能力，许多事情非但没有解决，反而变得更复杂了。可能同样是资本主义生产，也是有不同环境的差异。现在，值得注意的是，有些人不愿将马克思讲的有剩余价值的生产表述为资本主义生产，而是千方百计想将其说成是社会主义性质的生产，这是让人感到很奇怪的事。资本主义生产方式的特征，马克思从前提条件概括为劳动力是商品，从结果方面概括为生产剩余价值，即以生产剩余价值为唯一的目的。怎么到了现在，明明是资本主义，是资本主义生产方式不变，却要将资本主义生产都说成是社会主义生产，将资本主义性质的企业讲成是社会主义性质的企业。仅此而言，学习马克思关于资本主义生产方式的论述就是十分有必要的。

股份制是典型的资本主义生产方式下的企业组织形式。不论在哪一个国家，都没有人认为股份制是社会主义性质的经济组织形式。可是，在中国的改革中，偏偏有一些人认为股份制是公有制，是社会主义企业在市场经济条件下的实现形式。理由是，股份制尤其是上市公司，是公众所有的企业，公众入股建成的企业，企业属于公众股民所有，即是一种公众所有制，而公众所有难道不是公有吗？这些讲法，或许是太聪明了，一见"公"字就立刻想到社会主义，想到公有制；或许又是太愚昧了，竟然将公众当公有，玩弄文字游戏。要是股份制就是社会主义的企业组织形式，那么全世界早就建成社会主义了，至少在发达国家社会主义应该是早就普及了。按照马克思的说法，这些人是没有看到公众入主股份制企业，不是不要剩余价值，而是专门为了追求资本增殖，追求那永无止境的剩余价值。在这样的状态下，要求人们重温马克思对资本主义生产方式特征的概括，更是十分必要的。

4. 从现时代的高度认识资本主义生产方式

马克思关于资本主义生产方式的论述是中国理论界当代研究资本主义生产方式的思想基础，认真重温《资本论》中有关 19 世纪资本主义生产方式的概括，对于理解 21 世纪资本主义生产方式的存在是颇具启发性的。不尊重历史的研究是没有学术价值的，不尊重历史研究的学术性的现时代研究是难以实现人类认识发展的继承性的。在尊重前辈研究的基础上，当代对于资本主义生产方式的认识应该具有更为宽广的视野。

（1）要辩证地认识生产方式的历史规定性

马克思指出资本主义生产方式具有历史规定性，这是对资本主义生产方式的科学认识和界定，也是对资本主义之前的所有曾经出现过的生产方式的一种共同性的界定。因为有历史的规定性，这些生产方式才只能在特定的历史时期存在，离开特定的历史时期就不存在了。因此，同历史上曾经有过的生产方式一样，资本主义生产方式的历史规定性也表明其存在是在历史的特定阶段。问题就在于，在特定的历史时期内，资本主义生产方式是客观的存在，人们不能凭主观意志去改变它，它也不会发生自动转化的。于是，资本主义生产方式就是这个特定的历史时期的外在表现，这不是用感情能够评说的，因为这含有深刻的客观决定性，是人类必须接受的自然安排。尊重还是不尊重生产方式的历史规定性，是尊重还是不尊重科学的经济研究的分界点。不尊重生产方式的历史规定性，是无法达到经济研究的科学境界的；相反，只有尊重生产方式的历史规定性，现时代的经济研究才能走向科学，更好地为指导现时代人类经济发展服务。从理论上讲，尊重资本主义生产方式的历史规定性，就是要在特定的历史时期接受这种生产方式，尽管这种生产方式不是理想的，但却是不允许任意加以批判的，现在，人类社会的发展从总体上讲还未离开这一特定的历史时期。

（2）要看到资本主义生产方式中的管理作用

资本主义生产方式表现的是资本家与雇佣工人的关系，以及决定这一关系的生产力发展水平。但这一生产方式的存在及运作，并不是单纯的统治与被统治关系，也不是单纯的生产技术作用，而是在其中含有重要的管理作用，这种作用可能体现在资本家身上，也可能体现在资本家的代理人身上，从现时代讲，主要是体现在职业经理人身上。没有管理作用的存在，资本主义生产方式就只是一种抽象表述，不可能起到实际的作用。因此，研究资本主义生产方式，更重要的是研究资本与劳动对立中的管理作用，或者是说，没有管理作用使资本主义生产方式成为现实，资本与劳动也不可能对立起来，即不可能构成现实的生产力。所以，将资本主义生产方式中的某一方面作用单纯突出，不顾及另一方面的作用是不全面的认识，对资本主义生产方式必然存在的管理者的作用不予明确或不给予重视，更是在理论上认识片面的表现。如果说在简单商品生产时期，人们还不易观察到生产方式中必然存在的管理作用，在 19 世纪的理论归纳中还未能反映这种重要作用对生产方式实现的影响，那么，在 21 世纪的时代发展之中，经济理论的研究就再也不能忽视这种重要的管理作用表现了，因为这不仅是一种普遍事实的表露，更是现时代生产方式中的一个鲜明的特点。

（3）不可忽视资本主义生产方式的风险性

经常出现的资本主义经济危机可视为资本主义生产方式不可摆脱的风险性表现，但这种风险不仅是一种制度性的风险，而且还是一种宏观范围内存在的风险。对于具体的资本来讲，在特定的生产方式下生存，也是存在风险性的，这可说是微观表现层次上的风险，而这种风险的存在对于资本所有者来讲，更是直接相关的。因此，对资本主义生产方式的认识，在现时代应有对其风险性的总结，不能将风险性置于理论研究之外。一方面要更科学地研究经济危机，一方面还要更深入地研究企业投资的风险。

经济危机是如何形成的，又是如何渡过的。这在 20 世纪之前已有众多的研究，但怎样才能从资本主义生产方式角度对其进行认识，似乎还没有统一的结论。而值得注意的是，在资本主义生产方式下，经济危机之后，是更大的经济繁荣，所以，长期的频繁的经济危机的结果，是资本主义更加发展了。对于这种引人深思的现象，还是需要 21 世纪的有关资本主义生产方式的研究作出更明确的解释。

企业的投资风险是存在的，但在以前人们似乎并不看重这种风险的存在，而是更看重资本收益的存在。事实上，一笔投资若用于资本所有者的生活消费，可以讲是稳稳当当的享受，而用于企业的生产发展，那是具有极大风险的。如此相比，也许投资者并不完全是由于天性贪婪才进行投资的。而且，能够投资的人，其成功是对社会的经济发展起到了具体促进作用的。因此，对于舍弃生活消费，积极投资的行为，在资本主义生产方式存在的特定历史时期，是应当受到社会肯定的。

二 国有企业的性质与作用

国有企业是社会主义性质的公有制企业，不是国家资本主义性质的公营企业，更不是公众所有的股份制企业。在社会主义建设中，国有企业具有其他所有制企业不可替代的地位与作用。国有企业的设立代表了一种新的社会制度的开始，这一经济成分的存在是决定社会主义国家的基本制度的。国有企业的发展壮大将导引社会主义社会发展趋势，使社会主义社会不断地走向繁荣、和谐与进步。尽管在以往的历史上曾经有过不少的曲折，至今仍处于艰难徘徊之中，但国有企业推进社会主义社会发展的历史作用是不可改变的。国有企业在根本上不同于私有制企业，国有企业的经营宗旨是以人为本，而不是以资为本，因此，国有企业可以最大限度地创造就业机会，使得人人获得劳动权力，在这一所有制经济的内部能够最大限度地理性实现。国有企业更是一支重要的不可忽视的建设大军，新中国的工业基础就是由国有企业奠定的，而且，国有企业在新型工业化的道路上依然发挥着举足轻重的作用。所以，从社会主义初级阶段的实际出发，在经济体制改革进行到了攻坚阶段的关键时刻，我们迫切需要在理论上以实事求是的态度深刻而准确地认识和界定国有企业在社会主义建设中的地位与作用。

1. 决定国家基本制度

中国改革之后取得的重要的理论突破之一是提出了社会主义初级阶段理论，一方面阐明中国已进入社会主义社会发展阶段，这是与新民主主义社会发展阶段不同的社会形态，另一方面又明确指出中国只是进入了社会主义初级阶段，这一阶段只是社会主义社会的刚开始阶段，与社会主义社会快要结束的阶段相比，存在着很大的差别。通过这一理论的创新，我们可以做出一个明确的基本判断：社会主义社会与新民主主义社会的根本不同，在于社会主义社会拥有了新的经济基础即拥有了社会主义公有制性质的国有企业。这就是说，在新民主主义社会发展阶段，国家所拥有的经济力量是国家资本主义性质的公营企业，新民主主义的"新"是新在无产阶级政党的领导上，公营企业并不由此改变国家资本主义性质；而在社会主义初级阶段，国家制度建立的经济基础是社会主义公有制性质的国有企业。社会主义初级阶段必然存在多种经济成分，但作为进入社会主义社会发展的一个阶段，它的社会性质必然取决于经济基础，取决于创立了社会主义公有制性质的国有企业。

经济基础决定上层建筑，这是放之四海而皆准的社会真理。新的社会制度的产生，决定于新的经济基础的产生。中国能够由新民主主义社会进入社会主义社会的初级阶段，实现社会制度的重大变革，不是上层建筑自行发展决定的，而是由经济基础的转变决定的，是由社会主义公有制性质的国有企业的创立决定的。更进一步讲，在整个社会主义初级阶段乃至整个社会主义社会发展阶段，上层建筑的发展都离不开决定其存在的经济基础，缺失相应的经济基础，社会主义社会的上层建筑将不复存在，即何时缺失，何时终止社会主义社会的发展。

绝不可能是没有了相应的经济基础，依旧有其上层建筑的存在。说到底，只能是公有制的经济基础决定相应的上层建筑的存在，决定社会主义制度的存在，决定社会主义社会的存在。因此，坚持社会主义的首要条件是坚持社会主义的公有制经济基础，能否推进社会主义社会发展的关键在于能否推进社会主义的公有制经济基础发展。不讲经济基础，只讲上层建筑，只讲社会主义制度的完善和发展，是不合逻辑的，也是根本做不到的。只有依靠公有制经济基础的完善和发展，才能保障社会主义制度的完善和发展。在任何时候，都不会只有上层建筑的社会主义制度存在，而没有相应的社会主义经济基础存在。坚持社会主义公有制性质的国有企业改革和发展，根本的意义是坚持社会主义国家基本制度建立的经济基础，因为并不是有了建立社会主义国家的基本制度，才需要有公有制性质的国有企业，而是恰恰相反，只有确定创立国有企业，才能确定建立社会主义国家基本制度，即公有制性质的国有企业的存在是决定国家性质的，是决定社会主义国家的基本制度建立的。

在社会主义初级阶段，中国的国家性质是社会主义。虽然，由于刚刚从新民主主义国家转为社会主义国家，国家经济中存在国家资本主义经济、资本主义经济等多种经济成分，但是，国家资本主义经济和资本主义经济并不决定中国进入社会主义初级阶段的国家的性质，决定国家性质的是与国家资本主义经济和资本主义经济并存的发挥主导作用的社会主义公有制经济，其中最主要是国有企业的形成和发展。认识到中国目前处于社会主义初级阶段，比仅仅强调中国是社会主义国家，要更复杂和更准确；认识到中国的社会主义性质的公有制企业目前需要与国家资本主义性质的企业和资本主义性质的企业并存，社会主义性质的公有制企业是在这种并存中发挥其主导作用的，比仅仅强调坚持社会主义国有企业改革与发展，要更明智和更深刻。这就是说，在目前情况下，中国必须一方面坚持社会主义国有企业的改革和发展，以此决定国家的基本制度是社会主义的性质不变，另一方面中国的社会主义国有企业又必须与国家资本主义企业和资本主义企业一同发展，以符合社会主义初级阶段的客观要求，绝不能排斥多种经济成分并存，决不能超阶段发展。

存在多种经济成分和处于社会主义初级阶段的中国，仅就经济基础而言，与其他非社会主义国家是有着根本性区别的。非社会主义国家存在国家资本主义经济和资本主义经济，在当代，其国家资本主义经济表现为由各级政府直接投资控股或独资的公营企业，其资本主义经济主要表现为由民间投资并经营的各类股份制企业，这种所有制结构是当代非社会主义国家的一般表现。社会主义初级阶段的中国经济与之相比，有3点重要的区别：第一，中国需要通过体制改革明确设立国家资本主义性质的公营企业，但中国设立的公营企业是由社会主义性质的国家政权掌控的，不同于一般非社会主义国家的公营企业。第二，中国民间投资并经营的各类股份制企业是在社会主义国家基本制度不可动摇的前提下存在的，无论是在政治上还是在法律上，都要无条件地服从社会主义性质的国家政权的管理，这也是与一般非社会主义国家的民营企业不同的。第三，最重要的区别是中国存在社会主义公有制性质的国有企业，并非与其他非社会主义国家一样只存在国家资本主义经济和资本主义经济。从理论上讲，没有社会主义公有制性质的国有企业，中国就不是社会主义国家，而目前并存国家资本主义经济与资本主义经济则恰恰表明中国正处于社会主义初级阶段。

在社会主义初级阶段的经济结构中，存在社会主义性质的经济成分，也存在非社会主义性质的经济成分，任何人都不能因这一经济结构中存在非社会主义性质的经济成分而否认这一结构是社会主义社会的经济结构，同样任何人也不能因这一经济结构是社会主义社会初级阶段的经济结构就将这一结构之中存在的非社会主义性质的经济成分统统改称为社会主义性质的经济成分。社会主义初级阶段社会经济结构的复杂性就表现在这一点上，即决定其性质的是存在社会主义性质的经济成分，决定其特征的是多种经济成分并存，既存在社会主义性质的经济成分，又存在非社会主义性质的经济成分。不必讳言，在现阶段，非社会主义性质的经济成分主要是国家资本主义经济和资本主义经济。因此，处于社会主义初级阶段的中国，在坚持社会主义国家性质不变的前提下，高度理性地发展国家资本主义经济和资本主义经济是推动社会经济发展的需要，但是却不能由此阻止社会主义性质的经济成分的发展，不论多么艰难，也都要坚持发展社会主义性质的经济成分，即必须始终坚持社会主义公有制性质的国有企业的发展。

如果不区分社会主义公有制性质的国有企业与国家资本主义性质的公营企业，即不区分社会主义国家特殊性质表现的国有企业与各个国家都存在的公营企业，以公营企业的制度演化取代国有企业改革，将国有企业全部改变为公营企业，那社会主义国家的基本制度将不能延续，中国将不再是社会主义国家。决定国家基本制度的是经济基础，决定中国社会主义国家性质的是经济基础，不是上层建筑，所以，一旦取消国有企业的存在，将这一社会主义公有制性质的经济成分取消，中国建立社会主义制度的经济基础就没有了，与此相应，上层建筑也将发生根本性的变化。因而，中国的改革是为了更好地坚持社会主义的经济基础，这是毫无疑问的。改革绝不是要取消国有企业，更不是要用公营企业全部替代国有企业，改革的方向只能是完善社会主义制度和进一步发展国有企业，任何混淆国有企业与公营企业区别的企图，任何想以各个国家都有的公营企业取代只是社会主义国家才设立的国有企业的做法都是违背社会主义改革宗旨的，都是与坚持社会主义的原则格格不入的。中国的改革到了攻坚阶段，更要明确坚持国有企业改革对于决定国家基本制度的重要性和必要性。

2. 导引社会发展趋势

自人类起源之后，人类社会就是不断发展进步的。从原始社会发展到奴隶社会是进步，从奴隶社会发展到封建社会是进步，从封建社会发展到资本主义社会更是一种进步。而在当代，人类社会的进步表现为资本主义社会向社会主义社会转化。具体讲到中国，社会的进步表现为社会主义初级阶段的发展和向社会主义社会更高级阶段的转化。而从根本上说，中国社会的这种进步是由社会主义公有制性质的国有企业的发展导引的。

（1）使消灭剥削在更大的经济范围内实现

建设社会主义，并不是为公有而公有，实行社会主义公有制的作用是要消灭剥削。资本主义私有制是维护剥削的，与之相反，社会主义公有制是要消灭剥削的，至少在公有制的劳动原则上是与剥削相对立的。国有企业是社会主义公有制性质的企业，不是国家资本主义性质的企业，是社会主义国家才有的企业，不是目前世界上各个国家都有的企业。对这一点，是一定要明确的。所以，国有企业的设立在原则上是消灭剥削的，是以劳动者获取自身劳动创造成果的制度代替剥削者剥削劳动者制度的。这一新的制度开端，在社会主义初级阶段，实施范围是有限的，但其影响力是具有划时代意义的。目前，在中国经济理论界，对于剥削的认识存在两种有悖经济学常识的情况：一种是将剥削的概念扩大到国际贸易领域使用，认为在国家与国家的贸易往来中也存在剥削，特别是存在发达国家通过贸易剥削欠发达国家的情况。另一种是不承认私有制经济中存在剥削，认为投资者取得投资回报是正当的，不是剥削。而事实上，在经济学的界定中：剥削只是生产领域中的分配关系，不可运用到贸易领域；剥削只是对私有制经济中投资者只凭拥有生产资料的所有权而获取劳动成果的一部分这种现象的描述，不存在正当或是不正当的问题。只要是在私有制经济的生产领域存在只凭有生产资料所有权而获取收益这种情况，就是存在剥削。在当代世界，这种情况是普遍存在的，因此，剥削就是普遍存在的。在中国改革开放之后，剥削也是允许合法存在的，这是由认识到中国处于社会主义初级阶段的思想突破产生的巨大的社会变化，任何人都没有必要退回到改革开放以前对剥削采取否认的态度。在社会主义初级阶段，我们只是需要明确，消灭剥削的范围是限定于社会主义公有制经济范围，其中在国有企业最具有代表性。社会主义社会由初级阶段向更高级阶段转化，这种社会进步的要求就是消灭剥削的范围要在长时期的努力中逐步扩大，无疑，这一任务只能交由国有企业承担。因此，国有企业在适应市场经济的情况下不断发展壮大，是导引中国社会向更高级社会主义阶段发展，扩大消灭剥削的经济范围的重要基础和实现条件。

(2) 使社会劳动整体智力实现向更高的水平提升

人类社会的进步是由人类劳动的发展决定的。人类劳动的发展决定于劳动内部智力作用水平的提升。在 19 世纪，经济学是用人与人的外部关系变化描述社会形态变化的，即用奴隶主与奴隶的关系解释奴隶社会的存在，用地主与农民的关系解释封建社会的存在，用资本家与雇佣工人的关系解释资本主义社会的存在。而到了 20 世纪末和 21 世纪初，经济学的理论发展已经进入劳动内部认识社会发展的动因，阐明是劳动内部矛盾发展决定社会的发展，而劳动内部矛盾的发展是由社会劳动整体中的智力水平提升决定的，即是由人类对自然和自身的整体认识能力提高决定的。在中国的社会主义初级阶段，社会劳动整体智力水平的提升无可争议地要由公有制劳动的发展承担主要责任，其中国有企业的发展壮大注定要起到这种提升社会劳动整体智力水平的作用。作为一种新的制度的开创者，国有企业的发展要走在社会经济发展的最前列，代表着全社会劳动智力水平的提升，这要求比其他所有制经济的发展有更大的活力和更强的发展后劲。国有企业的这种发展不是追求资本理论描述的资本收益最大化，而是追求在市场经济条件下发展的社会效益最大化。中国改革30多年来，国有企业的改革至今尚未走出困境，一些企业的经济效益很不好，甚至一度还存在大批下岗职工仍无经营活力的情况，但这些方面存在的困难只是暂时的现象，而且正是改革的推进要彻底地解决的问题。中国改革的结果或者说目的的实现是要赋予国有企业更大的活力和发展动力。对此，不是政府要负主要责任，而是经济理论界要负主要责任。因为只有在正确的理论指导下，国有企业的改革才能走向成功，缺乏科学理论创新的实践，或是重复已有过程的实践，或是主观认识不符合客观要求的盲目实践。经过复杂曲折的改革实践磨炼，中国经济理论界对于国有企业改革的认识将越来越成熟，因此，在不久的将来，中国的国有企业改革需要大踏步地前进，达到改革的目的。也就是说，经过困难的阶段，结束徘徊的状态，国有企业应重新焕发活力，成为中国经济发展中的一支铁军，应义不容辞地承担起提升整个社会劳动智力水平的重任，为推进社会主义初级阶段向更高级阶段的发展做出应有的贡献。

（3）使和谐社会的实现具有更坚实的基础

国有企业的改革与发展导引中国社会主义初级阶段社会的发展还表现在将为中国和谐社会的建设提供坚实的基础。在中国的社会主义建设中，实现和谐社会是一个重大目标。而实现和谐社会，经济的发展是基础。只有经济发展了，由基本实现小康社会发展到全面实现小康社会，国家的经济实力增强了，彻底走出贫困落后的状态，中国才能实现建设和谐社会目标。在全国各界的努力中，各经济成分都要发挥作用，也就是说不论哪一种经济成分都要为实现社会主义和谐社会发挥自身的经济建设作用，社会主义和谐社会不仅不排斥多种经济成分并存，而且还要依靠多种经济成分并存才能实现。但是，我们要更充分地认识到，在多种经济成分为实现中国社会主义和谐社会做出的贡献中，国有企业的作用仍然是主导性的，是其他所有制成分不可替代的。这一点，是毋庸置疑的。目前，中国是一个尚未工业化的国家，更是一个处于社会主义初级阶段的发展中国家，在这一时代背景下，中国要实现的和谐不是其他国家正在实践中的和谐社会，而是具有中国特色的社会主义初级阶段的和谐社会，这一和谐社会的性质是社会主义的，表现是社会主义初级阶段具有的特殊性。正是由于中国的和谐社会实现是社会主义性质的，是具有中国社会发展的特殊时代背景的，所以，尽管和谐社会实现的过程是处于社会主义初级阶段，但必须由社会主义公有制性质的国有企业担负主导的建设责任。首先，在各个国有企业内部，要实现导引全社会效仿的和谐。国有企业应是市场竞争中的佼佼者，也应是内部与外部人际关系和谐的楷模，在国有企业内部，人与人之间不存在根本利益的矛盾冲突，这是实现国有企业内部和谐的基础条件。在国有企业的社会活动中，如同它在市场的表现一样，也是其他所有制企业学习的榜样，这是由国有企业保持的先进性决定的。其次，在国有经济内部，要实现导引社会其他所有制经济组织效仿的和谐。国有经济内部存在各个企业之间的利益差别，但差别的存在不影响企业与企业之间的关系和谐。因为这是根本利益一致基础上的差别，是可以通过国家产权机制调节的差别。因此，在社会主义经济建设中，一方面表现为各个企业之间的竞争，一方面又表现为一个整体，国有企业将为实现社会的和谐树立最佳榜样。再次，由国有企业构成的国有经济发展要为建设和谐社会奠定物质基础。国有企业是国民经济的基础，国有经济是为全社会利益服务的经济成分。虽然在社会主义初级阶段，国有经济存在一定程度上的不完全性，但这并不妨碍国有企业在社会主义经济建设中发挥主导作用。国有经济建设的成功将是社会主义初级阶段多种经济成分并存在发挥作用的成功，也是社会主义初级阶段建设和谐社会取得成功的基础。

3. 超越资本支配格局

在市场经济体制下，投入资本取得回报是合法的，股份制是社会经济组织的主要形式，资本至上是市场通行的企业生存原则。这种经济生活状况是现实的，也是客观的。这表明，人类社会从总体上正处于资本主义社会发展阶段，资本在社会经济活动中必然要起支配作用，资本的统治是一种有形的力量并让人感到它几乎是无处不在的。在社会主义初级阶段，由于多种经济成分并存，非社会主义的经济成分仍然呈现资本支配格局，即企业经营与管理的一切活动均要最终服从资本权力的安排，但是，即使在这种情况下，作为社会主义公有制性质的国有企业，依然是要超越资本支配格局，导引整个社会的经济生活朝着打破资本支配格局的方向发展。

马克思曾指出："资本主义的股份企业，也和合作工厂一样，应当被看作是由资本主义生产方式转化为联合的生产方式的过渡形式，只不过在前者那里，对立是消极地扬弃的，而在后者那里，对立是积极地扬弃的。"[①] 这就是说，马克思认为，即使生产中的对立是被消极地

---

① 马克思：《资本论》第3卷，人民出版社，1975，第498页。

扬弃，股份制也是资本主义生产方式自身转化的一种过渡形式。而问题在于，股份制企业将向哪里过渡？一般讲，只能是向更高级的经济形式或所有制形式过渡。在人类社会的历史进程中，相比资本主义的股份制企业，更高的经济形式是社会主义公有制企业，因此，我们也可以说，公有制企业是股份制企业的现实先导，股份制企业是公有制企业的历史前身。公有制的国有企业从设立的那天起就始终代表着社会经济组织形式的发展趋势。从客观的角度讲，一方面，人们必须承认在现阶段存在一种市场化的资本支配格局，另一方面，人们也要清楚地认识到在公有制的国有企业存在的前提下，社会发展的趋势将是打破资本支配格局，国有企业具有超越资本支配格局的先进性。国有企业的发展方向，就是中国社会主义初级阶段向更高级阶段发展的方向。

近年来，在社会主义建设中，随着企业文化概念的推广与普及，强调以人为本的思想向传统的企业观念提出了挑战，但是，这种新旧思想的交锋很激烈，至今仍有许多人完全不接受以人为本的思想，甚至有的人公开地将以人为本的行动目标列为企业管理新的陷阱之一，认为以人为本是绝对不可接受的。可以说，这种思想上的对立恰恰表明对以人为本观念树立的前提的忽略。在股份制企业，至今奉行的是资本至上主义，始终贯彻的是以资为本的思想，怎么可能平白无故地就转为以人为本呢？所以，从股份制企业的既定制度来看，讲以人为本不可接受，讲以人为本是管理的陷阱，不无道理。相反，在股份制企业的既定制度不变的前提下，宣扬以人为本的思想，要求这些企业的经营与管理必须以人为本，倒是有些不切实际。事实上，以人为本而不是以资为本的实现前提是公有制企业，即只有在国有企业中才能做到以人为本，这是不同于以资为本的社会主义企业制度决定的。不分社会主义性质与非社会主义性质，对所有企业都讲以人为本，恐怕是与现行的股份制企业制度相冲突的。资本支配格局在非社会主义性质的企业是难以超越的，而以人为本也只能是在社会主义性质的企业得到贯彻落实。所有制不同，企业经营的格局就不同，在以什么为本上就必然存在差异。这也就是说，在资本支配格局下，企业的经营与管理只能是以资为本，必须是超越了资本支配格局，不再以资为本，不再资本至上，不再是资本的权力统领企业的一切，处于社会主义的公有制企业之中，才能弘扬以人为本的企业经营与管理的新思想和新观念，并使以人为本的具体行动体现在企业的长期发展过程中。

因此，我们可以明确地讲，国有企业与其他所有制企业相比，根本的不同就在于以人为本。国有企业的经营格局不是资本支配的，而是由员工当家做主的。这种以人为本的做法，在现阶段的股份制企业是做不到的，但却是整个社会未来的发展趋势，股份制企业需随着这一大的发展趋势进一步过渡，国有企业将在这一发展趋势中起到导引的作用。国有企业是公有制企业，在国有企业的经营中，资本不起支配作用，资本的存在只表现社会主义初级阶段公有制的不完全性，起支配作用的是员工的力量。国有企业的设立是为员工的，企业以人为本，就是以全体员工为本，企业的利益就是全体员工的利益要求，企业与员工不是对立的，企业是员工的生存保障，员工是企业的唯一主人。在以人为本的原则下，国有企业的经营与管理是决不同于其他所有制企业的，国有企业的以人为本的行为是社会经济关系发展的导向，其他所有制企业无法做到这一点，不能与国有企业相比，不能代表未来的趋势，国有企业目前可能在数量上没有其他所有制企业多，但其所代表的发展趋势即以人为本的思想却要不断地扩大对其他所有制企业的影响。

国有企业以人为本，最重要的要求是保障员工的就业，一方面要保障本企业员工的职业稳定，另一方面要为保障全社会的就业做出贡献。国有企业的员工不同于其他所有制的员工，除了国有企业之外，无论是什么企业，都拥有裁退员工的权利，而国有企业是没有这项权利的。国有企业要保障员工的就业，不能说企业经营状况不好就要裁退一批员工，让他们离开企业，另谋高就。如果那样做的话，可能是国家资本主义性质的企业，也可能是资本主义性质的企业，而绝不是国有企业。国有企业要以人为本，从这一宗旨出发，是不会将自己的本去掉一块的。股份制企业是股东拥有资本权利的，而国有企业是属于员工的，这是两者之间的重要区别，所以，人们不能赋予股份制企业排斥股东的权利，也不能允许国有企业有排斥员工的权利。在国有企业，员工拥有的最重要的权利就是就业的权利，企业不能以任何借口剥夺员工的这方面权利，除非法律有特殊规定。在 20 世纪末和 21 世纪初的改革中，许多国有企业的员工下岗了。下岗与失业是有原则区别的，下岗意味着有工作单位没有工作岗位，而失业则是既无工作单位又无工作岗位。因而，国有企业在改革的最困难时期也未将员工排斥在企业之外，只是由于特殊时期的特殊情况未能为员工提供必要的工作岗位。在正常情况下，国有企业原则上是不能让员工下岗的，保障员工的就业应是企业的神圣职责。国有企业不能像其他所有制企业那样，为了企业的经营，牺牲员工的就业，以员工的失业换得企业经营的转机。对于国有企业来说，如果企业搞好了，而员工大多数都不在了，企业变为少数人的企业，那搞好是没有意义的，甚至是只有负面意义的。因为作为国有企业，绝不是为企业中的少数人服务的，而是为企业所有的员工就业谋生服务的，损害大多数员工的就业权利直接违背国有企业设立的宗旨，绝不是以人为本的表现。改革的目的不是让国有企业的员工越来越多地下岗或离去，而是要大力度地增强国有企业的生机与活力，使国有企业的存在能够更好地保障所有员工的就业稳定。

更进一步讲，就业是天赋人权，在社会主义社会要比资本主义社会更有保障地实现这种天赋人权。在社会主义初级阶段，能够做出这种保障的基础就在于设立了社会主义公有制性质的国有企业。国有企业不是不讲效率，而是更要讲效率，更要讲社会经济发展和社会稳定的大效率，因此，相比其他所有制经济，公有制的国有企业要在这一方面做出最大的贡献。在整个社会主义建设时期，国有企业要在这方面表现出最大限度的对资本支配格局的市场经济背景的超越，要最大限度地表现出对以人为本的企业经营宗旨的贯彻落实，要代表社会主义社会对最基本的人权维护的正确发展趋势。

4. 奠定经济建设基础

无论是历史、现实、还是未来，在中国的社会主义经济建设中，国有企业都发挥着巨大的作用。不仅没有国有企业的设立就不会有社会主义国家的基本制度，而且没有国有企业的建设作用也不会有今天的社会主义经济建设取得的成就和未来社会主义经济建设的宏大目标的实现。在社会主义初级阶段，并不是只有公有制的国有企业进行社会主义经济建设，而是并存的多种经济成分统统为社会主义经济建设服务，统统发挥重要作用，只是无论在哪一时期，国有企业的建设作用都是基础性的，都是社会主义经济建设最重要的保障。

中国的社会主义经济建设开始于第一个五年计划时期。当年，苏联援建的150个大中型项目成为新中国工业的奠基石。这些新建、改建、扩建的项目都是国有企业，无论从哪个角度进行评价，这些国有企业都无疑为中国的工业化做出了巨大的贡献。其所生产的能源、原材料、机械设备源源不断地输送到全国各地；其培养的技术人员、技术工人成了一批又一批新工业基地的种子和骨干，他们使中国工业的星星之火逐渐形成燎原之势。

在现代社会，工业是国民经济的支柱，工业化是经济现代化的前奏。在改革开放之前，中国的工业经济建设主要是由国有企业承担的，国有企业的发展规模与工业经济建设的规模是基本一致的。那时的国有企业经营，没有企业自主权，是在传统的计划经济体制的管束之下的。从历史的角度来看，对传统计划经济体制不能完全否定，至少不能否定那时的国有企业在经济建设中起到的奠基作用。中国当年是在一张白纸上绘画，从无到有，经历了艰难的过程。无论何时，我们都不能忘记这种起步的艰难。国有企业的作用发挥是受到一定的体制限制的，这是无可争议的，否则就没有了今天改革的理由，而且，当年经济建设的速度也是与技术约束相关联的。以钢铁行业为例，中国 1956 年增加炼钢能力为 142.2 万吨，1957 年全国钢产量为 535 万吨，1958 年搞大跃进达到 1070 万吨，在当年看来增长速度并不低，再要增加就受到当时的技术限制了，这是无法与 21 世纪初的情况相比的。所以，从发展来讲，改革之前的国有企业既受体制约束，又受技术限制，发展的效果有限，是可以理解的，只是，对这种情况应辩证地认识，不能一概否定国有企业的重要作用。对此，我们要强调的是国有企业起到的基础建设作用，这是已经成为历史的一种基础的经济建设作用。

改革开放之后，在巨大的体制惯性作用之下，实际上国有企业的体制转换进程是较慢的，至今许多国有企业仍还保留着相当大的一部分管理习惯，这些习惯性的做法并不符合社会主义市场经济的要求，而更多的国有企业似乎是很不适应 20 世纪 90 年代之后的变化，或是说也有一部分国有企业确实成了变革的代价，因而实际的结果是，一部分国有企业保留了下来，还需要进一步改革；一部分国有企业尤其是中小型的国有企业已经消失了，不再承担国有企业经济建设任务了。对于消失了的部分，我们只能说这些国有企业已经完成了它们的历史使命，它们作为历史是永存的，它们的消失是变化的结果，是中国社会发生重大变革的一个方面具体的表现。对于仍存在的国有企业，我们必须还要深化改革，而且还要承认它们在改革之中起到的经济建设作用，它们代表着中国社会主义经济成分的存在，它们正在持续地发挥国有企业对中国社会主义经济建设的基础作用。

进入 21 世纪之后，中国的工业化转为新型的工业化。新型的工业化是以信息化为主导的工业化，是具有高科技含量，经济效益好、资源消耗低、环境污染少、人力资源优势能够得到充分发挥的工业化。在社会主义初级阶段并存的多种经济成分都要走新型工业化的道路，都要对新型工业化的实现做出贡献。其中不可否认的是，非公有制经济成分将为新型工业化做出巨大的贡献。非公有制经济的发展是需要给予充分肯定的，是应当表示热烈欢迎的，是应该高度理性地认识到这是中国社会主义初级阶段社会顺利发展的希望，是中国实现新型工业化的希望，非公有制经济确实是中国社会主义经济建设中的一支生力军。但是，在肯定非公有制经济对于新型工业化的作用的同时，我们更应该毫不动摇地肯定公有制性质的国有企业的带动作用。经过改革，国有企业早就不是一统天下了，虽然发生了这样大的变化，与非公有制性质的企业相比，国有企业还是在一些有关国计民生的重点行业和在某些技术研发与管理创新方面占有较大的优势。比如，中国的钢铁在 20 世纪 90 年代中期才达到年产 1 亿吨，而到了 2005 年，年产已突破 3 亿吨，10 年之间增加了 2 亿多吨的产量，即增加了 2 倍多，到十一五规划末期已经达到年产 6.2 亿吨，这些主要是国有钢铁企业的贡献，非公有制经济在钢铁行业中所占的比重很小。再如，高科技开发研究、石油开采、汽车制造、船舶制造等行业，也都是国有企业为主，而不是非公有制经济的强项。总之，在尖端领域，在基础性的行业，国有企业必然要对新型工业化的发展起到带动作用，从而对整个社会主义经济建设的新型工业化实现起到主导作用。新型工业化离不开国有企业的发展壮大，国有企业也将在新型工业化的实现过程中发展壮大起来。

中国的社会主义初级阶段不是一个很短的历史时期，从现在来看，将要经过一个长的或较长的历史时期，需要明确的是，在未来的发展时期，社会主义的经济基础必将逐渐强化，即社会主义性质的国有企业将在社会主义初级阶段的经济建设中发挥越来越大的作用。根据这一发展趋势的要求，我们要特别强调地指出，在国有企业的改革攻坚阶段，任何企图通过制度演化取消国有企业存在的做法都是有悖于社会主义初级阶段改革宗旨的，任何对国有企业的未来发展壮大不抱有信心的精神状态都是有害的。在 21 世纪，在中国的社会主义初级阶段，国有企业必须通过强有力的改革使自身获得进一步发展壮大的基本条件。未来的国有企业是改革后获得新生的国有企业，未来的国有企业将在中国未来的社会主义经济建设中发挥更大的作用。如果在走向未来的日子里，国有企业不存在了，中国只有国家资本主义性质的公营企业，即只有与其他市场经济国家一样的公营企业，没有体现中国社会主义特征的公有制性质的国有企业，那中国就不再处于社会主义初级阶段了，中国就不再是社会主义国家了。经济基础决定上层建筑，国有企业的存在决定中国的社会主义制度存在和国家的社会主义性质。因此，将国有企业改革进行到底，让国有企业经过改革的洗礼充满新的生机与活力，更大规模和更高水平地发展壮大，这是事关国家的性质和社会发展方向的大事。在这里，我们要从理论上给予明确的是，中国要稳定，更要发展，处于社会主义初级阶段的中国，需同其他非社会主义国家一样设立国家资本主义性质的公营企业，需同其他非社会主义国家一样依法保护和支持资本主义性质的非公有制经济的发展，但是，与此同时，建设社会主义，继续推进社会主义初级阶段向更高级的阶段转化，中国必须始终坚定不移地依靠社会主义公有制性质的国有企业发挥主导作用，不能混同国有企业与公营企业，必须毫不动摇地尽最大的努力推进国有企业的改革与发展，在未来的岁月铸就越来越强大的国有经济力量。

三　规范建立公营企业制度

世界各个国家普遍存在公营企业。公营企业又称政府企业或公共企业、公企业。公营企业具有国家一般性质，表现国家经济管理的共性。欧洲共同体在 1980 年的法规指南中明确地对各个国家都存在的公营企业，即政府企业，界定为：政府当局可以凭借它对企业的所有权、控股权或管理条例，对其施加直接或间接支配性影响的企业，而政府包括中央政府和地方政府。

在非社会主义国家，不存在国有企业，只存在公营企业；而在社会主义国家，既存在国有企业，又存在公营企业。非社会主义国家不存在国有企业，是因为国有企业属于公有制经济成分，是社会主义性质的企业，与其国家制度格格不入。社会主义国家存在公营企业，是因为社会主义国家除了具有社会主义制度特性之外，也具有国家一般性，即也具有国家一般管理要求的共性，所以，社会主义国家也可以同非社会主义国家一样存在表现国家经济管理共性要求的公营企业。

在当今时代，任何人都不能认为非社会主义国家的公营企业是社会主义性质的，同样，任何人也不能认为社会主义国家的国有企业是非社会主义性质的。应该说，认为一切市场经济国家都普遍存在国有企业的表述是不准确的。准确地讲，是一切市场经济国家都普遍存在公营企业。

事实上，公营企业不可与国有企业相提并论。在人类社会发展的现阶段，由于有国家的存在，因此公营企业是普遍存在的。而社会主义国家是现阶段国家中的极少数，是新的社会制度的探索，并且是由于创立了国有企业才存在的，是国有企业的性质决定了社会主义国家的性质。公营企业是起不到这种决定作用的，不能要求公营企业也起到决定社会主义制度存在的作用，不能以公营企业代替国有企业起这种决定作用。公营企业可以存在于社会主义国家之中，但社会主义国家的性质却不由公营企业的存在而决定，凡是社会主义制度的国家，一定要以公有制经济为基础，即一定要以公有制性质的国有企业的存在为基础。在这一点上，容不得丝毫的偏差，如果不能分辨两种不同性质企业的区别，那就无法坚持社会主义性质的国有企业改革和规范建立国家一般性质的公营企业制度。

1. 公营企业的设立范围

目前，在国有企业改革中，需要明确有相当一部分企业应转变为公营企业。在过去较长的时期，中国不给公营企业独立存在的地位，即不承认存在公营企业这种经济成分。现在需要将公营企业从国有企业中分离出来，使其成为一种独立的经济成分。这样是有利于国有企业改革的，也是有利于中国市场经济建设的。

实现部分国有企业的制度演化，在中国既要设立国有企业，又要设立公营企业，是中国坚持社会主义改革的需要，也是中国经济建设与国际社会接轨的要求。在市场经济国家，各级政府均设立公营企业，这是作为现代政府的一项经济职能兑现的。中国建设市场经济，不再延续传统的体制，也需要贯彻这种政府干预经济的特定职能，即也需要明确设立公营企业的目的，以发挥政府有效地维护市场秩序的作用。中国要走市场经济之路，就是要走与世界各个国家一样的共同发展道路。在这方面，即在共性方面，是不需要有中国特色的，各个国家的惯例，就是中国要跟随和实现的。公营企业在世界各国是普遍的存在，在中国也是不可缺少的。

一般地讲，有关国家安全的生产部门，自然垄断行业以及提供重要的公共产品与服务的产业，应是中国设立公营企业的主要领域。这也就是说，目前处于这些领域的国有企业制度应逐步演化为公营企业。这样的演化结果可使中国与世界上其他市场经济国家保持设立公营企业的相同性，即中国应在公营企业的设立方面与世界各国保持一致。设立公营企业，对于国家不是不讲效率，只是不单纯强调公营企业的效率，而是要使整个国民经济的运行更有效率。世界上各个国家设立的公营企业并不完全相同，有的国家在竞争性领域也设立了公营企业，有的国家在非竞争性领域也允许民营企业经营，同时各个国家的公营企业占国民经济的比重也不同，对于这些情况要具体地分析。从主流趋势看，在竞争性领域设立公营企业已成为历史，除个别国家追求赢利之外，大多数国家都已将公营企业退出竞争性领域，只在非竞争性领域设立公营企业。而民营企业能否进入非竞争性领域，主要是看一个国家的市场发育程度和法治程度。如果一个国家的市场发育健康完善且法治程度较高，那么将本该由公营企业承担的任务交由民营企业做也未必不可以。

2. 公营企业的产权归属

公营企业使用的资产主要是公营资产，公营资产不是国有资产，国有资产是全民所有的资产，公营资产是政府所有的资产，不论哪一级政府所有的资产都统称为公营资产。规范建立公营企业制度，重要的问题之一就是不能将公营资产误为国有资产。国有资产不能离开国有企业，公营企业绝对不会使用国有资产。但公营企业在运营中可以使用一部分民有资产，只要公营资产占控制地位，民有资产也可进入公营企业。各级各地政府可以利用这种方式扩大对经济的控制能力。在非社会主义国家，不存在国有企业，只有公营企业，所以，相应也就不存在国有资产与公营资产的区分问题，进入公营企业的主要是公营资产，还有就是少量的民有资产。在社会主义国家，对于国有资产与公营资产一定要划分清楚，国有资产属于全民所有，名义上为国家拥有；而公营资产实际上是属于各级政府的，政府也代表人民，但在国有资产的产权界定上，只能明确是归全民所有，不能将此权限等同于归各级政府所有的产权。

公营资产的来源不同于国有资产的来源。国有资产是新型的资产，是社会通过一定的手段积累的属于全体人民的资产，其中存在对剥夺者剥夺的资产，也包括全体人民劳动积累的资产。而公营资产只是各级政府财政资金的投入，包括财政信用资金的投入，是财政资金的积累。虽然财政资金也是属于人民的，但具体的财政资金在各级政府手中代表着不同的利益要求，这与国有资产统归全民所有的利益关系是不同的。更重要的是，财政资金一旦转化为公营资产之后，同样有市场收益的要求，这也是与国有资产绝不相同的。由于各级政府的财政状况不同，所以即使是在同一个国家的同一时期，各地的公营企业规模也可能是很不同的。财政若没有支付能力，没有用于投资的费用，那么公营企业就没有设立的可能。如果财政设立了公营企业，又没有能力继续进行投资，那公营企业也不可能进一步扩大。公营企业的这种运营机制与国有企业的原始积累和发展资金的来源是需要给予明确区分的。

公营资产也不同于国有资源。国有资源也是一个一般性的国家权力概念。在一般性上，国有资源与公营资产是有相同性质的，即都是存在于各个国家的经济范畴。只是，国有资源属国家所有，公营资产属各级政府所有；国有资源是未投入使用的生产资料，公营资产是已投入使用的生产资料。国有资源与公营资产都是各个国家经济发展的支撑力量，是不带社会性质区分的物质基础。在社会主义国家，要有效管理国有资源与公营资产；在非社会主义国家，也要有效管理国有资源与公营资产，这是无区别的。对于社会主义国家与非社会主义国家来讲，区别只在于社会主义国家既有国有资产又有国有资源，还有公营资产，而非社会主义国家只有国有资源与公营资产，没有国有资产的存在。

3. 对公营企业必须立法规制

在市场经济体制中，公营企业是特殊法人。国家必须制定相关法律对公营企业进行规范的强制性约束，而不能任由各级政府自行管理公营企业。政府不是立法机构，而是执法机构，政府必须接受法律的有效监管，法律的主要作用是监督和管理政府机构，只要这些观念能够有效地贯彻于各级政府对公营企业的管理之中，公营企业的规范发展就可以有可靠的保障。

在必须立法的前提下，从全国范围讲，规范建立公营企业，保证能够起到规制作用的法律制定大体上应包括以下主要内容：

（1）规定企业设立目的

这是必须讲清楚的根本性问题。如果设立一家公营企业不是为了某种政府职能需要服务，或是会起到破坏民营经济发展的作用，那么就不能设立这一企业。所以，立法必须向社会公示设立这一公营企业的特殊目的，以及设立这一公营企业可以起到的特殊作用。由此，才能明确各级政府的投资意义。一般说来，公营企业只应设立在非竞争性领域，包括自然垄断行业和经营垄断行业，此外还有公共品的生产和销售行业，需作长期投入的科研项目，等等。对于非竞争性领域以外的投资，市场经济国家大都是作严格限制的，即一般情况下并不允许政府资金进入竞争性领域，更不允许进入证券投资领域。

（2）规定企业经营范围

根据企业设立目的，相关法律还要明确划定各个公营企业的经营范围，即经营范围不能超出设立目的。假如是一家军工企业，那就要明确其军工生产的范围和民用品的生产范围，不能允许其涉及规定之外的军工生产领域，也不能允许其随意从事民用品的生产，因为它是政府设定的公营企业，必须承担政府投资的相关法律责任。

（3）规定政府控股要求或独资要求

法律需要注明公营企业的设立是政府独资企业，还是政府控股企业。如果是政府独资企业，法律要写明需要政府投多少资。如果是政府控股企业，法律要规定政府控股的份额是多少。如果政府投资不按法律规定运作，政府的投资行为就是违法的。

（4）规定企业的基本治理结构

包括规定企业主要权力机构的设置和企业主要领导干部的配置。对不同的企业应有不同的要求，如对中国核工业集团公司、中国航天科技集团公司、中国兵器工业集团公司的主要领导干部，法律需要规定由国家主席或国务院总理给予任命的。并且，法律还可以规定某些政府官员对企业行为的限制，如规定企业某行为必须经政府某部门正职负责人认可才能生效，等等。

（5）规定企业的信息及业绩的发布方式及范围

对于有关国家安全的公营企业，法律要规定其保密程度。对于不涉及国家安全的公营企业，国家专门制定的特殊法律也要具体规定其信息的发布方式以及其经营业绩的报告内容、上报程序和公示方式与对象。

四 股份制企业的制度缺陷

在现时代，股份制已经是一种极为普遍的企业制度。不论是位居世界 500 强的跨国公司，还是遍及全球各个国家的大大小小企业，大都是股份制企业。然而，已有的生动丰富实践表明，这种自欧洲工业革命以来就出现的企业制度，延续至今，并不是尽美尽善的，而是存在着根本性的制度缺陷。因此，进入 21 世纪，现代经济学的企业理论需要对股份制企业制度进行更为深入的研究。

1. 企业制度需要维护企业利益

企业的治理结构就是企业的基本制度安排。无论是何种类型企业的基本制度安排，都需要以维护企业利益为宗旨。企业利益对于企业是至高无上的，企业除了服从国家利益和社会利益的要求之外，在遵纪守法的前提下，就是要维护自身的利益。可以说，每一个企业都像一个人一样，在服从国家利益和社会利益之下，必须自己维护自身的利益。大企业有自身的利益需要维护，小企业也有自身的利益需要维护。企业维护自身利益，最基本的依靠就是企业的基本制度安排。这就是说，在企业之外，企业需要依靠国家的法律法规、政府的规章政策、非政府机构的社会中介作用等等，努力维护自身的利益，不使自身的利益遭受来自市场内外的各种侵扰，保证实现自身完整的利益；而在企业内，企业就需要建立健全自己的基本制度，通过发挥企业基本制度的作用，保障和维护自身利益。对于企业的基本制度安排来说，不可出现某种差错，背离维护企业利益的宗旨；更不可不以维护企业利益为宗旨，推卸企业基本制度设立的责任。如果在企业的基本制度安排上出现问题，那么企业就无法依靠这种制度的安排维护企业利益，或是说这种制度就不能在维护企业利益上发挥应有的作用。企业制度与企业利益之间存在着重要的联系，企业利益要求企业制度给予维护，企业制度对于维护企业利益负有不可被替代的责任。

企业的生存是企业的最根本利益。企业的股东要分红，企业的员工要开薪，企业的债权人要回报，企业的供货商要货款，企业的销售商要赚钱，统统需要靠企业生存。作为法人经济组织，企业若不能生存了，那一切的一切就都没有了。在企业无法生存的状态下，股东要求分红的权利是不会兑现的，员工必然失去工作岗位，只能另谋出路，债权人、供货商、销售商等，都可能遭受经济损失，至少也是不得不退出了。所以，在现代市场经济条件下，在企业中，任何方面的利益都是依赖于企业生存的，企业的生存表示企业的根本利益得到了维护，有了对这种企业利益的维护，才能有从股东到员工各个方面利益的实现，若这种企业利益得不到维护，企业不能生存了，那不论是股东，是员工，还是其他方面的利益，也就无从谈起了。因此，从理性的角度讲，不论何时，不论何人，在企业里，都需要首先维护企业利益，不使企业的生存受到威胁。企业利益是企业中的最高利益，企业的生存是企业的最根本利益。企业利益相对于股东利益、相对于员工利益，相对于其他方面的利益，都是更重要的和更需要维护和保障的利益。企业的生存对于企业任何方面的利益，都是至关重要的，都是皮之不存，毛将焉附。高度重视企业利益，保障企业生存，是企业经营管理的核心，更是对企业基本制度安排的要求。

企业的发展是企业生存的最好保障。企业求生存就要求发展，只有企业不断地发展，企业才能生存延续下去。这也就是说，企业股东的利益，企业员工的利益，企业其他方面的利益，是在企业生存中才能实现，更是在企业发展中才能实现的。企业的生存是企业的最根本利益，这一利益的驱使必然要求企业发展壮大。企业的股东不仅希望企业保证分红，而且希望能够不断地得到更多的分红，那就只有求得企业发展，否则是不可能的。企业发展了，企业员工的利益才能得到充分的保障，即员工的工资收入才能逐步地提高，员工的基本生活水平才能相应上升。从这个意义上讲，企业求生存，就是求发展；实现企业的发展，才能实现企业的最根本利益要求。在现代市场经济条件下，企业的发展需要众多的外部条件，更需要内部的管理到位，一方面具有应对外部市场环境变化的能力，一方面建立相对牢固完善的制度基础。发展是硬道理，从企业经营管理的角度讲，发展就是要保护企业股东的利益不受损失，使股东愿意继续做企业的股东；发展就是要不断地提高员工的收入水平，就是要让员工们安心岗位工作，依靠企业保证自己的家庭生活稳定。所以，企业利益需要依靠企业发展来保证，企业的发展就是企业生存的动态实现的过程。

企业的基本制度安排必须有利于企业的生存与发展。这是一种相对应。企业利益不是企业的股东利益，也不是企业的员工利益，更不是企业其他方面的利益；企业利益就是企业整体的利益要求，就是由企业产权决定的企业整体利益，就是关系到企业生存与发展的根本利益。在现代市场经济中，企业是作为一个整体的经济组织存在的，所有的收入都是以企业的组织形式获取的，企业利益就是以企业的力量从市场上获取维护企业生存与发展的所有收入。只有保障这一整体利益，企业才能生存与发展，企业才能给股东分红，给员工开工资，才能上缴国家税收和维护其他各个方面的利益。所以，企业的基本制度安排，并不能只重视维护企业股东利益，也不能只重视维护企业员工利益，更不能在维护企业其他方面利益上做出优先考虑；而必须以企业利益为重，以企业的产权整体要求为重，以企业的生存与发展为重，做出相应的制度安排，以此支撑和维护企业的运营。就此而言，完善的企业制度必须在这方面得到充分的体现，即企业制度从根本上讲是必须坚定而明确地维护企业利益的，首先维护企业利益是对企业制度设立的最基本要求；而不完善的企业制度在其他的方面存在问题或许可以不急于修正，但是若在维护企业利益方面存在问题，那就是不能原谅的，就是一定要从制度上尽快解决的。无论何时，企业利益都需要企业制度的维护，企业制度不能维护企业利益，是企业制度的根本性的缺陷。

2. 现行股份制不维护企业利益

遗憾的是，在明确了企业利益是由企业产权决定的企业整体利益，是关系到企业生存与发展的根本利益，在更进一步明确了企业利益不同于企业的股东利益，也不同于企业的员工利益，更不同于企业其他方面利益之后，我们可以清楚地认识到，在世界各地，现行的股份制企业的企业制度都是不维护企业利益的制度安排，也就是说，这种现行的极为普遍应用的股份制企业制度是有根本性缺陷的。

准确地讲，股份制企业制度的产生虽然历经数百年，但自始至今，其基本制度的安排主要是维护企业的股东利益，这是从来没有改变的。在现实的股份制企业中，作为股东，有自然人，也有法人，法人股东的权益要求与自然人股东的权益要求之间没有质的区别。因此，我们可以假定股份制企业中的股东权益要求都是一致的。而相对来讲，股东利益与企业利益之间是各个股东利益与企业整体利益之间的关系。从历史上看，长久以来股份制企业的基本制度安排只强调股东利益重要，并且是股东利益至上，从来没有安排维护企业利益的相关机构，而是将企业的最高权力机构确定为股东大会。在这样的企业基本制度安排中，实际是一种将股东利益等同于企业利益的混淆，以为企业维护股东利益就是维护企业利益。然而，从客观的逻辑关系来讲，企业利益是比股东利益更重要的有关企业生存与发展的企业根本利益，企业利益并不等同于股东利益，没有企业利益的实现就不可能兑现任何股东的利益要求。而且，在产权的关系上，我们还可以清楚地看出股份制企业制度从一开始就存在着理念上的迷误，不仅颠倒了股东产权与企业产权的服从与被服从的关系，误将企业股东产权的性质等同于没有企业产权约束的产权存在，以股东利益取代企业利益，无视现实之中真实的完整的企业利益的要求。由此形成的企业制度缺陷，源于股份制企业起源时期社会经济关系的相对简单，也源于当时社会经济学理论认识上的不足，即没有认识到股东的产权是一种必须受企业产权约束的产权。

近年来，在产权理论研究的进展中，相关利益者理论研究已经阐明，股份制企业的企业利益并不单纯由股东利益构成，员工利益是企业利益中更为重要的组成部分，企业利益包括股东利益与员工利益两大部分，其中，现代股份制企业运营的实际情况表明，员工利益与企业利益的关系更紧密，员工比股东更关心企业利益。因此，现行的股份制企业制度维护股东利益至上原则，不仅仅是颠倒了股东产权与企业产权之间的逻辑关系，更大的缺陷还在于忽略了企业利益之中的员工利益的存在。目前，股份制企业制度普及全世界，但至少在中国并未能够弥补长久以来股份制企业制度存在的缺陷，甚至还在某种程度上十分地突出和强调股东利益至上原则，继续延伸无视企业产权约束的股东产权维护的制度安排。可以说，眼下正统的股份制企业理念认定的没有股东就没有企业的认识实际上是缺少全面性的，因为事实上同样也能够讲没有员工也没有企业。久已存在的这种全面性认识的欠缺使得股份制企业制度的安排从来没有对于员工利益做出考虑，即使时代的发展已经进入21世纪，但在国际上各种已有的企业理论学派对于股份制企业法人治理结构的研究中，仍没有关于维护员工利益的权力组织机构的设计。

更重要的是，不论是股东利益，还是员工利益，都需要服从企业利益。但长久以来，既定的股份制企业制度却是确定股东大会代表股东利益作为企业的最高权力机构，企业董事会也是代表股东利益的常设机构负责企业经营的方针大计，而由股东大会和董事会决定的经理层则是每日每时不得不考虑对于企业利益的维护。这种状态的存在由来已久，经验表明，在股东利益与企业利益一致时，企业的经理层不必特别强调企业利益要求，对于股东利益的维护便可同时起到对企业利益维护的作用，问题是当股东利益与企业利益发生冲突时，制度安排下的所有权力都会站在股东利益的立场上，结果就明显地表现出在这种制度下企业利益是缺乏企业最高权力机构给予维护的，在现行的制度安排下，股东们拥有的产权完全可以从维护股东利益出发而损害企业利益。一旦出现这种情况，不仅可能有损于员工的利益，而且完全可能最终也会损害股东利益。这种悖论在以往并非不存在，而只是在今天才被揭示，只是因为今天的产权理论研究终于注意到了从股东产权的利益出发无法解决企业产权对于企业利益的维护问题，在现有制度中让企业产权服从股东产权是不合逻辑的，让企业利益服从股东利益是股份制企业制度创立时的制度缺陷的历史延续。

对于股份制企业的企业产权运作来讲，只有产权能够保证完整运作到位，在相应的管理能力的作用之下，股份制企业的经营才能获取可能达到的最大的企业利益。这也就是说，必须从企业利益出发进行企业的经营与管理，才可实现企业应实现的利益，并由此才能保证每一位股东的利益和每一位员工的利益。单纯从股东利益出发是可能会损害企业利益的，同样，单纯从员工利益出发也可能会损害企业利益。明确这一点，并不是各种利益的划分要求，而是强调企业制度的建设对于维护企业利益的重要性。股份制企业的基本制度安排必须维护企业利益，现行股份制企业的制度缺陷必须得到尽快地弥补，维护企业利益必须成为股份制企业基本制度安排的宗旨。并且这一宗旨在今后还需要得到法律方面的保障，即应该在未来的公司法中名副其实地确定下来。

3. 制度缺陷下的企业治理变通

在现时代，企业理论的研究应明确地认识到，存在根本性制度缺陷的企业制度是无法依靠制度的治理作用正确引导股份制企业在市场经济中运营的。因为现行的股份制的基本制度安排是以资本利益充当和取代企业利益，而从资本利益的立场出发是无法正确引导企业发展的。也就是说，在制度上由企业的控股股东来左右企业，股份制企业是难以有长远发展战略安排的。甚至，在某些时候，这种企业的基本制度安排，还可能导致股份制企业的股东决策人盲目地人为缩短企业的生命。

由于现行的股份制是将企业的最高权力机构设定为股东大会，是以股东利益为企业的最高利益，完全忽视了企业利益的存在，对于维护企业员工利益没有做出任何制度性安排，因此，在企业实际运营中，这将不断地加剧企业员工与企业股东之间的矛盾冲突。在股份制企业中，员工利益与股东利益存在一致性，并且这种一致性是主流，是企业生存与发展的基础，但是同时，员工利益与股东利益也存在着不一致性，即存在着相矛盾的问题。毕竟，员工利益不同于股东利益，员工利益与股东利益是相对立的，员工利益是企业员工对于自身的工作保障、劳动保护、工资收入、福利待遇等方面的具体要求，这与股东利益的具体内容是有区别的。在员工利益与股东利益相一致时，企业员工与企业股东之间不会发生矛盾冲突，然而，当员工利益与股东利益不一致时，企业员工与企业股东之间就会发生矛盾冲突，甚至是较为激烈或激烈的矛盾冲突。企业员工要求提高工资，企业股东要求增加分红，这就会不断出现企业员工与企业股东之间的矛盾冲突。尤其是，在遇到市场环境恶化时，企业股东要求企业大幅度裁员，大批企业员工面临失业的危险，这时企业员工与企业股东之间的矛盾是非常突出和激烈的。

身处企业制度存在的根本性缺陷之中，为最大限度地化解企业员工与企业股东之间的矛盾，为在市场中能够有效地实现企业的整体利益，长久以来，股份制企业的经理层只能是对企业制度的实施采取一定的变通，以维持企业的运营。原本，股份制企业的治理结构是，经理层听从董事会的决定，董事会听从股东大会的决定；但是，在企业经营经验成熟的经理层的操作下，经过刻意的变通后，实际上企业的管理成为股东大会一年开一次或两次完全是走形式，董事会一年开三次或四次也是按事先准备好的文件例行通过，企业的实际经营管理的权力是由经理层掌握的，企业的实际经营管理的责任也是由经理层承担的。除去一股独大的企业，在企业股东与企业利益之间存在较大矛盾的股份制企业，企业的经理层是不得不采取变通手段对抗企业基本制度安排的。倘若，企业的经理层不采取变通措施，不架空董事会和股东大会，而是严格按照企业制度的安排，由股东大会控制董事会，由董事会贯彻落实股东大会的决定，那么，在股东大会必定维护股东利益的情况下，企业利益是得不到保证的，负责具体运营企业的经理层是难以工作的。所以，正因如此，我们经过调研就可以知道，在现行的大多数股份制企业中，必须维护企业利益的经理层采取变通的措施对抗企业制度安排架空董事会和股东大会是一种历史的常态，至少在现阶段的表现大都是这样。

问题是，在制度存在缺陷的前提下，任由企业经理层采取变通措施维护企业利益，既有积极的作用，也会出现企业经理层可能脱离企业制度监管等方面不利的情况。如果完全置现行的企业基本制度安排于不顾，由经理层实际统领企业的经营与管理，那也无疑是企业管理混乱的一种表现。可能在某些股份制企业，这种混乱的表现比较明显，或是已经造成相当大的损失；也可能在某些股份制企业，这种混乱的表现并不十分明显，还尚未造成任何方面的损失；但是，从理论上讲，这都是存在管理混乱的，都是为现代的企业管理规范所不容许的。即使是出现经理革命，那也需要建立相应的企业制度。在多年的生产实际中，曾经出现过不少的企业经理层为所欲为造成企业严重损失的实例，说明一旦企业制度被抛弃，企业的经营就难免出现这样或那样的差错。只是，实际经济中的情况很复杂，出现企业制度被抛弃的情况，还主要是由于企业制度本身存在缺陷，是企业制度不完善造成的管理真空，解决问题还得治本，即必须从制度方面入手解决问题。对于许多股份制企业的实际管理是架空股东大会和董事会这种变通情况，从实际出发，只能是采取默认的态度，并不能太较真，要求必须按现行制度管理。就是由此出现一些经营上的问题，那也只好承受下来，不可能以存在根本性缺陷的制度去匡正企业的管理，实际的选择最好是就事论事，就具体情况堵塞具体的漏洞。这也就是说，长久以来，股份制企业的制度缺陷就是存在的，这不是今天才出现的问题，企业的实际经营与管理不得不采取变通的手段实现企业的治理结构，首先需要肯定其积极作用，承认这一现实，只是要防止由此可能产生的管理问题，并不能因由此产生问题而直接追究管理变通的责任。至于从根本上解决问题，那绝不是企业具体经营实践所能够解决的，那需要股份制企业制度的根本性创新。在目前阶段，我们一方面要允许股份制企业变通治理，将企业的经营管理的权力和责任直接压在企业的经理层身上，另一方面更要积极地进行理论准备，为早日实现股份制企业制度的根本性创新而努力。

4. 股份制企业制度根本性创新

在 20 世纪，美国已有一些州的公司法作了修改，要求企业必须维护一切与企业利益相关的相关者的利益，而不能再仅仅是维护企业股东的利益。所以，随着 21 世纪社会经济的发展，面对国际金融危机的挑战，我们应该认识到，对股份制的企业制度进行根本性的创新是客观必然的要求，这方面的制度创新既要表现在对企业员工利益的维护上，更要求股份制的企业基本制度安排必须设立代表企业利益的企业最高权力机构。

员工是企业的财富。现在，越来越多的企业认识到了这一点。尽管技术和设备是企业核心竞争力的体现，但员工仍是企业存在的基础。企业中的任何经营行为都是要靠员工体现的，任何生产行为都是依赖于员工实现的，员工是企业的主体，企业的生产经营是在员工的主体作用下实现的，或者说作为劳动客体存在的企业生产设备和办公设备是通过与作为劳动主体存在的员工相结合才能发挥应有的作用。承认现行的股份制企业没有员工维权组织是企业基本制度的一种缺陷，才能对此进行制度创新。设立维护企业员工利益的组织机构可以是在股份制的企业治理结构中设立员工代表大会。这种机构的设立是可以促使股份制企业更好地调整内部的利益关系，更好地实现企业利益。

设立员工代表大会的直接作用是维护企业全体员工的利益。在21世纪，股份制企业的员工不是可以任股东摆布的，那种一切都要服从股东的时代已经过去了。股份制企业要维护股东利益是必然的，但是，同时也必须维护企业员工的利益，特别是企业员工的群体利益。设立员工代表大会的主要目的是维护员工的群体利益，使企业员工的群体利益得到一种制度上的保障。如果缺少这样的一种组织机构，并不是说员工的利益就得不到一点点保障，而只是说那就缺乏企业制度上的明确保障，那对于企业员工群体就是一种制度上的缺失，是客观上应有的权力与现实的权力未能落实的遗憾。通过对原有制度的缺陷的弥补，在股份制企业中，像中国国有企业设立职工代表大会一样，设立员工代表大会，可以起到表达员工群体心声，凝聚员工心气，提高员工地位，保障员工利益，维护员工权力的作用。只有组织的力量，才是能够明确表示员工意愿的；只有成立组织机构，才能使员工有行使自身权力的途径。所以，在股份制企业，设立还是不设立员工代表大会，肯定是不一样的。这不是简单地增设员工组织机构的问题，而是关系到股份制企业的基本制度能否完善。

一旦设立了员工代表大会，那对于股份制企业来说，其内部关系的调整就可以具有一种制度上的和谐保证，也就可以促进企业更好地生存与发展。在现代企业制度下，企业的一切经营决策的执行效果如何，很可能不取决于决策的正确与否，而取决于员工的执行状况，即取决于员工对企业的忠诚程度和信赖程度。凡是员工理解的或是认可的事情，在企业落实贯彻就没有问题，会是很通畅顺利的。相反，凡是员工不理解的或是员工普遍反对的事，在企业就无法贯彻，就行不通，无论是多么正确的决策都无法兑现。因此，事实告诉我们，在股份制企业，在股东的支配作用下，更要高度关注员工的态度，更要做好员工的工作，不可压服员工，应该尊重员工的意见，应当赋予员工参与企业管理的权力。设立员工代表大会就可以起到这种作用，让员工通过一定的组织形式，获得参与企业管理的权力，使企业的发展目标能够与员工的根本利益要求相一致。这样才能更好地沟通股东与员工之间的认识，才能使对立的双方在共同维护企业利益的基础上达成统一的利益要求，才能使企业的决策更好地贯彻落实下去。所以，设立员工代表大会，作为股份制企业的一种基本制度存在，是有利于股份制完善和股份制企业的生存与发展的。

从弥补企业制度的缺陷讲，在股份制企业，必须重新规定企业的最高权力机构。在现行制度中，股东大会是法定的最高权力机构，这是制度有缺陷的表现，是股份制的发展还处于幼稚阶段的标志。从逻辑上讲，企业利益包括股东利益和员工利益，能够维护企业利益的权力机构才可成为企业的最高权力机构，只代表股东并且只是维护股东利益的股东大会不能成为股份制企业的最高权力机构。所以，现行的以股东大会为股份制企业最高权力机构的企业基本制度是存在逻辑悖论的，必须站在21世纪的高度进行创新，决不能再延续制度初创时期的幼稚的做法，决不能再容忍这种企业制度缺陷的存在。如果到今天还看不出传统的股份制对于最高权力机构设定的缺陷，那只能说我们对于股份制的实践还没有进入理性思维的状态，还没有把握住股份制企业的制度功能和利益格局。

股东大会不能是股份制企业的最高权力机构，那么，什么机构才能是股份制企业的最高权力机构呢？可以说，除了某些公营企业外，现在对于大多数的民营企业和国有企业控股的股份制企业来说，还没有现成的机构可以成为企业的最高权力机构。而且，为弥补制度缺陷设立的员工代表大会也不能成为股份制企业的最高权力机构。道理是一样的，既然股东大会不能作为股份制企业的最高权力机构存在，那么作为对立的另一方面，员工代表大会也不能取代股东大会原有的至高无上的位置。股东大会维护股东利益，员工代表大会维护员工利益，而企业利益是股东利益和员工利益的总和，所以，不论是股东大会，还是员工代表大会，都不能成为股份制企业的最高权力机构。在未来的实践中，创新的股份制企业的最高权力机构只能是代表企业利益并且维护企业利益的机构。这种企业法人的最高权力机构可以有多种形式的存在，但性质都是一样的，即都要代表企业法人的利益，都要从整体出发维护企业利益，企业法人的根本利益和权力都要掌握在这一机构手中。在股份制的一般表现形式中，即在非公营的股份制企业中，需要设立一个唯一性的企业利益维护机构，这个代表企业利益的机构就可以成为创新的最高权力机构存在。从法律的角度讲，股份制企业是独立的企业法人，这个机构是股份制企业法人的最高权力机构，这个机构还要指派1人担任企业的法定代表人。取代现有的股东大会的最高权力机构，必然是凌驾于股东大会之上的权力机构，也是凌驾于员工代表大会之上的权力机构。从企业管理的角度讲，这个新的最高权力机构就是位于股东大会和员工代表大会之上的权力机构，即在股东大会和员工代表大会之上再没有别的机构，只有这个最高的权力机构存在。赋予这个机构的权力就是握有企业的最高权力，这个权力机构的名称可以统一称为企业最高权力机构，也可以用其他名称表示，比如称为企业委员会、企业决策委员会、企业管理委员会、企业最高委员会、企业法人执行委员会，等等。不论用何名称，都不改变这一机构的性质，即这一机构既不单纯代表股东利益，也不单纯代表员工利益，而是又代表股东利益，又代表员工利益，它要维护的是包括股东利益和员工利益的企业利益。性质决定构成，这一权力机构的构成，既应有股东方面的代表，也应有员工方面的代表。从制度的规范讲，在构成维护企业利益的最高权力机构中，股东方面的代表应由股东大会推选，员工方面的代表应由员工代表大会推选，而且，股东方面代表的人选也要由员工代表大会通过，员工方面代表的人选也要经股东大会认可。这是一种复杂的权力构造过程，但为了企业的生存与发展，在现阶段，法律规定的股份制企业的制度应明确这一最高权力机构的产生办法和工作职责。这是股份制企业中最重要的管理工作，是企业基本制度的建设内容。具体的每家企业怎么设立这种机构，当然要由各企业自己负责。我们只是在企业制度创新的意义上提出股东大会不能再作为最高权力机构存在，必须要在制度上创新企业的最高权力机构。

　　从一般的意义上讲，我们认为代表和维护企业利益的最高权力机构的人员不必多，应保持在 4~8 人之间，即最少应为 4 人，最多不超过 8 人。若定为 4 人，就是股东方面出 2 人，员工方面出 2 人。若定为 6 人，就是股东方面出 3 人，员工方面出 3 人。若定为 8 人，就是股东方面出 4 人，员工方面出 4 人。一般的股份制企业，这一最高权力机构有 4 人就足够了。特大型的股份制企业，这一最高权力机构有 8 人也足够了。对进入这一机构的人员应有严格的资质要求，更要有高标准的素质要求。这一机构的人员产生实质是根本利益一致基础上的对立双方共同决定的，所以，不论是哪一方进入的人员，都必须维护企业利益，而不是只维护自己那一方的利益。若进入这一机构的人员仍是只维护各自方面的利益，那就失去了这一机构设立的意义，而且会始终处于争吵之中。这一机构的性质是维护企业利益的，因而，不论是哪一方面进入这一机构的人员都必须做到自觉地维护企业利益，他们之间最大的差别只能限定在各自站在自己方面的立场上去维护企业利益，即他们的工作归根结底都是要维护企业利益的。用维护企业利益的权力机构取代股东大会，作为股份制企业的最高权力机构，是股份制企业的基本制度创新的焦点，也是股份制企业法人治理结构完善的必然要求。

五 现代企业的人本构成

在现代市场经济条件下，企业是社会的经济支柱，股份制企业是企业的主体。各类企业尤其是股份制企业已成为社会财富的主要创造者。因此，对于股份制企业的研究，不仅是现代企业研究的主要内容，而且也构成现代经济学的研究基础。有人认为：二次世界大战以后至今是企业经济学的理论化时期。企业经济学是经济学的一个分支，它不包括企业中的其他方面，从一开始就把企业的外部环境看得很重要，后来才逐渐转到研究企业内部经营管理问题，进行整体的理论性研究。从现代理论发展的趋势来看，股份制以及由股份制引发的产权理论研究越来越成为经济学界关注的热点。

然而，不论是侧重于企业管理研究的企业经济学，还是与宏观经济学相对应的微观经济学，已有对于现代股份制企业的研究基本上都是从资本角度出发的研究，是反映股东利益及资本运作的研究。只是在近几年才出现了企业利益相关者理论，对股东利益至上的传统定见提出了挑战。而事实上，企业并不是资本组合，企业利益也不等同于股东利益，资本的支配者也并不一定要成为企业的支配者，企业的产权与资本的产权有着天壤之别；企业的构成是人本与资本的统一，决不单纯是资本一统企业，人本的作用无论何时都是高于资本作用的，人本才是企业存在的根基，人本的有机构成比之资本的有机构成更需要理论界深入地进行研究，股份制企业的实质是人本产权与资本产权的有效契约组合。因此，从现代微观经济学的研究视角探析，以往理论的最大缺陷是缺乏对股份制企业的人本研究，这使得迄今为止人们对企业的认识存在极大的片面性，即只看到了资本的支配作用而忽略了人本更基础的决定作用，甚至连基础理论性的企业人本概念都尚未建立起来。在这种情况下，自 21 世纪起，根据股份制企业已有的生动实践历程，正本清源，从最为基础的范畴界定，强化人本理论研究，既具有深刻的现实意义，又具有重大的学术意义。

1. 人本不同于人力资本

企业的人本是指进入企业的所有人力资源，包括资本经营者或资本代理经营者以及企业招聘的所有员工。也就是说，凡是在企业工作的人，都是企业的人本要素，企业以人为本，具体地讲就是以这些人为本。需要特别强调的是，企业的股东不属于企业人本范畴。股东的产权是资本产权，不是人本产权。股东拥有的资产是股份，是企业的股权。作为资本的投入者，具有管理的二重性，一方面是对股权的管理，一方面是对生产的管理，然而，在股份制企业，这二重性的管理是分离的，股东只对股权拥有管理权，对生产的管理则是企业管理者的事情。如果一个人又是股东，又是企业管理者，那他作为股东只是资本的化身，作为企业管理者才属于人本的组成部分。一个纯粹的股东，不参与企业的管理，他在企业的利益，仅仅是资本的收益，并不发挥人本作用，也不享受人本的收益。

　　将人力称为人力资本，与上述对人本概念的界定，并不相同。人力资本概念，自 20 世纪 60 年代之后，已经是非常流行的范畴。《新帕尔格雷夫大辞典》对人力资本词条的解释指出：这是资本理论的一些原理扩展到人在生产中的作用方面取得的进展，认为作为现在和未来的产出与收入流的源泉，资本是一个具有价值的存量，人力资本是体现在人身上的技能和生产知识的存量。人力资本投资的收益或报酬在于提高了一个人的技能和获利能力，在于提高了市场经济和非市场经济中经济决策的效率。①《企业管理学大辞典》对人力资本词条的解释是：亦称非物质资本，是由美国经济学家舒尔茨创立的，体现在劳动者身上的以劳动者数量和质量，或其知识技能，工作能力表现出来的资本。一个国家拥有生产资料的数量，在很大程度上代表着该国家的物质资本的多少，而拥有劳动力的数量和质量则代表着人力资本的多少。人力资本同物质资本一样对经济起生产性作用，这种作用的结果是使国民收入增加，人力资本与物质资本有一定限度的相互替代性，人力资本是通过对人的投资而形成的。教育投资是人力资本投资的主要部分，人力投资还包括保健、在职训练、国内劳动力的流动、国际移民等方面的支出。人力资本概念的提出，对于解释美国经济增长之谜起了关键作用，并成为人力资本理论、教育经济学的基本概念。②

　　有人对人力资本做出如下定义：人力资本是指人们花费在教育、健康、训练、移民和信息取得等方面的开支所形成的资本。被称为人力资本，是因为你无法将该资本和它的所有者分离。③

---

①　约翰·伊特韦尔等主编《新帕尔格雷夫经济学大辞典》第 2 卷，经济科学出版社，1996，第 736 页。

②　陈佳贵主编《企业管理学大辞典》，经济科学出版社，2000，第 260 页。

③　余明德：《人力资本和经济发展》，载《经济学与中国经济改革》，上海人民出版社，1995。

按照这一定义，就是说教育、夜校的计算机课程、为维持健康开支的医疗费用、关于音乐或文学修养的讲座；甚至诚实和守时等习惯的培训都是一种资本。因为他们会长时间地提高你的收入，改善你的健康（增加你可工作的时间）或增加你在今后的人生旅途上欣赏音乐和文学的能力（长期性的消费资本）。正是从这个意义上说，教育、健康、工作训练、信息取得上的开支是一种投资，正如传统上定义的投资一样，它们带给你长期的收入。但是这种投资产生的是人力资本，而不是物质资本或金融资本。人力资本的一个特点是你不能将人和他拥有的技术、知识、健康或价值观等分离。对于物质资本和金融资本，你能很容易地将所有者和他的物质资本或金融资本分开。人力资本和其所有者的不可分性，也将决定人力资本积累的特殊性。[①]

有人指出：人力资本这一术语有一个缺陷，就是它把人力只作为增加物质财富或收入的手段，而没有把增加人力同时表示为经济发展的最终目的[②]。

因此，按照目前经济学界对人力资本的一般认识，我们认为人本范畴与人力资本范畴相比，存在以下几点主要区别。

（1）两者表示的对象差异

人本范畴表示的是劳动主体，包括所有进入企业工作的劳动者；不论是体力劳动者，还是脑力劳动者，都是人本范畴概括的内容；而且，人本表示的劳动者是企业最重要的生产条件。人力资本范畴表示的是企业劳动者在某些方面花费的钱财和时间，虽然这些花费与劳动者人身不可脱离，但确切地讲这还是一种花费或支出的表示，是对花

---

① 余明德：《人力资本和经济发展》，载《经济学与中国经济改革》，上海人民出版社，1995。
② 裴小革：《财富与发展》，江苏人民出版社，2005，第42页。

费或支出的收益的企盼，既不表示全体劳动者，也不表示劳动者在所有方面的花费或支出。人本范畴是从企业的必要的和基础的生产条件方面做出的经济学概括，是强调与资本相对应的另一方面的生产条件的存在。人力资本范畴则是以类比资本收益的原则对劳动者的某些方面的花费或支出做出的概括，甚至还将这种概括延伸到消费领域去认识，并不是对企业的必要的和基础的生产条件的概括，也不是从劳动主体方面考察劳动主体与劳动客体之间的关系。因而，尽管人力资本范畴部分地解释了现代经济增长的原因，但是人本范畴表示的对象无论在哪一方面的经济活动中都更具有基础性。

（2）两者在经济学研究中的作用不同

创立人本范畴，是对人类的经济活动达到了更抽象的本质认识，是对企业经营与发展的基本条件的概括，是经济学进入 21 世纪之后获取的认识进步。而使用人力资本范畴，按照人们公认的说法，使教育经济学成为一门独立的应用经济学科，使医疗卫生经济研究有了支柱性的理论基础，使经济增长理论获得"新生"，它还使人口经济学和劳动经济学有了重要的、实质性的内容，发展经济学和制度经济学的有关研究有了新思路。[1] 同时，人力资本理论研究的进展也为经济学开辟了许多有意思的研究领域和学科，其中最为著名的便是家庭经济学。家庭是人类社会有史以来最普通最重要的制度，家庭存在不同的文化、种族、时期和国家或地域。如果我们要考察制度经济学的发展，那么家庭经济学便是最成功最辉煌的例子。它极其成功地用现代经济学分析技术阐明了家庭这个制度的变迁、发展和家庭内部的各种关系、家庭之间的联系，等等。人力资本理论的成功也在于它的这种开拓性，它能为新学科或新现象提供研究的手段或方法。[2] 比较起来，

---

① 裴小革：《财富与发展》，江苏人民出版社，2005，第 41 页。
② 余明德：《人力资本和经济发展》，载《经济学与中国经济改革》，上海人民出版社，1995。

人力资本范畴已经在经济学研究中得到了广泛的应用，并对众多新学科的建立发挥了作用，而人本范畴是刚刚提出的，囿于传统理论观念的人似乎还没有接触到这一范畴，但是，作为对企业生产的基本条件概括，人本范畴将在 21 世纪的经济学研究中发挥更为基础的作用，并可由此将经济学对企业理论的认识向前大大推进一步。

（3）**两者的表义差别**

人本范畴的表义是清晰的，就是指企业里与资本相对立统一存在的劳动者，即清楚地表明人本是与劳动客体相对立统一的劳动主体，这一范畴不存在任何歧义，也不允许人们对其含义作任意性的发挥和解释。范畴反映的对象是客观的和直观可视的，不存在让人误解的空间。企业以人为本，就是以劳动者为本，这是明明白白的对人本范畴的认定。而相比之下，人力资本范畴却存在一定的模糊性和让人费解的地方。既然是劳动者为提高自己劳动能力而付出的费用，为什么不是劳动者消费所需的全部费用。既然明明知道劳动者的费用支出得到的回报与劳动者人身不可分离，为什么不从劳动主体方面即人类劳动中的主动方面和决定性的方面去对这种状况进行概括，而偏偏要将劳动主体方面的作用也归附于劳动客体作用，也要用资本范畴来概括。如此不分劳动主体与劳动客体作用的不同，只表明 20 世纪的经济学的研究尚处于幼稚的起步阶段，还没有抓住经济学研究的最基础范畴。事实上，经济学研究最基础的范畴只能是劳动。劳动的整体性是客观存在的，即凡是人类劳动，都必然既存在劳动主体方面，又存在劳动客体方面，劳动就是劳动主体与劳动客体的对立统一。而人力资本理论的提出是用一个模糊的范畴来抹煞劳动主体与劳动客体的区别，将企业的一切活动都归于资本的运作，这是与客观情况完全不相符合的。一旦涉及具体的企业经营分析，人力资本范畴就成为一个说不清、道不白、无法使用的范畴了。因此，仅就人力资本范畴的使用泛化而言，21 世纪的经济学关于劳动主体的研究也应开辟新的起点。

2. 人本有机构成

资本的有机构成是指由资本技术构成决定并且反映技术构成变化的资本价值构成。这种资本的价值构成是一种对资本的最基础划分。同样，在企业中人本也存在最基础的划分。我们可以对人本有机构成定义为：由企业劳动分工决定并且反映企业劳动分工变化的人本基础构成。

人本有机构成是对企业人本的最基础划分，不论哪一行业的企业都应存在这种划分，即具有人本划分的一般性。这也就是说，凡是企业，都具有人本有机构成划分的一致性。正是在这种一致性的基础上，存在着各个企业具体的人本有机构成。从企业的功能讲，可以将劳动的分工划分为上百种或上千种，但其最基础的劳动分工只有 4 类：管理的分工、销售的分工、技术的分工以及作业的分工。因此，人本有机构成只表现为这 4 类最基础的分工，即管理人本、销售人本、技术人本以及作业人本这 4 类劳动最基础分工决定的人本构成。无论是哪一行业的企业，是何种规模的企业，都存在着管理人本、销售人本、技术人本以及作业人本这种一般性的人本有机构成的划分。这是可以验证的。

管理人本是指企业管理层的劳动者。这是从事企业管理劳动的一个群体。在现代企业中，管理人本的作用是决定性的。这种决定性包括对其他人本选择的决定性，也包括对资本选择和资本结构选择的决定性。在企业经营的层面上，管理人本的作用是高于技术人本作用的，即管理高于技术，由此表现出管理人本在企业中的至高无上的地位和作用。从企业实践来看，管理人本的作用至今取决于企业决策者的水平，管理团队是为企业决策者服务的，没有决策者的统领，管理人本的作用是无法有效发挥的。而仅仅只有决策者的作用发挥也是无法支撑企业管理平台的，也就是说，管理的决策作用与管理的团队作用是相辅相成的。从整体讲，管理人本的作用是企业人本有机构成中的决定性作用。从团体的组成讲，决策者的作用确实不同于团队中一般执行者的作用。这种差别是管理人本与管理人本之间的差别，是层次性的差别，也是能力水平的差别。在某种意义上，企业与企业之间的差别，决定于管理人本的差别，也表现为管理人本中决策者能力的差别。

销售人本是指企业的销售人员。这些劳动者的作用是将企业的劳动成果拿到市场上去实现价值，是构筑企业连接市场的渠道，使企业的劳动转化为社会必要劳动。在现代市场经济条件下，企业经营已从传统市场经济的生产约束时代进入了市场约束时代，企业销售人本的作用格外重要。一个企业的大政方针乃至对销售人本的选择，是由管理人本决定的，而具体的市场开发广度与深度，则是销售人本工作的成果。优秀的销售人本与一般的销售人本相比差别很大，与为企业开拓的市场是不可相提并论的。搞好一个企业，需要依靠优秀的管理人本，也需要有好的或比较好的销售人本。从劳动实践来看，销售是一种专门技能，需要勤奋，也需要一定的天赋。有的人不用学，自来就可以做销售工作。有的人做这行，多少年也没成绩。马克思将商品的交换即销售称为惊险的一跳，事实上，能够把握住这惊险一跳的人，不在少数，但也决非企业的所有人。至少，对大多数人来讲，做好销售工作需要有经验的培养，需要有坚强的意志。所以，在企业里，销售人本是一个特殊的群体，也是发挥特殊作用的群体。

技术人本是指在企业工作的技术人员。技术人员分为高级技术人员、中级技术人员和初级技术人员，但在与企业的技术资本相结合上，他们这些从事技术工作的劳动者可以统称为企业的技术人本。技术人本在企业发挥劳动主体的技术作用，由于劳动主体在劳动整体之中是起主导作用的，因此，技术人本的作用对于企业的技术应用，即对于企业的生产技术与生产设备的使用，是决定性的。离开技术人本的作用，企业将无从生产，而且，这对于纯粹从事贸易或服务的企业，也是同样的道理，因为在这些企业，同样存在技术人员和技术工作。在某些特定的条件下或特殊时期，企业的技术人本似乎可以统领企业的一切，企业将技术人本奉为获取效益的至宝，这是存在的。但是，从根本上说，企业的效益取决于管理人本的作用，并不取决于技术人本的作用。尽管技术人本的作用是必不可少的，是直接关系企业技术进步的，是企业竞争实力的重要方面，然而，技术人本所做的一切，仍都是企业管理的选择结果，是被管理决定的，而不是能决定管理作用的。因此，技术人本是企业的重要人本构成部分之一，却不是企业经营的决定性的人本力量。

作业人本是指从事企业生产线工作或非主营业务工作的劳动者。也可以说，在企业里，除去管理人本，销售人本和技术人本之外，其余的劳动者统统属于作业人本。作业人本是一支庞大的队伍，在生产企业里，这是人数最多的人本构成。从劳动的必要性讲，作业人本是不可缺少的，也是更需要有一定的质量保证的。不管企业的管理人本的作用有多么强，销售人本和技术人本的作用多么重要，缺少作业人本都将一事无成。企业劳动组织有分工，分工之中有重要与非重要之分，有决定性作用与非决定性作用之别，但没有必要与非必要之分，没有可有可无之别，凡是在企业人本有机构成之内的人本，都是必要的人本，都是必不可少的人本力量。所以，作业人本对于企业劳动成果的实现，是必要的人本力量，是企业不可忽视的主要部分的劳动主体构成。只是，相比人本有机构成的其他部分，作业人本的智力水平和劳动技能水平总体上相对低一些或者说更偏重于体力方面的付出。

在企业中，人本是不能够单独存在的，资本也是不能够单独存在的，即人本是一定要与资本相结合的，而离开人本的资本也是毫无作用的，因此，实际上人本有机构成的划分存在要求相对应地划分资本构成，即必须确立与人本有机构成划分相对应的资本构成。这也就是说，与管理人本相对应，需确立管理资本范畴；与销售人本相对应，需确立销售资本范畴；与技术人本相对应，需确立技术资本范畴；与作业人本相对应，需确立作业资本范畴。在经济学的研究中，人本永远是与资本对立统一的。由于企业经营需要高度重视人本作用，因此，相对应的资本划分需要以人本有机构成的划分为前提。

我们可以将企业的人本有机构成及其相对应的资本构成划分，总体表示如下：

管理人本————管理资本
销售人本————销售资本
技术人本————技术资本
作业人本————作业资本

参考文献

[1] 马克思：《资本论》，人民出版社，1975。

[2] 约翰·伊特韦尔等主编《新帕尔格雷夫经济学大辞典》，经济科学出版社，1996。

[3] 陈佳贵主编《企业管理学大辞典》，经济科学出版社，2000。

[4] 陈俊明：《资本转型论——〈资本论〉资本理论的具体化》，社会科学文献出版社，2004。

[5] 肖殿荒编著《〈资本论〉导读》，人民出版社，2004。

[6] 于金富、曲瑞琴：《社会主义初级阶段生产方式导论》，经济科学出版社，2003。

[7] 荣兆梓等：《公有制实现形式多样化通论》，经济科学出版社，2001。

［8］吴易风：《当前经济理论界的意见分歧》，中国经济出版社，2000。

［9］王振中主编《产权理论与经济发展》，社会科学文献出版社，2005。

［10］董志凯、吴江：《新中国工业的奠基石》，广东经济出版社，2004。

［11］刘小怡：《微观政治经济学综合与创新》，希望出版社，2005。

［12］余明德：《人力资本和经济发展》，载《经济学与中国经济改革》，上海人民出版社，1995。

［13］崔之元：《美国二十九个州公司法变革的理论背景》，《经济研究》1996年第4期。

［14］张敏：《企业竞争中的博弈分析》，《贵州财经学院学报》2006年第3期。

［15］张丰兰、韩凤永：《公有制、股份制与企业形式》，《经济学动态》2004年第7期。

［16］荣兆梓，陈文府：《"国有企业改革与制度演化研讨会"综述》，《经济研究》2005年第9期。

［17］陈宏辉等：《企业利益相关者的利益协调与公司治理的平衡原理》，《中国工业经济》2005年第8期。

［18］钱津：《劳动论》，社会科学文献出版社，2005。

［19］钱津：《国有资产的市场化经营》，经济科学出版社，1998。

［20］钱津：《理性出击：中国企业改革分析》，社会科学文献出版社，1999。

［21］钱津：《特殊法人：公营企业研究》，社会科学文献出版社，2000。

［22］钱津：《突破点——走进市场的国有企业》，经济科学出版社，2006。

第八章　财政理论

　　财政是以国家为主体，为了实现国家管理职能的需要，参与社会产品的分配和再分配以及由此而形成的国家与各有关方面之间的分配关系。一种观点认为，财政是由国家分配价值所产生的分配关系，这种价值分配，在国家产生前属于生产领域的财务分配，在国家产生后属于国家财政分配。另一种观点认为，财政是为了满足社会共同需要而对剩余产品进行分配而产生的分配关系，它不是随国家的产生而产生的，而是随着剩余产品的产生而产生的。还有一种观点认为，财政是为满足社会共同需要而形成的社会集中化的分配关系。本章研究涉及财政收入、公共服务、财政信用、财政分配等方面的基础理论问题。

一　财政收入的依据

　　财政收入是指国家财政根据相关法律和政策通过一定的形式和渠道集中起来的货币资金。这是实现国家职能的财力保证。财政收入主要包括：各项税收、各项专项收入、其他政府收入、财政投资企业利润。

　　中央财政收入是指中央财政的年度收入，包括中央财政本级收入和地方财政上解收入。概括讲，就是根据有关法律、法规、政策，按照财政体制划属中央政府财政部门管理的财政收入。

地方财政收入是指地方各级财政的年度收入，包括各级地方财政的本级收入和中央财政下拨给地方各级政府的财政资金。概括讲，就是根据有关法律、法规、政策，按照财政体制划属地方各级政府财政部门管理的财政收入。

不论是中央财政收入，还是地方财政收入，其主要来源都是国家税收。而国家税收总额的货币量表示实质是国家公务劳动创造的社会生产条件及生存条件的交换价格。而这一通过市场确定的价格即国家税收总量，必然受市场交换关系客观限制。与国家公务劳动创造的劳动成果相交换的另一方的需求，客观上决定了以货币价格表现的税收总量的多少。若从社会经济活动的表层看，税制是国家立法机构制定的，征税是政府专职机构的职责，国家征收多少税是由税务的立法与执法的相关组织和参与者决定的。但从深层的经济关系看，国家税收总量是由市场交换的价格决定的。在古代社会，除了军事劳动之外，国家再很少为社会各界提供服务。而到了近代，各个国家的社会管理内容逐渐增多，以致现代国家中从事公务劳动的人数远远超过古代社会，这同时也使得公务劳动成果与社会的交换量显著增加，但客观地讲，不论是古代，还是现代，国家税收总量都体现的是市场交换价格。这种总量的确定不是任意性的，是因为：其一，社会需要公务劳动创造的社会生产条件及生存条件是确定的，即公务劳动需为社会提供的服务是确定的。其二，国家设立多少公务劳动服务机关是可以随之确定的，包括军事劳动设置的多少也在这一确定的范围之内。其三，为完成各机关职责，各机关需要多少人员及办公设施也是能够确定的。其四，由于可以比较其他行业的工资及劳动成本，公务员的工资及公务劳动的工作费用也是大体上可以确定的。因此，每年国家税收总量就可依公务劳动与社会交换的成果的总量确定下来。在这其中，只是军事劳动设置多少即军费开支多少的规模可能存有较大的伸缩性，其他方面的公务劳动的创造基本上都可以保持必要性而不会有太大的出入。而军事劳动的设置一般应尊重历史继承关系，在社会没有大的变故时不应有大的变动，也就是说，是受历史客观制约的。

因此，从市场的交换关系讲，市场的生活资料价格可以确定，市场的生产资料价格可以确定，同样也是进入市场交换的国家公务劳动创造的劳动成果的价格亦是可以确定的，这就是各个国家的税收总量的客观依据。在现代市场经济条件下，这一总量是可以较为准确而客观地确定的。

二 公共服务均等化

公共服务均等化是公共财政的建设目标之一，这是指政府依靠财政要为社会公众提供基本均等的公共物品消费或公共服务消费。贯彻公共服务均等化原则有助于实现社会公平和社会和谐。过去，中国财政是建设性的而不讲公共性，直至改革进入建立市场经济体制阶段，才开始向公共财政转型。当前，在这方面，由于观念守旧，存在的问题比较突出，由此使得东中西部的地区间、城乡之间、不同收入群体之间在基础教育、公共医疗、社会保障等基本公共服务方面的差距较大，成为社会焦点问题。举个例子，具体地讲，由于政府保障性住房的提供未能实行公共服务均等化，已造成严重的社会问题，对于房价的过快上涨甚至起到了一定的推动作用。本来，基本公共服务均等化是缩小城乡差距和贫富差距以及地区间不均衡发展的重要途径，但是这并不意味着政府提供的保障性住房只能为中低收入居民服务，更不是要求政府必须为中低收入居民提供优质住房。在保障性住房方面，实现公共服务均等化应是现代政府追求的目标，毫无疑问必须是面向全社会的，而绝不能只是照顾中下收入居民群体。如果是那样，就不是均等化，而是向一部分人的政策倾斜。对此，必须分清公共救助与公共服务的区别，不能将公共救助等同于公共服务。一般讲，公共救助的内容很简单，维持的生活水准比较低。由于尚未明确保障性住房的提供是政府公共服务的职责，时至今日，中国的保障性住房政策始终是公共救助性质而又给予了较好的公共服务待遇，这造成严重的政策性混乱，对于住房市场的价格过快上涨构成不可忽视的负面影响。

保障性住房应该是人人有资格享受的，这才是基本公共服务均等化一个方面的具体表现。让大部分人口脱离保障性的住房，那就是人为地对于商品房市场造成紧张气氛，让这大部分人无法感受到政府对于他们住房的保障性支持。因此，这些人只能对于商品房的价格过快上涨采取不得不接受的态度，甚至还有人忍受着高价提前消费大户型住房。如果能够贯彻保障性住房的公共服务均等化，那就会是另一番情景了。由于人人都可以入住政府提供的保障性住房，那就肯定要对商品房的市场价格产生一定的约束作用，就能够有效地制止房价的过快上涨。

更重要的是，必须明确在公共服务均等化的前提下，保障性住房绝不能转化为商品房，居民退出保障性住房只能将住房退还政府，继续发挥其保障性住房的作用。而目前的政策规定是，居民获得保障性住房几年后，就可以将低价购买的保障性住房转换成高价的商品房。于是，在这几年，有不少人按高出购房时价格的 3 至 5 倍的价格甚至更高的价格出售自己获得的保障性住房，直接对房价的过快上涨起到推波助澜的作用。由此，可以明显地看到目前实施的保障性住房的公共政策的失误。

保障性住房的提供目的应是保障人们有房住，而不能是重在改善人们的住房条件。以公共服务均等化为原则的保障性住房对于房价的调控作用也正是体现在这一点上。首先，保障性住房的套内使用面积不能超过40平方米。其次，保障性住房的容积率要高于一般的商品房，即建筑留有空间较小，成本较低。再次，保障性住房地段略微偏僻，与市中心相距较远。总之，这种人人都有资格享用的住房并不是人人都愿意去住的。而且，只要入住了这种房，那就不论是谁，不能再有别的住房，更不能不在这里住。因此，实际上，在这种公共服务均等化的前提下，许多人会放弃入住资格，选择购买商品房。一句话，保障性住房必须是人们有了经济条件谁也不住的房，人们没有购商品房实力时不得不住的房。只是，在保障性住房领域，明确贯彻公共服务均等化的原则，可有效约束商品房市场价格过快上涨；而缺少这一原则的贯彻，就会无形之中加剧商品房市场价格的过快上涨。

三　财政信用

在复杂的现代市场经济中，国债不仅在国内债券市场一枝独秀，成为债券市场的引领债券，而且可以走向世界，只要一国的货币是国际化的，那么，一国的国债就也可以国际化，面向世界发行，成为其他国家的外汇储备。国债的发行主要是实体经济中的活动，国债的使用也主要是实体经济中的活动，只是国债在二级市场上的交易，同股票交易一样，属于虚拟经济中的活动。至于国债的期货交易活动，那就无疑更是与实体经济无关，统统都属于虚拟经济中的活动。所以，研究国债市场，也同研究股票市场一样，是虚实一体化的经济研究。在一个较长的时期内，经济学对于国债市场的研究是远远不足的，并不是理论对于国债市场没有深刻的认识，而是已有的认识远远跟不上市场实践的发展。现时代的国债，就如同现时代的货币一样，相比久远，已发生了根本性的变化。现时代的货币已是虚拟性货币，决不同于以前的实体性货币。现时代的国债，已经是重要的信用工具，连接着财政信用与银行信用两大信用，在政府的宏观调控和微观规制中发挥着重要的作用，决不同于以前的只为了弥补财政赤字而发行的国债。成为重要的信用工具的国债，在资本市场上的作用举足轻重，已是复杂的现代市场经济中的一支信誉度最高的重要的资本力量。准确地讲，只有对已经成为重要的信用工具的国债进行研究，才是属于虚实一体化的经济研究。

国债市场是国民经济的晴雨表，一方面在于国债在虚拟经济的资本市场上的特殊地位。作为重要的信用工具，国债是各个国家或地区的中央银行开展公开市场业务的媒介，中央银行通过与商业银行之间买卖国债，达到宏观金融微调的目的。关键在于中央银行不能直接向国家财政部购买国债，只有商业银行才可以向国债的发行部门即国家财政部购买国债，而且，商业银行也并不是什么钱都可以购买国债，原则地讲，商业银行只能用法定的存款准备金购买国债。于是，虚拟经济的资本市场上的相当大的一种派生效应由此而产生了。商业银行用法定的存款准备金购买国债，这在逻辑上就是将银行里原本不能动的钱给花出去了。仅此，就具有巨大的经济性。这将使经济理论上要求的投资等于储蓄成了可能，将政府的信誉充分地发挥出来，派上了实际的用场。然而，这才是刚刚开始，真正的虚拟性还在中央银行开展公开市场业务之后。中央银行是以基础货币发放的形式开展公开市场业务，购买商业银行用法定的存款准备金购买到的国债。由此，国债到了中央银行手里，一部分新的货币回到了商业银行手里。但商业银行手里的这部分货币还是存款准备金，不能放贷，只可以再购买国债，结果就使得这部分钱又动了起来。这样一来，商业银行的钱不多不少，致使国家可以动用的国债资金却是可以越来越多。这就是国家可以依靠自身的信誉进行筹资的机制。反过来，中央银行紧缩银根，不让国债使用得过多，中央银行就可以向商业银行卖出国债，收回货币，只允许商业银行持有国债形式的准备金，不允许其再发生派生的购买国债的行为。在中央银行开展公开市场业务的基础上，国债市场必然成为国民经济的晴雨表。所以，在现代经济中，国民经济的晴雨表不是股票市场，而是国债市场。2008 年，美国经济遇到金融危机，举步维艰，但是，各个国家或地区还基本上是一如既往地购买和持有美国国债，甚至有的国家比以往更多地购买和持有美国国债，这表明这些国家或地区对于美国经济还是有信心的，相信美国经济在这次国际金融危机中垮不了，可以经过一定的努力后复苏。这就是美国国债市场的晴雨表作用。

国债市场是国民经济的晴雨表，还在于国债在实体经济的国民经济建设上的特殊作用。中央政府发行国债，积极融资，是要在全国范围内进行一定规模的国民经济建设的。中央政府发行国债的规模越大，相应，在全国范围内进行的国民经济建设的规模就越大。反之，中央政府发行国债的规模比较小，相应，在全国范围内可能进行的国民经济建设的规模就也会比较小。中央政府利用国债筹资进行的经济建设的投资，主要是基础性设施建设和资源性的开发建设。一般说来，中央政府的经济建设投资兴旺，能够带动整个国民经济发展兴旺。而要实现这种兴旺，在公共财政体制中，必须大规模地发行国债。而要是中央政府的经济建设投资不兴旺，那么整个国民经济的发展也很难兴旺起来。与此相关，国债市场作为国民经济晴雨表的作用就能够这样体现出来。2008年，美国经济遭遇金融危机，美国联邦政府积极地向全世界大规模地推销美国国债，就是要通过国债的发行筹集到巨额的资金用于国内主要产业的投资，由于美国的众参两院已经批准了奥巴马政府的救市计划，所以，美国能不能在全世界发行更多的美国国债，就显得非常地紧迫和重要。我们相信美国联邦政府一定会力挽狂澜，取得国债运用的成功。只是，国债的重要并不仅体现在国家经济的危难之际，即使是在风平浪静的日子里，国债和国债市场同样也对各个国家或地区的经济建设和经济发展具有极其重要的作用。尤其是，在一个国家或地区进入工业化的腾飞阶段之后，中央政府通过大规模地发行国债，大规模地支持国民经济建设，几乎是每一个已经实现工业化的国家或地区走过的必由之路。在迎接此次国际金融危机的挑战中，现代经济学的基础理论研究必须高度关注虚实一体化的国债市场，各个国家或地区的中央政府必须高度重视并积极发挥国债市场的重要作用。

其一，发行国债可起到弥补国民经济运行中投资小于储蓄的缺口的特殊作用，而银行储蓄仅仅是为了吸收社会民众手中暂时不用的资金。银行储蓄可起到将储蓄资金转换为投资基金的作用，也可以起到转移现实的消费能力的作用，将一部分人延期消费的资金转给另一些人用作现实的消费。这是银行信用所起到的作用。相比之下，财政信用是不应与银行信用起同一作用的，财政发行国债实质上应避免与银行储蓄雷同，因为只要将国债的发行等同于银行储蓄，那么财政发行国债就不如直接去银行透支。在商品经济条件下，国民经济运行的基本要求是，生产等于消费，投资等于储蓄，即如果消费量小于生产量，社会再生产就会萎缩，如果投资量小于储蓄量，社会的消费量就会小于生产量，造成社会资金及生产成果的一部分闲置。因而，财政发行国债与银行吸收储蓄不同，其机理就在于国债可以起到平衡投资与储蓄的作用，可弥补投资缺口。这是由于在现行的金融体制下，银行吸收储蓄之后，除了转移现实的消费能力之外，不能将全部的储蓄资金转换成投资基金，必须将其中的一部分留作准备金，而实际上这部分准备金的存在就形成了一种社会资金在投资与储蓄之间不平衡的缺口。在现代市场经济中，财政发行国债主要是针对这一缺口的，即是针对银行准备金发行的。由于国债具有最好的信誉和可以最灵便地变现，所以是能够起到这一特殊作用的。财政像银行一样通过发行国债去吸收储蓄，不仅是对本身的特殊作用的丢失，而且也侵害了银行信用应有的社会融资功能。

其二，发行国债是行使国家的经济管理职能，而银行储蓄只表现为一种金融信用关系的存在。国家从事的经济建设不同于一般的市场经济活动。在传统体制下，中国实行大一统的集权控制，即所有的经济活动都控制在国家，这是改革的对象。现在，建立并完善市场经济体制，国家负责的经济建设仅限于基础设施和其他非竞争性领域项目，一般不涉及竞争性领域的内容，这是国家的经济管理职能的运用。发行国债就是为了发挥国家的这一经济管理职能的作用。国家通过国债投资，可以达到有效调节国民经济运行的目的。相对而言，国债的功能是银行储蓄不可比拟的。过去，在中国，号召人民储蓄，也是一种政治动员式的，并是经济集权体制的具体表现，强调的永远都是用储蓄支援国家经济建设。现在，转入新的经济体制之后，传统的观念早已改变了，银行储蓄已经回落到一般的市场经济行为之上，只是体现个人与银行之间的信用关系，并不具有直接投入国家经济建设的意义。

其三，国债利率应是资本市场的基准利率，而银行储蓄是无法起到这种信用工具作用的。国债是由中央财政发行的，是以国家信誉为担保的，所以有金边债券之美称，这是一种相对具有高度安全性、融资规模可以巨大且变现灵便的信用工具，或者说，国债与国家发行的货币相比，是仅次于货币的一种信用凭证，几乎能够起到准货币的作用。因此，由于国债的变现能力最强和最灵便，在所有的信用工具之中，国债的利率只能是最低的。因而，国债的利率客观上起到基准利率的作用。在资本市场中，无疑，规范的市场运作应保持国债利率的基准利率地位，凡不能使国债利率成为基准利率的市场信用关系，必定是不规范的。同样，国债的这一信用功能也是银行储蓄所不具备的。在有国债存在的前提下，银行储蓄的利率不应该也不允许成为基准利率，除非金融市场的信用关系是扭曲的。这也就是说，在现实生活中，出现国债利率高于银行储蓄利率的情况，是不正常的，是国债的发行不符合现代资本市场基本运作模式要求的一种明显表现。

规范国债发行的具体要求：

在国债的非市场化发行时期，每年国家发行国债，都要层层进行政治动员，甚至还要使用行政摊派的手段。在国债的发行完全市场化之后，人们看到的情况又是，每年的国债发行都引起银行储蓄大搬家，有相当多的人是拿着银行储蓄存单去买国债的，所以，年复一年，每到国债发行期间，各大银行的营业点门前都挂出红色横幅，欢迎人们去银行买国债。这种现象直接地表明了中国的国债发行是不规范的，是不符合国债基本性质的。因此，按照现代市场经济的要求，在准确地界定国债的信用功能的基础上，今后中国的国债发行必须实现如下转变。

一是由主要面向居民发行转为主要面向金融机构发行。国债的发行要起到弥补投资缺口的作用，就必须是主要面向金融机构发行。长期以来，由于中国的国债是主要面向居民发行的，国债投资的特殊功能作用几乎是被丢弃的，国债的发行基本上是类同于银行吸收储蓄，而且，为了吸引居民购买国债，国债的利率又始终是高于银行储蓄利率的，相应也使国债的利率失去了基准利率的地位。所以，规范国债市场，最基本的要求就是必须改变发行对象，由主要面向居民个人发行，改为主要面向金融机构发行，特别是要向主要的商业银行发行。这种改变意味着银行不再是卖国债的机构，而是买国债的主要力量。就此而言，中止商业银行向居民出售国债，应是中国国债市场走向规范的一个明显的标志。我们不能将已经习惯了的事情当作已经规范了的事情。从传统体制时代走过来的国债发行，带有很强烈的旧体制特征，财政部门只关心是否完成国债发行任务，并不在意发行对象是否对头。当初的行政摊派主要是向居民个人发行国债，现在的市场化发行也主要是向居民个人发行国债，改变的只是发行方式，未改变的却是发行对象。因而，市场的规范是远远未到位的，若国债的主要发行对象转为金融机构，由商业银行来承担财政发行的债券，不再向居民个人转发，那么商业银行的准备金就可用于购买国债，中央银行与商业银行之间也可展开正常的公开市场业务，国家的宏观金融调控也就走上了正轨。这表明，改变还是不改变国债发行对象是十分关键的，不改变发行对象就只能沿着旧体制的路扭曲地走下去，永远不可能完善市场经济体制下的国债市场；而改变国债发行的对象，主要由金融机构而不是主要由居民个人承受国债，主要由商业银行的准备金而不是主要由居民个人的储蓄资金来购买国债，这是摆脱旧体制的影响和束缚，促使国债市场完善，为实施规范的宏观金融调控创造基本条件。

二是由发行与银行储蓄同样品种的债券转为发行与银行储蓄品种不同的债券。现在的国债发行品种基本上是与银行储蓄没有差异的，1年期国债、2年期国债、3年期国债、5年期国债，对应的就是银行1年、2年、3年、5年期的定期储蓄。而随着发行对象的转换，国债的发行品种也必须随之转变。根据开展中央银行公开市场业务的需要，针对商业银行准备金发行国债，应是1年期以内的短期国债，即应是4周、8周、3个月、6个月等期限的国债。如果发行对象转变了，由向居民个人为主转为向金融机构为主，而发行的品种不变，那么发行的对象的转变也是缺失意义的。或者说，发行品种的转变与发行对象的转变是相关联的，是此变彼亦变的关系。就国债市场来讲，发行方式、发行对象、发行品种，全都必须规范到位，缺一不可。发行品种的确定是根据发行对象的需要而设定的。具体说就是，商业银行用准备金购买的国债只能是短期国债。美国是国债管理体制比较成熟和完善的国家，其面向金融机构发行的国债均为短期国债，也称之为国库券。中国的国债市场走向并不是特立独行的，而是要遵守国际惯例的，因此，转向发行短期债券为主，应是市场规范的重要内容之一。

另外，国债并非只可向金融机构发行，在主要发行对象锁定是金融机构之后，即由商业银行来承担购买国债的主要任务之时，并不排斥财政部门可直接向居民个人发行少量特殊品种的国债。这些特殊品种的国债期限一般是10年以上的，最长的期限可达30年。这是银行储蓄品种中没有的，是国债发行有别于银行储蓄的品种。在一些国债发行已有较长历史的国家，大多是面向居民个人发行这种长期债券的，而与银行储蓄期限相同的国债是回避的。这种国债可减免利息税，居民个人主要是买来用作子女的教育费用或个人的资产储备的，对于稳定居民生活是很有好处的。中国国债发行品种的改变，在取消与银行储蓄品种相同的债券的前提下，除了要增发面向金融机构的短期国债，还应当开发新的面向居民个人发行的长期国债。

三是由委托银行向居民个人发行转为财政部门自设国债发行机构。由于长期以来中国的国债主要是向居民个人发行的 1 年期至 5 年期债券，财政部门不得不委托银行系统代为发行，同时支付高昂的代理发行费用。各大商业银行也是冲着这笔巨额的代理费，而不惜搞储蓄大搬家的。人们从银行取钱买国债，是因为国债利率高于银行储蓄利率，并且国债的利息收入不用纳税；银行卖国债，是因为有固定的发行费可入账；在买方与卖方都是有利可图的，只是就社会而言，是付出了不必要的筹资成本的，因为这些用于买国债的钱原本就好好地待在银行，是社会可集中使用的资金，实在没有必要再空转一圈，徒增利息和发行费用。因此，改变发行对象之后，国债并不主要面向居民个人发行，那种银行储蓄大搬家的情况就不会再出现，银行发行国债的历史就将结束了。在这种前提下，财政部门必须自己常设发行机构。这种国债发行机构既不同于行政摊派时期的国债管理部门，也不同于作为代理发行商的银行营业机构，而是直接隶属政府财政部门的具体办事机构，其本身不是经营机构，只是起到发行国债的作用。这一机构发行的短期债券面向的是金融机构，发行的长期债券面向的是居民个人，即并不是只面向金融机构，也不是只面向居民个人，但其主要是面向金融机构的，面向居民个人的国债还可委托发行。时至今日，中国的财政部门还只是设立了国债管理机构，并未设立专门的国债发行机构。曾经有过的财政证券公司都是经营性的，并不属于政府的办事机构。而中国的国债市场要走向完善，要改变发行对象和发行品种，走世界上各个市场经济国家发展国债市场的共同道路，就必须尽快设立财政部门的专门发行国债的机构，以此作为规范国债发行的基本组织保障。试看中国国债市场的未来，国债的规范发行和国债发行机构的规范设立必将在其完善之中起到重要的基础条件作用。

四 财政分配

财政分配是一种代表政权力量的分配，在经济学研究中一般称为二次分配。具体的财政分配包括中央财政分配和地方财政分配。

1. 中央财政分配

中央政府的分配职能主要落实在中央财政分配上。由于中央政府肩负国家分配的主要职能，因而中央财政的分配在很大程度上是代表国家分配要求的。中央财政代表国家行使的最重要的分配职能是拨付国防费用。批准国防费用是国家立法机构，执行这一分配任务的是中央财政。因此，安全、准时、全额地向军方拨付国防费用，是中央财政的重要工作。不论在哪一个国家，中央财政担负的这一工作本身都具有重要的国防意义，不论是平时，还是战时，都不允许有丝毫的差错。特别是在战时，中央财政更是要确保每一笔款项都能及时准确地到位。

在分级财政体制下，中央财政只负责中央政府部门的工作经费和人员开支。但一般地讲，政府部门的工作经费标准及公务人员的薪酬标准要统一由中央财政部门制定并经过国家立法机构确认。政府工作经费属于社会生产消费支出，公务人员的薪酬属于社会管理劳动收入，其中包括军人的薪酬也都属于社会管理劳动收入。社会管理劳动是社会复杂劳动的重要组成部分，社会管理劳动者是社会优秀的复杂劳动者。社会管理劳动者即公务人员的收入水平应与社会其他行业的复杂劳动者的收入水平相当，因而，市场化形成的社会其他行业的复杂劳动者的薪酬标准是参照制定国家公务人员和公职人员的薪酬标准的客观依据。在社会其他行业的复杂劳动者的薪酬标准大幅度提高的情况下，国家公务人员和公职人员的薪酬标准也需相应大幅度提高。这种薪酬标准的制定及其变动机制，并不涉及"高薪养廉"问题。并不是为了养廉和反腐败，才要给国家公务人员及公职人员开高薪，在市场经济体制下，是不存在这样的分配准则和分配机制的。要求国家公务人员及公职人员的薪酬达到社会较高收入标准，唯一的根据就是社会其他行业的同等复杂劳动能力的人的由市场决定的薪酬标准达到了社会较高水平。如果社会其他行业的同等复杂劳动者的收入水平还较低，那么也就没有必要和可能为国家公务人员及公职人员加薪。但如果经过一段时间的经济发展，社会其他行业的同等复杂劳动者的收入水平都提高了，而此时还长期不提高国家公务人员及公职人员的薪酬，那么这就是一种社会分配不公的表现，甚至可能是比较严重的社会分配不公，并可能由此引起一连串的社会恶性反应，即促使心理不平衡的公务人员贪污腐败或公职人员在位不作为。若其出现恶劣后果，治理的根源还应是社会分配不公问题。总之，国家公务人员及公职人员薪酬标准并非没有客观依据，其享有同等复杂劳动者的收入水平，这是由市场经济关系制约的，是由市场分配关系决定的，不是可以任意压低或拔高的，凡属违背社会既定发展阶段的市场客观要求，都肯定是社会分配不公。我们必须明确，在现代市场经济条件下，社会分配公平的表现，是使国家公务人员及公职人员的薪酬与他们为社会做出的复杂管理劳动的贡献相对应。

中央财政在现代社会之中还担负着转移支付的分配功能。一个国家是一个整体，在本国之内，存在着各区域之间根本利益的一致性，但由于历史原因和其他原因，可能有的区域经济发展快一些，有的区域经济发展慢一些，对于国家来说，必须协调各区域之间经济发展，既不能压制各区域经济发展的积极性，又要实现各区域经济发展的基本平衡。解决问题的出路当然不能是让发展快的区域慢下来，而只能是采取有力措施使发展相对慢的区域加快发展步伐。做这种平衡工作，即帮助落后区域加快经济发展，是国家的责任，是中央政府的责任，而具体地讲就是要求中央财政在坚持全国一盘棋的方针之下做好财政的转移支付工作，由中央财政按国家预算给予经济相对落后区域专项补贴，以适当改善其财政状况，促其加快发展。

在实际工作中，如果这种财政的专项补贴量大，就是转移支付的力度大；如果这种财政的专项补贴量小，就是转移支付的力度小。进行转移支付是现时代国民经济发展区域不平衡的国家普遍采用的财政分配方式。

在教育、文体卫生事业、社会福利救济、科学研究和经济建设等方面，中央财政与地方财政相比，有责任范围的区别，没有实质的不同，因此，我们将其内容放在地方财政分析讨论中一同阐述。

中央财政是国家财政的支柱，也是国家分配的主要执行者。因此，巩固中央财政，保证中央财政收入稳定是十分必要的。中央财政的财权与事权需统一，在现代财政中，中央财政比地方财政担负了更多事权，相应需要有更多的财力支配权力。特别是在高福利国家，全国统一实行的福利是由中央财政承担费用支出。高福利意味着高支出，仅此一项就需要中央财政必须备有足够多的财力。除了福利支出以外，有关国民经济发展的根本性投入，即教育投入、基础科学研究投入、社会保障体系投入等，一般也都是由中央财政负责的。一些经济已经发达的国家，无不是利用中央财政的这种财力保证，实现其政府促进国民经济突飞猛进的作用的。如果中央财政缺乏控制力，只能调配少量的财政资金，那么中央政府在基础性投入方面是难以发挥作用的。更现实的问题是，各个国家都无法避免发生突发事件，而一旦出现大的突发性灾难，中央财政必须要拥有足够的财力，才能保证中央政府从容应对，稳定人心，渡过难关。

2. 地方财政分配

地方财政是一个笼统的概念。在有些国家，地方财政只有一级；而地方财政分为二级、三级或四级的国家，也都存在。所以，讨论地方财政分配，只能是根据笼统的概念进行一般性的阐述，不可能是针对具体的多级地方财政做详细的分级分析。就一般性而言，在分税制框架下，地方财政不宜分级过多。

地方财政要负责地方政府公务人员及公职人员的薪酬开支。就规范的要求讲，地方公务人员及公职人员的工薪水平应一致，即不允许经济条件好的地方工资水平高，经济条件差的地方工资水平低。如果要有差别的话，应该是经济条件差的地方的工资水平略高于经济条件好的地方的工资水平。因为公务人员不论在哪里都是为国家工作，待遇应当一致，而国家应鼓励公务人员去条件相对差一些的地方工作，适当提高他们的薪酬。若各地公务人员及公职人员的薪酬水平不一致，相差距离较大，那是一个国家的财政分配状况混乱的一种表现。除去国防费支出和其他一些需由中央集中统一负责支出的项目外，地方财政与中央财政相比，在分配功能上基本是一致的，只不过表现出一定的局部性。

在国家管理之中，财政要负责这一系统的行政费用支出。与古代相比，现代的国家管理费用支出已是相当可观的，这一是因为现代国家提供社会服务内容增加，再是由于管理成本加大所致，表现在行政费用支出上，也是一笔不小的开支。但现代社会需要有这样的开销，包括修建气派的办公场所、使用先进的办公系统，等等，都是必要的。尤其是进入 21 世纪之后，已经出现了虚拟政府办公系统，这更是需要购置成套的电子设备，并且还要聘请专业技术人员进行系统的管理和维修，政府必须做到每个工作日都要部分地更新虚拟政府办公系统的内容，保证整个系统的运行通畅无阻。所有这些，都是由财政开支的。这比之古代，一个县官和几个衙役的办公方式，成本不知高出多少倍。即使与不开通虚拟政府办公系统时比，费用的支出也是加大的。只是，如此的费用增加，可以大大方便公民办事，所以才是值得的。对于财政分配而言，只要是将财政资金用于整个国家管理系统，至少在法律上允许，至于用多少，这是由国家预算及地方各级预算控制的。其分配的规范性在于，不得将财政资金用于国家管理系统之外的团体或机构的行政费用支出。

在教育、科研、文化卫生等方面，财政也要负担基础层面的费用支出。义务教育费用是财政的责任，即这表示由社会保障全体公民的最基本的受教育的权利。作为公民，不论生活在哪里，享受义务教育，都是要由财政支付费用的。各地财政不能以任何理由拒绝为生活在本地的公民提供义务教育费用。除此之外，财政还要为非义务教育，包括尖端人才的培养、派遣留学生、接受外国留学生或访问学者提供一定的费用。国家的基础科研项目经费也是由财政负责的，相应，建立在各地的基础科研机构，各地的财政也要保证其工作经费，财政的这方面支出，是文明社会发展的最基础保障。文物的发掘与保护、传统文化的研究及留传、现代艺术的扶植和交流，等等，也都需要财政拨付费用，而不能将这些事业推向市场，放弃社会管理的责任。公共卫生系统的建立也是财政支出的责任。社会应以防病为主，所以这就需要财政保证这一系统的基本费用。医院必须是非盈利性的，负有社会公益责任。如果医院全部变成了盈利单位，那么无论怎样制约，也是会带有反社会性质的。所以，由财政负责，至少保留一部分公立医院，对于维护正常的社会医疗秩序，是十分必要的。其他公益性事业，除了由社会团体负责的之外，也都是要由财政给予经费支持的，这包括建立社会应急保障系统的全部费用在内。

在现代社会，各级财政还有一项重要的分配职责是，拨款进行经济建设并对其收益进行再分配。财政用于经济建设的资金，可以是财政信用资金，也可以是财政非信用资金。财政使用信用资金进行经济建设，是有偿的，不仅要收回本金，而且还要创利。财政使用非信用资金投入建设项目，一般公益性的都是无偿的，无须创利，只形成固定资产；若是非公益性项目，那么除了财政的投入要记入资本金以外，每年财政还要求收取资本利润。但在国家管理系统之内，财政作为政府的一个部门，不能自行决定经济建设的项目投资。一般说来，上哪些工程项目由财政拨款，或是设立哪些政府控制的企业让财政投资，这是由国家立法机构决定的，财政只是负责资金支付的政府部门，没有权力决定资金投向，实际只起执行的作用。如果不是这样，财政可以自行决定投资，其他政府部门也都有投资的决定权，那将是国家分配管理混乱的状态，是国民经济运行无序的一种表现。但作为执行者，财政部门也是负有重要职责的。各级财政都要对本级财政投入的资金实行有效控制，一是不准其任意挪用，必须保证专款专用，有专职机构负责；再是要保证财政投入的资金安全，不能是由大变小，由小变无，造成国家财产损失。更重要的是，财政必须控制有收益的资产投入收益，保证其收益安全、准时、全额上缴财政，还要保证将这方面的收益纳入国家预算进行再分配。

参考文献

［1］钱津：《劳动效用论》，社会科学文献出版社，2005。

［2］钱津：《中国国库券市场走势》，中国城市出版社，1998。

［3］钱津：《中国现代科学全书·政治经济学卷》，中国财政经济出版社，2000。

［4］钱津：《追寻彼岸：政治经济学论纲》，社会科学文献出版社，2001。

［5］钱津：《规范市场——经济运行研究》，东北财经大学出版社，2002。

第九章　货币理论

在 21 世纪初爆发的国际金融危机中，涉及的根本性的金融问题还是货币问题。现代经济学的研究需要从现代金融活动的实际出发合乎逻辑地解释现代货币。不论是实体经济的产品交易，还是金融衍生品市场的交易，都需要货币，而在现时代，这些货币的运动不能还是看不见的手在运动。尤其是，对于货币发行量的认识，不能仍然停留在自由王国之外。在基础理论的研究创新中，现代经济学对于货币和货币发行量的认识必须真正地符合现代市场经济条件下的客观事实。

一　实体性货币时代的结束

货币是固定地充当一般等价物的特殊商品。而商品则是用于交换的劳动产品。货币是特殊商品，那就也是商品，也是劳动产品。对货币做出这样的描述和界定，准确地说，是对实体性货币的基本认识，即这样的描述和界定反映了货币的实体性和实体性货币本质。从历史渊源讲，货币的起源是实体性的货币起源。货币的实体性是指货币具有的物质产品的性质，是物质生产劳动的产品。

金银等贵金属是实体性货币，贝壳、铜钱等也曾经是实体性货币，银票、具有含金量的纸币也都属于实体性货币。如果说，实体性货币是商品经济发展的必然产物；那么，也可以说，实体性货币是在实体经济发展中产生的，实体性货币是实体经济发展的必然产物。在实体经济发展的漫长的历史进程中，实体性货币发挥出重要的市场媒介作用，实体性货币的自身表现形式也发生了重大的变化。实体性货币的发展与实体经济的发展相对应，实体性货币是在实体经济中固定地充当一般等价物的特殊商品。

在实体经济发展的时代，经济学界对于货币的研究，更强调的是其商品性，而不是其实体性。但事实上，在那个时代，货币的实体性与货币的商品性是一致的，货币的实体性是包含在货币的商品性之中的。马克思认为，商品的流通与货币的流通是相对应的，他指出："在一个国家里，每天都发生大量的、同时发生的、因而在空间上并行的单方面的商品形态变化，换句话说，一方面单是卖，另一方面单是买。商品在自己的价格上已经等于一定的想象的货币量。因为这里所考察的直接的流通形式总是使商品和货币作为物体彼此对立着，商品在卖的一极，货币在买的一极，所以，商品世界的流通过程所需要的流通手段量，已经由商品的价格总额决定了。事实上，货币不过是把已经在商品价格总额中观念地表现出来的金额实在地表现出来。因此，这两个数额相等是不言而喻的。但是我们知道，在商品价值不变的情况下，商品的价格会同金（货币材料）本身的价值一起变动，金的价值降低，商品的价格会相应地提高；金的价值提高，商品的价格会相应地降低。随着商品价格总额这样增加或减少，流通的货币量必须以同一程度增加或减少。诚然，在这里，流通手段量的变化都是由货币本身引起的，但不是由它作为流通手段的职能，而是由它作为价值尺度的职能引起的。先是商品价格同货币价值成反比例地变化，然后是流通手段量同商品价格成正比例地变化。比如说，如果不是金的价值降低，而是银代替金充当价值尺度，或者不是银的价值提高，而是金使银失去价值尺度的职能，那也会发生完全相同的现象。在前一种情况下，流通的银要比以前的金多，在后一种情况下，流通的金要比以前的银少。在这两种情况下，货币材料的价值，即执行价值尺度的职能的商品的价值都改变了，因此，商品价值的价格表现也会变化，实现这些价格的流通货币量也会改变。我们已经知道，商品流通领域有一个口，金（或银，总之，货币材料）是作为具有一定价值的商品，从这个口进入流通领域的。这个价值在货币执行价值尺度的职能时，即在决定价格时，是作为前提而存在的。"①

关于实体性货币，在金银时代，是有窖藏现象的。研究者认为，货币窖藏是"原始的货币贮藏形式。货币是一般等价物，可以换成任何一种商品。货币的这种特点，使它可以被人们当作一般社会财富贮藏起来。在自给自足生产方式占主导地位的社会中，由于商品交换和银行制度不发达，更由于人们没有货币的时间价值观念，只能把多余的货币（金或银）作为财富埋入地下或藏入地窖。这是一种朴素的货币贮藏形式。"② 从今天来讲，能够窖藏，恐怕也是实体性货币的突出特征。

我们更需要明确的是人们使用实体性货币的时代背景。虽然，商品经济起源于原始社会末期，即原始社会快要解体的时期，商品经济一直延续到资本主义社会初期，但商品经济的存在时期，历史地看，主要是奴隶社会和封建社会，即人类社会历史上以游牧经济和农业经济为主的时期。在游牧经济和农业经济中，商品交换主要是畜产品和

---

① 马克思：《资本论》第 1 卷，人民出版社，1975，第 136 页。
② 中国社会科学院经济研究所编《现代经济辞典》，凤凰出版社、江苏人民出版社，2004，第 456 页。

农产品，实体性货币主要是为畜产品和农产品的交换充当媒介，起到货币作为一般等价物的职能作用。对于游牧者来说，他们生产了畜产品，需要卖出一部分畜产品，换取实体性货币，然后，用实体性货币购买他们需要的农产品或其他商品。对于农业者来说，他们生产了农产品，需要卖出一部分农产品，换取实体性货币，然后，用实体性货币购买他们需要的畜产品或其他商品。不论是游牧者，还是农业者，他们的商品交换都是极其简单的，游牧者那时主要卖的是皮毛，农业者那时主要卖的是粮食。不论是游牧者，还是农业者，他们对于货币的需要都是极其明确的，游牧者那时需要货币主要是为了买粮食，农业者那时需要货币主要是为了购买不能自给自足的非农产品。在游牧经济和农业经济发展的几千年的历史进程中，实体性货币的存在及其作用就是如此简单而明确的。其时，实体性货币对于畜产品和农产品的购买力都是相对很强的，即少许的金银就可以购买很多的畜产品和农产品，充分体现了货币作为一般等价物的特殊作用。在极为简单的商品交换中，事实上，实体性货币历史地起到了极为不简单的作用，方便于交换，有利于生产发展。概括地讲，金银作为实体性货币，是历史上以游牧经济和农业经济为主的时期适用的一般等价物，是在几千年中普遍流通的货币，这种实体性货币不仅在世界上的各个国家或地区都一样地使用，而且，在世界的范围内一样是流通的，没有哪一个国家或地区拒绝使用这种实体性货币。即使是进入了资本主义社会初期，具有含金量的纸币取代了金银，这种实体性货币的性质和作用也未发生根本性的变化，依然是在起到贵金属货币的作用，依然保持着实体性货币明显的商品性。

实体性货币的使用也是与社会经济总量相对小、世界人口总量相对少的历史时代相适应的。在人类社会的游牧经济和农业经济的历史

发展中，世界人口几千年来处于缓慢增长的状况。世界人口少，并且
生产力发展水平低，整个人类社会的经济总量小，相应，使用货币的
人相对就少，使用货币的量相对不大。这也就是说，世界的金银是有
限的，在世界人口总量相对少的时代实际是可以充当货币使用，但却
不可能无限地供不断增多的在地球上生活的人们作为货币使用。基本
的事实是，至 1650 年，当时全世界人口只有 4.7 亿。因而，在 1650 年
之前，金银作为货币，仅仅是供包括儿童在内的 4.7 亿以下的人口量
使用（由此决定的金银的使用数量已经是不少的了）。后来，至 1750
年，全世界人口达到 7.28 亿。至 1800 年，全世界人口为 10 亿左右。
到了此时，世界的人口总量相比现在也还不是很多。这意味着，直到
19 世纪初，全世界使用货币的人尚未超过 10 亿。只是，这相比 1650
年的世界人口，已经整整超出了 1 倍，即短短的 150 年后需要使用货
币的人口数量翻了一番。稀有的金银是由此前溯几千年的主要货币形
式，在世界人口缓慢增长的这几千年中，这种实体性货币的作用得到
了充分的发挥。而近代以来，由于人口死亡率不断下降，世界人口增
长速度得以逐渐地加快。1930 年全世界人口增长到 20 亿，1960 年又
增至 30 亿，1974 年超过了 40 亿。1987 年全世界人口已突破 50 亿。
1999 年全世界人口突破 60 亿。截至 2005 年 6 月，世界人口已达到
64.77 亿。这时的金银早已退出货币市场。世界人口的快速增长，19
世纪主要发生在工业革命初期的欧洲国家，第二次世界大战以后主要
是表现在大多数的发展中国家。在世界人口的迅猛增长下，世界的经
济总量也迅速地膨胀，相应，需要的货币总量也在急剧地加大，实体
性货币根本无法应付迅猛增长的人口需要，即世界人口的迅速发展逼
迫充当一般等价物商品的货币形式发生根本性的变化，实体性货币退
出历史舞台在这种情况下就成为一种必然的趋势。

在第二次世界大战之后，新技术革命之前，趋向退出历史的实体性货币在全世界范围内建立了布雷顿森林体系。这一以美元为中心的国际货币体系"是根据 1944 年 7 月在美国新罕布尔州布雷顿森林举行的联合国货币金融会议通过的《国际货币基金协定》而形成的，故名。该体系的主要内容：（1）以黄金为基础，以美元为最主要的国际储备货币。美元直接与黄金挂钩即各国确认 1934 年 1 月美国规定的 35 美元等于 1 盎司黄金的官价，各国政府和中央银行可用美元按官价向美国兑换黄金。其他国家货币则与美元挂钩，把美元的含金量作为各国规定货币平价的标准。各国货币与美元的汇率可按各国货币的含金量来确定，或者不规定含金量而是只规定与美元的比价。（2）实行固定汇率制。'协定'规定：各国货币对美元的汇率，一般只能在平价上下1% 的幅度内波动，各国政府有义务在外汇市场上进行干预活动；平价变动幅度如超过 10% 时，须得到基金组织的同意。这样，各国货币便通过固定汇率与美元连结在一起，美元就成了资本主义各国货币的中心。同时，国际货币基金组织是这一体系正常运转的中心机构，它具有管理、信贷和协调三方面的职能"。[①]

到了 20 世纪 60 年代，随着美元频频发生危机，美国的黄金大量外流，布雷顿森林体系的运转产生了很大的困难。这种困境一直延续到 20 世纪 70 年代，这时美国已经无力保证美元按既定的官价兑换黄金，于是美国被迫宣布停止各国用美元兑换美国的黄金。而当美国做出这一决定之后，各国货币之间的固定汇率就难以为继了，迅速被各国的浮动汇率所取代。至此，从维护国际货币正常运行的角度讲，布雷顿森林体系实际上已经崩溃了，基本上结束了这一体系的历史使命。

---

① 刘凤岐主编《当代西方经济学辞典》，山西人民出版社，1988，第 270 页。

布雷顿森林体系的建立，从货币的性质和作用讲，应该说是在人类社会的发展史上，进入了一个由使用实体性货币向使用虚拟性货币转化的过渡时期。并非布雷顿森林体系本身存在多么大的问题，而是人类社会经济的发展已经不能再依靠实体性货币进行市场交易了，就货币的发展而言，实体性货币必然要向虚拟性货币转化。因此，布雷顿森林体系的崩溃，实际是实体性货币退出历史舞台的一个明显而确定的标志。

二 虚拟性货币

自 1973 年布雷顿森林体系崩溃之后，人类社会经济的发展就进入了使用虚拟性货币为主的新的历史时期。虚拟性货币不同于实体性货币，虚拟性货币是不具有相对购买力价值的货币，虚拟性货币的自身价值仅是自身的制作费用，因而，严格地讲，虚拟性货币已不是充当一般等价物的特殊商品，而是现代社会中充当一般等价物的信用工具。货币由实体性的转化为虚拟性的，是货币的虚拟化过程，是现代经济的突出特征，是需要现代经济学货币理论给予深入研究和认识创新的。南开大学虚拟经济与管理研究中心刘骏民教授等人认为："货币虚拟化是指货币逐步摆脱了自身具有的价值，向完全作为虚拟化了的价值符号发展的过程。从人们发现不足值的金属铸币可以代替足值的货币流通时起，货币就开始了它的虚拟化过程；从信用货币的出现到法币的发行，货币虚拟化的程度不断加深；再到布雷顿森林体系崩溃后的黄金非货币化完成，货币被彻底虚拟化了。货币虚拟化的过程中，货币的社会职能逐渐分解开来。货币的基本职能、计价单位和流通手段主要由现金和可开支票账户存款来承担。而执行货币价值储藏职能的形式大大丰富了，货币与一切不断衍生出来的各种金融资产一起，形成了财富最具独立化意义的存在形式。"[①]

虚拟性货币的产生有着深刻的社会历史原因。人类社会的发展是由人类劳动内部矛盾的发展决定的，这种内在的决定性呈现出丰富多彩的外在表现，货币的变化即虚拟性货币的产生就是其中的表现之一。这一切既是在轰轰烈烈的社会变迁和演化中实现的，也是在人们日常生活的不知不觉之中完成的。看不到货币的这种时代性的必然变化，那就是还沉睡在使用实体性货币的时代，恐怕还要抱怨虚拟性货币的种种是非，甚至可能认为21世纪初国际金融危机的形成根源就是货币的虚拟化。看到了货币的这种时代性的必然变化，但却不能准确地认识和解释虚拟性货币产生的深刻社会历史原因，只就金融的虚拟化讲述货币的虚拟性，那也是缺乏剖析现代经济中看不见的手的能力的表现，无法做到对现代金融进行自觉而有力的宏观调控。

现在的问题是，虚拟性货币已经产生，虚拟性货币是现代社会普遍使用的货币，经济学的研究就不能再以实体性货币的特性要求或匡正虚拟性货币的运行。这也就是说，在现时代，对于人们每日都离不开的货币，不能不区分虚拟性与实体性的差别，不能不历史地看待货币形式的发展。老百姓有了钱，能买东西就行，不会管它是实体性货币，还是虚拟性货币，这是可以理解的。但是，作为经济学的研究，那是一定要区分虚拟性货币与实体性货币的，不能将虚拟性货币混同于实体性货币，更不能用对实体性货币的解释来解释虚拟性货币。实体性货币是特殊商品，虚拟性货币是信用工具。它们是不同形式的货币。面对此次国际金融危机，有许多的见解和治理意见是不区分货币

[①] 刘骏民、李凌云：《世界经济虚拟化中的全球经济失衡与金融危机》，《社会科学》2009
     年第 1 期。

的虚拟性与实体性的，或是说，对危机的认识并没有上升到现代货币的虚拟性上来认识。现在，除去专门研究虚拟经济的学者，绝大多数的经济学研究者还没有意识到现代的货币已不是布雷顿森林体系崩溃之前的货币，现代的货币已经是完全虚拟化了。对于虚拟性货币必须展开全面的新的研究，用过去的关于实体性货币的经济理论解释虚拟性货币必定会严重脱离现代社会经济发展的实际。按照当期人们对于货币的研究和认识的这种水平，不出现金融危机到似乎可能是有悖于常理的事情。如果经济学界对于货币的认识在总体上至今仍停留在20世纪的前期，那就难怪要有现实的危机对现代经济学发起挑战。从货币理论的角度来认识，无疑几乎所有的理论内容都是针对实体性货币进行研究的，并且直到如今，所有对于货币问题的解释都是无一例外依据这些理论做出的。并不是人们不懂得基本的逻辑，而是在货币形式发展的问题上，基本的逻辑还没有与虚拟性货币对上号。虚拟性与实体性是有重大差异的，不区分这种差别，只讲货币，只讲对于实体性货币的认识，显然是不符合基本的认识逻辑的，而这样的一种违反，势必对于现实中的货币运行造成某种程度上的认识滞后和某些外部性干预的扭曲。所以，接受国际金融危机的挑战，现代经济学的研究必须明确，不能用以往对于实体性货币的研究替代对于现今实际运行的虚拟性货币的研究。

虚拟性货币是布雷顿森林体系崩溃之后，现代经济学货币理论需要研究的新内容，另外，现代经济学的货币理论还需要对虚拟性货币与实体性货币展开统一的研究，也就是说，现代经济学的货币理论应对货币的研究实现更为基础的一般理论认识。这种统一的研究不是仅以实体性货币为研究对象的一般理论研究，也不是仅以虚拟性货币为研究对象的一般理论研究，而是综合货币发展的全部历史即综合实体性货币发展的漫长历史过程和虚拟性货币发展的不太长的历史过程进行的货币一般理论研究。在虚拟性货币出现之后，经济学的研究者就会合乎逻辑地发现，原先仅就实体性货币为研究对象形成的货币一般理论已经不适用了，新的货币一般理论必须涵盖新的对于虚拟性货币归纳概括的内容。实体性的货币是货币，虚拟性的货币也是货币，因而，在现代经济学的货币理论中，货币范畴就是比虚拟性货币和实体性货币更为基础的研究对象。理论需要对于货币范畴做出新的认识。过去做出的而且一直沿用至今的关于货币的界定，只是对于实体性货币的概括认识，在虚拟性货币出现之后已经是不够用了。2004 年出版的《现代经济辞典》中，对于货币的定义是："一种被人们所接受的，用作交换媒介、计价单位和具有价值储藏作用的商品或者法定的凭据。"[①] 这一定义显然是将虚拟性货币包括在内了，是对现代货币范畴研究的一大进步，但是，随着经济的发展和研究的深入，是不是还可以期待得到更精辟的认识概括。当然，除了定义之外，关于货币的一般理论研究还有更多的内容，而所有的新的研究内容都可能不同于以往的只以实体性货币为研究对象的一般理论，这样可能得到的认识变化正是现代各个国家或地区进行宏观金融调控所需要的基础理论。货币在发展，认识要进步。虚拟性货币的产生对于推进货币一般理论研究具有重要的作用和意义，而货币一般理论研究的推进对于更深刻细致地研究虚拟性货币也是重要的前提条件。所以，现在必须强调的是，要在全球运行虚拟性货币的新的历史条件下，高度重视和创新对于货币一般理论的研究。

2008 年国际金融危机和 20 世纪末的亚洲金融危机都是发生在使用虚拟性货币的时代背景下，这是现代金融危机的一个特点，也是使用

[①] 中国社会科学院经济研究所编《现代经济辞典》，凤凰出版社、江苏人民出版社，2004，第 451 页。

虚拟性货币遇到的难关。在现时代，人们必须明确意识到现实的货币已具有虚拟性，同时，还需要在宏观上认识和把握虚拟性货币不同于实体性货币的基本特征。首先，相比实体性货币，发行和使用虚拟性货币更为简便。实体性的贵金属货币使用起来实在是很不方便，实体性的纸币的发行需要根据贵金属的储存量。相比之下，虚拟性货币的发行只是根据市场的需求量，因而，这种货币的发行更为简便。在使用方面，作为纸币，虚拟性货币比之任何实体性的贵金属货币使用起来都要方便得多。其次，相比实体性货币，虚拟性货币的发行没有硬约束。实体性货币的发行需要根据贵金属的储存量，因此，贵金属的储存量就是实体性货币发行的硬约束。然而，相比之下，虚拟性货币的发行只是根据市场的需求量，就不存在发行方面的硬约束了。虚拟性货币的这一基本特征是一种双刃剑，既可以为货币的社会调剂创造有利的条件，又可能由于缺少硬约束而使虚拟性货币多发泛滥，破坏市场正常秩序。这是与实体性货币相比很大的不同，是极易造成货币发行过多的由头，是需要在任何时候都要给予高度警惕的。这也就是说，虚拟性货币的这一基本特征可能出现的破坏性要远远大于其正面的作用。再次，相比实体性货币，虚拟性货币具有极强的衍生能力。现代社会的普遍情况是"人们在衡量和储藏财富时，各类债券以及其他各类金融资产与货币相比，不仅可以保值而且还能获得一定的收入。而这些金融资产被设计和创造出来的可能性，源于货币虚拟化过程中它们所代表的价值被社会所认可。随着信用制度的高度发展，世界各国金融自由化进程推动了资产证券化和金融衍生工具的大规模创新，结果引起虚拟资产的高度扩张"。① 这就是说，在使用虚拟性货币的基

---

① 刘骏民、李凌云：《世界经济虚拟化中的全球经济失衡与金融危机》，《社会科学》2009年第1期。

础上，货币的再创造功能实际被极度地放大了，虚拟性货币比实体性货币可以表现出更强的衍生能力，这又是虚拟性货币相比实体性货币明显不同的一个基本特征。

需要阐明的是，尽管我们已经尽情地生活在虚拟性货币的包围之中，而且，虚拟性货币的存在对于现代虚拟经济的发展产生了巨大的推进作用，但是，虚拟性货币涉及的各种经济活动范围并非都属于虚拟经济领域。在现时代，各个国家或地区的国民经济的运行均分为两大领域：一是实体经济领域，一是虚拟经济领域。这两大经济活动领域都使用着同样的货币，即都使用同样的虚拟性货币，或者说，正是虚拟性货币的使用将这两大经济活动领域紧密地连接在了一起，使得现代国民经济成为一种虚实一体化的经济。在这其中，实体经济并不因使用虚拟性货币而也转化成虚拟经济，只是虚拟经济在虚拟性货币的推动下更加蓬勃兴盛地发展。所以，虚拟性货币与虚拟经济是两个有紧密地联系却又不同的范畴，不能认为在任何地方在任何条件下，只要使用虚拟性货币，就构成了所谓的虚拟经济。虚拟经济是货币独立化运动基础上的独立化活动，其活动的基础与其活动的范围不同，其活动的范围属于虚拟经济领域，而其活动的基础仍然是实体经济领域。这也就是说，虚拟性货币的使用范围并不等同于虚拟经济的范围。在实体经济中，完全使用虚拟性货币，这在过去是不可思议的，而在今日，却是不争的社会现实。虚拟性货币的存在价值是其作为货币的作用，而不是它的虚拟性形式。即使对于金融领域，我们也不能认为它全部是虚拟经济的活动范围。在现代的经济中，虚拟性货币是为两大领域服务的，既为实体经济领域服务，也为虚拟经济领域服务；而金融业也是为两大领域服务的，既为实体经济领域服务，也为虚拟经济领域服务。因此，金融领域并不完全属于虚拟经济的活动范围，对金融领域也要区分为实体经济服务的部分和为虚拟经济服务的部分。虚拟性货币就是始终活跃在这两个部分之中，发挥着自身应该起到的现代货币的作用。对此，接受此次国际金融危机挑战的现代经济学的基础理论研究需要有明确的界定，不能认为凡是金融活动就都是虚拟经济活动，不能认为凡是虚拟性货币的使用也就都是进入了虚拟经济活动的范围。

三　货币的发行量

虚拟性货币同实体性货币一样是货币。在现代社会，货币的发行完全都是虚拟性货币。所以，我们认识货币的发行量，现实地讲，已经不是认识实体性货币的发行量，而是认识虚拟性货币的发行量。因此，经历 21 世纪初的国际金融危机，如何衡量虚拟性货币的发行量是否过大，无疑是现代经济学的货币研究必须从理论上给予透彻解答的重要问题。

截至目前，各个国家或地区发行货币，理论上的要求似乎都是一样的，即不能超过市场对于货币的需求量，而实际工作中基本上主要还是依据经验。譬如，在爆发国际金融危机之后，2008 年 12 月，中国的一则报道明确表达了这样的一个事实。

"中国政府网 13 日发布了《国务院办公厅关于当前金融促进经济发展的若干意见》。意见包括 9 方面内容，共 30 条。意见要求，要落实适度宽松的货币政策，促进货币信贷稳定增长。保持银行体系流动性充足，促进货币信贷稳定增长。根据经济社会发展需要，创造适度宽松的货币信贷环境，以高于 GDP 增长与物价上涨之和约 3 至 4 个百分点的增长幅度作为 2009 年货币供应总量目标，争取全年广义货币供应量增长 17% 左右。意见要求，加强和改进信贷服务，满足合理资金需求。要求加强货币政策、信贷政策与产业政策的协调配合；鼓励银行业金融机构在风险可控前提下，对基本面比较好、信用记录较好、有竞争力、有市场、有订单但暂时出现经营或财务困难的企业给予信贷支持；支持中小企业发展；鼓励金融机构开展出口信贷业务；加大对产业转移的信贷支持力度；加大对农村金融政策支持力度，引导更多信贷资金投向农村。"[1]

关于流通中货币的需要量，马克思认为："在每一段时期内执行流通手段职能的货币的总量，一方面取决于流通的商品世界的价格总额，另一方面取决于这个商品世界的互相对立的流通过程流动的快慢，这种流动决定着同一些货币能够实现价格总额的多大部分。但是，商品的价格总额又决定于每种商品的数量和价格。这三个因素，即价格的变动、流通的商品量、货币的流通速度，可能按不同的方向和不同的比例变动，因此，待实现的价格总额以及受价格总额制约的流通手段量，也可能有多种多样的组合。"[2]

在马克思时代，无疑，讨论的都是实体性货币，即使讨论的是纸币，也是代表具有含金量的纸币。马克思说："这里讲的只是强制流通的国家货币，这种纸币是直接从金属流通中产生出来的。"[3] 对于那一时代使用的实体性货币，即具有一定含金量的纸币，马克思坚持认为："纸币流通的特殊规律只能从纸币是金的代表这种关系中产生。这一规律简单说来就是：纸币的发行限于它象征地代表的金（或银）的实际流通的数量。诚然，流通领域所能吸收的金量经常变动，时常高于或

---

① 新华网：《国务院提金融促进经济发展 30 条意见稳定股市》，载 http：//news. QQ. com。
② 马克思：《资本论》第 1 卷，人民出版社，1975，第 141 页。
③ 马克思：《资本论》第 1 卷，人民出版社，1975，第 146 页。

低于一定的平均水平。但是，一个国家的流通手段量决不会降到一定的由经验确定的最低限量以下。"① 对此，马克思特别强调纸币"在商品世界毕竟只是代表由商品世界的内在规律所决定的那个金量，即它所能代表那个金量。"②

从现时代讲，货币已经由实体性货币完全转化为虚拟性货币，货币的发行完全是虚拟性货币的发行。这种虚拟性货币的发行可以不代表那个金量，但是，却一定同实体性货币发行一样取决于流通的商品世界的价格总额。因为，货币的形式可以变化，由实体性货币转化为虚拟性货币，然而，自货币产生以来，货币的本质和职能作用并没有因形式变化而变化。这也就是说，不论是实体性货币，还是虚拟性货币，都是本质和基本的职能作用相同的货币。因而，在假定货币的流通速度不变的前提下，同实体性货币发行一样，虚拟性货币的发行只要符合于流通的商品世界的价格总额，就是适当的；而只要是超过流通的商品世界的价格总额，那就是过大的。由于在现实的社会经济生活中，除特殊时期，货币的流通速度基本上可以保持稳定，所以，上述关于货币的流通速度不变的假定是可以成立的。考察虚拟性货币的发行量是否得当，关键就看其是否符合当期流通的商品世界的价格总额。

在现代货币理论的研究推进中，焦点就在于如何认识和接受这个流通的商品世界的价格总额。毫无疑问，货币的本质职能作用不会变化，而这个流通的商品世界的价格总额肯定总是在变化的，有时还可能发生极大的变化。我们需要明确地认识到，如果虚拟性货币滥发，促使这个流通的商品世界的价格总额膨胀，那么，应当治理的是虚拟

① 马克思：《资本论》第 1 卷，人民出版社，1975，第 147 页。
② 马克思：《资本论》第 1 卷，人民出版社，1975，第 147 页。

性货币的滥发；可是，如果虚拟性货币没有滥发，那么，不管这个流通的商品世界的价格总额如何膨胀，虚拟性货币的发行量都应与这个流通的商品世界的价格总额相对应，这个流通的商品世界的价格总额多大，虚拟性货币的发行量就应该多大。这就是说，虚拟性货币的发行是具有跟从性的，是跟从价格总额发行的，不可通过控制虚拟性货币的发行来控制这个流通的商品世界的价格总额，而只能是根据这个流通的商品世界的价格总额发行相对数值的虚拟性货币。在货币与价格的关系上，不允许货币决定价格，必须客观地做到由价格总额决定货币总额。比如，在现实的经济生活中，一些商品的价格由于一定的市场原因表现出上涨，从而导致了物价总水平和价格总额的上涨，在这种情况下，货币发行部门必须根据价格总额的上涨增发相应数量的虚拟性货币，这是正向的宏观金融调控，有助于市场保持正常的运行秩序；不能明知价格总额上涨却紧缩银根，刻意减少虚拟性货币的发行量，若此，那就是逆向的宏观金融调控，必将对国民经济的正常运行造成人为的损害。问题就在于，货币发行部门只有根据价格总额的上涨或者说上涨后的价格总额增发相应数量的虚拟性货币的责任，并没有控制或管制这个流通的商品世界的物价总水平和价格总额的义务。至于政府怎样管理价格，那是政府微观规制的职责之一，决不能将此与货币发行部门的金融职责相混同，更不能让货币发行部门通过不按价格总额发行虚拟性货币去逼迫市场价格回落，造成宏观调控的部门职能错位，并自觉不自觉地违反维护现代市场的价格刚性原则。所以，在 21 世纪，在新的历史条件下，我们不能不再次强调价格总额这个概念，这是虚拟性货币发行必须遵守的相等量。

　　进一步地讲，在国际金融危机肆虐全球之际，特别强调虚拟性货币的发行量只能取决于流通的商品世界的价格总额，现代经济学的研究还必须从理论上理清价格与价值的关系。到底是价格围绕价值上下波动，还是价值围绕价格上下波动，抑或是既有价格围绕价值上下波动，又有价值围绕价格上下波动。这是考虑虚拟性货币的发行不过大，必须自觉准确认识清楚的重要理论问题。世界之大，历史之久，什么情况都可能发生过。或许，我们应该推断，在远古时期，在简单商品生产时代，曾经存在过价格围绕价值上下波动的情况，无论什么商品的价格都要服从价值的决定。只是，在复杂的现代市场经济条件下，这种价格围绕价值上下波动的情况几乎是没有的，即使有也是极个别的例外情况。所以，如果现在的人们是根据价格围绕价值上下波动，来认识这个流通的商品世界的价格总额，那么，肯定难以准确把握这个流通的商品世界的价格总额，于是，也就难以准确把握这个流通的商品世界根据价格总额发行的虚拟性货币的发行量。价格是一个市场概念，价值是一个生产概念。因为，价格代表的是商品在市场上买卖需要的货币量，价值代表的是生产商品需要的一般劳动的投入量。在简单商品生产时代，生产能力有限，生产约束市场，价值决定价格，价格围绕价值上下波动。然而，在复杂的现代市场经济条件下，生产能力高度发达，反过来，市场对于生产形成约束，即社会已由生产约束时代进入到了市场约束时代，而且，社会生产的规模巨大，生产商品需要的一般劳动的投入也要视市场的价格而定，因此，现实的情况就是，市场决定生产，价值也可能围绕价格上下波动了，人们不能改变的是市场价格，而只能改变自己生产商品的一般劳动投入量。正因如此，在产生国际金融危机的时代，这个流通的商品世界的价格总额是一个恒准的量，这个恒准的量将迫使市场处于一种既定的状态，迫使社会生产服从市场的安排，迫使虚拟性货币的发行必须遵守这个相等量。这就是复杂的现代市场经济条件下的价格与价值对应的货币发行关系。

现在看来，围绕这个流通的商品世界的价格总额，我们更需要讨论的是这个虚拟性货币的发行量必须相等对应的价格总额所包含的具体内容，即到底有多少类别的商品价格加总构成这个神圣的价格总额。在马克思的著作中，这个价格总额肯定只是指实体经济的价格总额。就这个实体经济的价格总额而言，在现时代应该是包括实体经济的所有的实物商品价格和所有的终点劳务商品价格以及适度的中间劳务商品价格。这就是说，仅讲这个实体经济的价格总额，就必须严格界定，因为并非所有的实体经济的价格都能计算在内，超过适度的中间劳务商品价格原则上是不允许列入实体经济的价格总额的。所以，这与马克思时代的认识是有所不同的。在那时，人们只是笼统地讲，货币的发行要相等于商品价格总额。而现在，不仅要明确那时人们讲的商品价格总额是指实体经济的价格总额，并且还要明确现时代的实体经济的价格总额包括所有的实物商品价格和所有的终点劳务商品价格以及适度的中间劳务商品价格。我们的这种明确，显然不是将实体经济的所有的市场价格都列入了与发行虚拟性货币有关的实体经济的价格总额之中。但这还只是我们认识虚拟性货币的发行量必须相等对应的价格总额所包含的具体内容的一个方面，更重要的另一个方面是我们必须从现代经济的实际出发确认在现时代这个流通的商品世界的价格总额还要包括虚拟经济的价格总额。或者说，只包括实体经济的价格总额不包括虚拟经济的价格总额的时代已经过去了。新的认识要考虑以下两点：一是，这种与发行虚拟性货币有关的虚拟经济的价格总额之中不包括虚拟经济的市场交易价格，例如，不包括股票二级市场的股票交易价格。二是，这种与发行虚拟性货币有关的虚拟经济的价格总额之中只包括适度的虚拟经济领域的劳务商品价格，所有超过适度的虚拟经济领域的劳务商品价格都不能计算在与发行虚拟性货币有关的虚拟经济的价格总额之中。总之，在现时代，虚拟性货币的发行量必须相等于对应的价格总额既包括实体经济的价格总额也包括虚拟经济的价格总额，只是实体经济的价格总额中不包括超过适度的中间劳务商品价格，虚拟经济的价格总额中不包括虚拟经济的市场交易价格和超过适度的虚拟经济领域的劳务商品价格。

四　货币的电子化

确定虚拟性货币的发行量必须等于的价格总额的具体构成非常重要，因为只有定准了这颗星，我们在现时代的宏观金融调控中才能准确地知道什么是虚拟性货币的发行量过大了，而且，更重要的是，我们才能在已经到来的货币电子化时代有效地防止电子化的虚拟性货币的发行量过大。

电子化货币是指不用实物手段表现而只是采用电子数据手段，利用电子计算机系统和电子存储卡进行金融资产保存或转移的现代货币形式。电子化货币的使用者获得收入，只需在其使用者的电子账户上增加相应的金额；电子化货币的使用者每次消费，只需在其使用者的电子账户上减少相应的金额。现在，人们的工资收入直接进卡，人们在市场消费直接刷卡，就是电子化货币使用的最普遍的表现。

由于现代的电子化货币替代的纸币是虚拟性货币，所以，现代的电子化货币属于现代虚拟性货币的新的表现形式。这就是说，现代虚拟性货币的种种特征和作用都涵盖在现代的电子化货币之中，与纸币的不同只在于其表现形式是电子化的。电子计算机的微型化和网络化为现代的电子化货币的产生奠定了物质技术基础，人类进入了高消费时代为现代的电子化货币的使用创造了广阔的市场条件。货币，由金属货币走向纸币，又由纸币走向无纸化的电子化货币，是历史的趋势。任何人只要感受到电子化货币的方便和安全等好处，都会自觉地拥护货币电子化的。就全世界的范围讲，现在已经不需要讨论能不能让电子化货币取代纸币，而是只需要讨论现实如何提高电子化货币的使用程度。现在看来，用电子化货币完全替代纸币，也不过就是个时间的早晚问题。未来，在各个国家或地区，纸币只是一种象征性的符号，实际使用的基本上都应是电子化货币。这是货币的形式在现代的发展，更准确地讲，这是虚拟性货币形式在现代的发展。

电子化货币与纸币的最大不同，就是电子化货币不能提现。纸币是可以提现的，纸币的用户可以从银行取出现金使用，因此，使用纸币，银行最怕挤兑。不仅是实体性货币时代，银行怕挤兑提现；在虚拟性货币时代，银行依然怕挤兑提现。使用电子化货币，用户是只能消费或转账，不能提现。这就在新的货币形式下，避免了银行挤兑。也就是说，货币完全电子化之后，银行的业务机制可能会发生很大的变化，对银行的金融监管的难度也就更大了，那时，我们并不可以完全用今天的观念去解决货币与银行的问题。

使用电子化货币是未来的趋势，这一趋势呈现表明，纸币发行的时代即将结束，纸币发行过大的时代也即将结束了。没有纸币的发行，肯定就没有纸币发行的过大。但是，是不是没有纸币的发行，就没有货币发行的过大，这在进入电子化货币时代之际，还是需要进行充分讨论的。一种好的前景是从此再没有货币发行过大的情况出现了。因为，电子化货币不必像发行纸币那样，事先发行很多的货币，而只能是根据人们的收入实际，支付给每一个人电子化货币，记在每一个人的电子账户上。另一种难以预测的前景可能是从此货币发行过大的情况更为普遍地出现了。只要银行允许信用卡客户有较大的透支额度，那么，至少从逻辑上讲，整个社会将可能有超过价格总额的虚拟性货币在流通领域大肆活动。

更准确地说，我们已经阐明，一个国家或地区的虚拟性货币的发行量必须等于对应的价格总额，虽然，既包括实体经济的价格总额也包括虚拟经济的价格总额，但是，实体经济的价格总额中不包括超过适度的中间劳务商品价格，虚拟经济的价格总额中不包括虚拟经济的市场交易价格和超过适度的虚拟经济领域的劳务商品价格。因此，这在纸币发行中都不易做到有效控制的情况，在电子化货币时代，似乎就更不容易实现有效控制了。问题表现在三个方面：其一，实体经济的价格总额中不包括超过适度的中间劳务商品价格，这在电子化的虚拟性货币的发行之中是更不容易控制的。在现代经济中，实体经济中存在着大量的中间劳务商品。这些中间劳务商品包括：商业劳动创造的中间劳务、银行业劳动创造的一部分中间劳务、广告业劳动创造的中间劳务、律师业劳动创造的中间劳务、市场中介服务业劳动创造的中间劳务，等等。这其中主要是商业劳动创造的中间劳务容易超过适度性，并产生较大的社会危害。其他方面的中间劳务商品即使过多一些，社会危害性也不会过大。所以，货币的发行过大，极可能会由商业劳动创造的中间劳务超过适度性引起。进入电子化货币时代，对此需要有十分明确的认识。这可能不是货币的发行能直接避免的事情，但是却直接关系到流通中的货币量是否过大。其二，虚拟经济的市场交易价格可能对虚拟性货币的发行产生较强的冲击。比如：股票市场的大起大落都可能使市场上的货币需求产生很大的变化，大起时会产生极大的需求量，大落时又会急剧地紧缩对货币的需求。这在纸币时代就是金融领域的难题，百思不得其解，到了电子化货币时代，就是更难处理的。如果在社会上，炒股的信用卡满天飞，那必然会形成货币市场的混乱，会对正常的金融市场秩序造成严重的破坏。虽然，股票二级市场的交易价格不列入商品价格总额，可是，这个市场上所有交易使用的都是真实的货币，电子化货币为这一市场的交易提供了前所未有的方便，也极可能更大危害地重复纸币交易时代的市场灾难。其三，虚拟经济的价格总额中不包括超过适度的虚拟经济领域的劳务商品价格，这对于电子化的虚拟性货币的发行来说也是不容易控制的。货币发行对应价格总额，关键不是一一对应的，不是有价格就要给予发行货币承认的，在实体经济中不承认超过适度的中间劳务商品价格，在虚拟经济中也不承认超过适度的这一领域的劳务商品价格。对此，纸币的发行就很难把握，因为对于什么是适度点难以确认，而且这是货币发行不能直接涉及的事情。所以，同样的难题，也留给了电子化货币发行的时代。只有各个国家或地区的宏观调控能够做到保证虚拟经济领域的劳务创造不超出适度范围，即整个虚拟经济的劳动投入规模适度，电子化的虚拟性货币的发行在虚拟经济领域才不会出现过大的问题。

不管怎样说，电子化货币是新生事物，是货币发展的现代形式。电子化货币的发展会使货币的使用更方便、更安全、更经济。其实，相比金属货币，相比纸币，电子化货币更像货币，因为，作为货币，人们就需要它作一个媒介，一个符号，并不需要除此之外的任何东西。在这一点上，只有电子化货币最符合要求。这就好比人类一样，在原始社会初期，是更像人还是更像猿，至少从表面上看，是更像猿。只有进化到现代社会，相比原始社会，现代的人才更像人。货币也是一样，我们甚至不能说最早的货币更像货币，而只能说货币的发展越来越完美了。从现在看，好像最完美的货币就是电子化货币了。对此，不能用老眼光看新事物，不能总以为过去的事情好。仅就货币而言，现代的是远远胜于传统的，电子化货币已经开启了人类生活的新时代。

有人担心，电子化货币好是好，就是别停电。如果停电，那在现代社会，几乎是什么事情也做不了，整个社会马上瘫痪，不光是电子化货币不能使用。而随着科学技术的进步，电子化货币的信息储存和处理可以获得更安全和更便捷的方式。停电对于人类未来的金融活动可能不是致命的威胁，电子化货币完全可以做到在大规模停电的状态下照常运行。这只是一个技术问题，而且是在现代社会并不难于解决的技术问题。至少，就目前的技术应用讲，使用太阳能电池就可以应对国家电网的停电问题。2008 年北京奥运会的中心场地就安装使用了两套电路，一套是国家电网的电路，还有一套是太阳能电池系统的电路，相比之下，各个国家或地区的电子化货币的运行系统更需要有两套电路保护运行。

虚拟性货币由纸币走向电子化货币，需要一个过渡时期，更需要创造过渡的条件。最基本的条件是一个国家或地区的居民收入完全进入银行的服务系统，即必须使货币的支付高度银行化，不再有很多的纸币流通在市场上。这一点，目前在一些发达国家已经做到了，银行为此不仅可以减少大量的现金活动，还可以监控和代收所有的税收。在实现这一基本条件之后，我们才可以进一步谈到如何更大范围地用电子化货币取代纸币的问题。而在电子化货币完全取代纸币之后，我们相信，人类依靠自身的智慧一定可以有效地解决货币的发行量过大的问题。或许，到那时，问题的解决就实现在电子化货币完全取代纸币之中呢！

参考文献

［1］钱津：《劳动论》，社会科学文献出版社，2005。

［2］钱津：《劳动效用论》，社会科学文献出版社，2005。

［3］钱津：《中国现代科学全书·政治经济学卷》，中国财政经济出版社，2000。

［4］钱津：《追寻彼岸：政治经济学论纲》，社会科学文献出版社，2001。

［5］钱津：《规范市场——经济运行研究》，东北财经大学出版社，2002。

［6］钱津：《国际金融危机对现代经济学的挑战》，经济科学出版社，2009。

［7］钱津：《论虚拟性货币的性质与发行》，《湖南社会科学》2010 年第 2 期。

第十章 资本理论

在现代市场经济建设中，资本是时时刻刻都受到关注的经济范畴。但比起谈资色变的时代，现在人们对于资本范畴的认识平和多了，仇视资本的认识已经远离了 21 世纪初的人类社会生活。然而，不论到何时，资本都是资本主义生产方式的核心，资本范畴都是资本主义经济范畴的核心组成部分。

一 资本用途

在《国民财富的性质和原因的研究》一书中，亚当·斯密专门论述了资本的各种用途。他的这方面研究，既是其有关资本认识的核心思想反映，也是 18 世纪经济学资本理论的代表性见解。在时光已流逝200 多年之后，重温并再度认识亚当·斯密的资本用途划分理论，对于推进现代经济学的资本理论研究，对于坚持和发展马克思主义政治经济学，都具有基础性的学术意义。

1. 斯密关于资本用途的划分

在 1776 年出版的著作中，斯密在第二篇中单辟一章讨论资本的各种用途，这足以表明他对这一问题的重视程度。斯密认为："资本有四种不同用途。第一，用以获取社会上每年所需使用所需消费的原生产物；第二，用以制造原生产物，使适于眼前的使用和消费；第三，用以运输原生产物或制造品，从有余的地方运往缺乏的地方；第四，用以分散一定部分的原生产物或制造品，使成为较小的部分，适于需要者的临时需要。"① 按照斯密的解释，这四种用途中的第一种用途是指农业、矿业、渔业投资，第二种用途是指工业制造业投资，第三种用途是指批发商业投资，第四种用途是指零售商业投资。斯密不仅做出了这四种资本用途的划分，更重要的是，他从自身对社会经济活动的考察结果出发，高度概括且明确地以为："这四种用法，已经包括了一切投资的方法。"②

不过，在此需要阐明的是，斯密所说的分有四种用途的资本均指用以维持生产性劳动的资本，也就是说对生产性劳动的确认是资本存在及用途划分的前提。而什么是生产性劳动，生产性劳动与一般劳动、与非生产性劳动的区别是什么？这是学术界长期讨论至今仍争论不休的问题。至少在中国，关于这一问题就进行过三次大的讨论。第一次是在20世纪60年代，第二次是在20世纪80年代，第三次是在21世纪初也就是现在。如果说这一问题是21世纪的经济学仍在讨论的大事，那么18世纪的经济学家对这一问题的认识是难免有偏差的，而他们提出这一问题又显得是十分可贵的。为了清楚地了解斯密划分资本的范围，这里有必要引证一下斯密本人对于生产性劳动与非生产性劳动划分的认识，他说："有一种劳动，加在物上，能增加物的价值；另一种劳动，却不能够。前者因可生产价值，可称为生产性劳动，后者可称为非生产性劳动。"③ 由此可见，斯密认为能将劳动物化在物上，

---

① 亚当·斯密：《国民财富的性质和原因的研究》上卷，商务印书馆，1988，第329、330页。
② 亚当·斯密：《国民财富的性质和原因的研究》上卷，商务印书馆，1988，第329、330页。
③ 亚当·斯密：《国民财富的性质和原因的研究》上卷，商务印书馆，1988，第303页。

能使物的价值增加的劳动是生产性劳动，否则就不是生产性劳动，资本同生产性劳动的结合是资本发挥自身作用的前提条件，或者说只有同生产性劳动结合的投资才是资本，即资本不论怎样划分用途，都是同价值创造或是说物的价值增加直接有关的。

但是，在确定资本与生产性劳动结合这一资本存在的前提下，我们还需重视斯密关于资本用途划分的体现他本人学术风范的两方面思想。

其一，斯密认为："一切资本，虽都用以维持生产性劳动，但等量资本所能推动的生产性劳动量，随用途的不同而极不相同，从而对一国土地和劳动的年产物所能增加的价值，亦极不相同。"[①] 在一般市场经济的运行规则中，等量资本是可获取等量利润的，而斯密却认为等量的价值增加可能使用的资本是不等量的，资本因用途不同而不是因其他方面的不同就可能会产生不同的推动生产性劳动作用，等量资本的投入可能不会产生等量的价值增加。斯密的这一思想应该说较之等量资本的等量利润的认识更为深刻，因为这不是局限于资本收益看问题，而是通过资本的使用看到了基础性产业与非基础产业之间的不同，即看到了在不同产业之间的投资效果的根本性不同。具体说，就是资本在农业、工业、批发商业和零售商业这四种用途上所起到的作用是不同的。

其二，斯密认为："这四种投资方法，有相互密切关系，少了一种，其他不能独存，即使独存，亦不能发展。为全社会的福利计，亦是缺一不可。"[②] 这就是说，作为经济学家，而不是作为商人，斯密更注重的不是资本的用途，而是各种资本用途之间的联系。如果说，斯密对资本用途强调其效果的不同，那么在资本用途之间的联系上，斯

---

① 亚当·斯密：《国民财富的性质和原因的研究》上卷，商务印书馆，1988，第329页。
② 亚当·斯密：《国民财富的性质和原因的研究》上卷，商务印书馆，1988，第330页。

密则更强调的是各种用途的必要性即不可缺少性。这同样是与其同代人相比相当深刻的认识。斯密考察的范围是国民经济，他是站在国民经济的立场上分析研究资本的用途和资本的作用，他不仅强调了劳动的分工与协作，而且也强调了资本的用途分类及各种用途之间的统一。就此而言，这往往是现代经济学研究所忽略的一种思想，即资本的宏观整体性更重于资本的微观竞争性。

2. 斯密对前人认识的超越

斯密关于资本用途划分的理论，即使在今天来看，也是很深刻的，因为他不单纯是划分了资本的四种用途，而是进一步揭示了资本各种用途之中的基础性投资与非基础性投资的不同，资本各种用途之间的相互密切联系，每一种用途都具有必要性。历史地看，斯密的这一理论代表了 18 世纪经济学研究的高度，这既不同于 19 世纪、20 世纪的资本理论研究，也不同于斯密之前的经济学认识水平。斯密对资本用途的划分及其深刻认识，反映了 18 世纪资本主义的发展状况，超越了当时原有的资本理论思想，更具有经济学研究贴近社会真实的全面性。斯密的思想主要表现在对重商主义和重农主义认识的超越上。

重商主义是产生于资本主义原始积累时期的经济学说。"到了中世纪晚期，西欧社会依稀地出现了资本主义生产方式的曙光。随着封建自然经济的日趋衰落和商品货币关系的日益发展，民族国家的兴起对于财富的空前渴望以及地理大发现对于世界贸易的极大刺激，导致了一场商业资本的革命。商人以及商业资本在社会经济生活中发挥了至关重要的作用。在这样的历史条件下，人们对于资本的研究与考察便自然地集中于商业资本的形态，从而形成了重商主义的经济学说。"[①]

---

① 张凤林：《西方资本理论研究》，辽宁大学出版社，1995，第 2 页。

重商主义的基本思想是，只有货币才是财富，货币与资本是等同意义的，只有经商才能创造财富，而生产只是创造财富的先决条件。重商主义最重的是商业资本，即他们只认为商业才能增加货币。马克思曾认为，重商主义是对资本主义生产方式最早的理论探讨，反映了资本主义原始积累时期商业资产阶级的利益。而斯密对于重商主义的认识超越，则表现在经济学思想对于狭隘商业资产阶级利益的超越上。斯密并不认为商业是创造财富的唯一源泉，他对资本用途的划分以及他对资本四种用途之间关系的分析说明他的理论比之重商主义的认识已经有了更为广阔的视野，不再以偏概全，不再将对资本的认识停留在货币关系的表层。斯密认为："原生产物及制造品富饶的地方，必以所余运往缺乏的地方，假设没有资本投在运输业中，这种运输便不可能。于是它们的生产量便不能超过本地消费所需要的。批发商人的资本，可通有无，使这个地方的剩余生产物交换别个地方的剩余生产物，所以，既可以奖励产业，又可以增进这两个地方的享用。"[1] 并且，斯密还进一步分析了零售商业资本的重要性和必要性。但是，斯密并没有沿袭重商主义对商业资本的完全推崇，没有将商业资本视为唯一的资本，他认为资本有四种用途，更认为："假设没有资本用来提供相当丰饶的原生产物，制造业和商业恐怕都不能存在。"[2] 这就表明，斯密将农业视为基础产业，将投在农业上的资本视为更具有基础性的资本存在。这是斯密的资本理论对于重商主义认识的超越。

再者，斯密的这一理论也超越了在他之前产生并与他同时代存在的重农主义认识。重农主义，又称重农学派，是继重商主义之后又出现的一个资产阶级经济学学派。这一学派的代表性著作即弗朗斯瓦·

---

[1] 亚当·斯密：《国民财富的性质和原因的研究》上卷，商务印书馆1988年版，第330页。
[2] 亚当·斯密：《国民财富的性质和原因的研究》上卷，商务印书馆1988年版，第330页。

魁奈的《重农主义，或者对人类最有利的治理的自然准则》于1767年出版，比斯密的《国民财富的性质和原因的研究》早出版了9年。在此代表著中，魁奈坚持认为社会总产品与农业的年产量等同，工业和贸易都不能增加国家的财富。这也就是说，重农学派将资本的存在仅限于农业领域，同重商主义将资本的存在仅限于流通领域一样，表现出认识上的以偏概全。然而，毕竟时代在进步，与重商主义不同的是，重农学派是将这唯一的资本存在锁定在基础性的农业产业上，而不是非基础性的商业流通中。魁奈生活的时代与斯密生活的时代是一致的，但在当时，在魁奈对资本的认识还存在简单化的局限性之时，斯密用自己的著作分析超越了魁奈的片面性，达到了对资本综合认识的全面性高度。斯密关于资本四种用途的划分，实质说明资本是存在于农业、工业、商业各个领域之中，并非只存在于商业领域，也并非只存在于农业领域，社会的财富是各个领域共同创造的。与重商主义相比，斯密对资本的认识克服了对非基础性产业资本崇拜的片面性；与重农主义相比，斯密又克服了对基础性产业资本崇拜的片面性。斯密认为："农业家资本所能推动的生产性劳动量最大。"① 但是，他更为全面地认识到："输出人虽有国籍上的差别，但以资本输出国内剩余生产物来交换国内需要的物品，那就无论是外国人或是本国人的资本，对这剩余生产物所给予的价值，总是一样的。批发商人是本国人也好，不是本国人也好，他的资本，同样有效地使生产这剩余生产物的人的资本得以偿还，同样有效地使生产这剩余生产物的人的营业得以继续经营下去。这就是批发商人资本对维持本国生产性劳动和对增加本国年产物价值所提供的主要助力。"② 像魁奈一样，斯密也是高度重视农业和

---

① 亚当·斯密:《国民财富的性质和原因的研究》上卷，商务印书馆1988年版，第333页。
② 亚当·斯密:《国民财富的性质和原因的研究》上卷，商务印书馆1988年版，第335页。

农业资本的基础性作用，但是他又能超越其同代人，更全面地认识资本的存在和资本的各种用途的必要性，并不因资本的基础性用途的重要性而否认资本用途的全面性和非基础性用途的不可缺少性。

3. 马克思的抽象划分与斯密的具体划分

斯密对资本各种用途的论述是按其投入的产业具体划分的。这一点与 19 世纪马克思对资本用途做出的抽象划分是不同的。研究马克思抽象划分与斯密具体划分的不同，也是有助于研究斯密资本理论的贡献和 19 世纪经济学对资本认识的发展历史的。

不过，需要明确马克思关于不变资本和可变资本的划分不在这里的讨论范围之内，因为那不是资本用途的划分，而是资本性质的划分。与此相关，我们现在的讨论也不涉及固定资本和流动资本方面的问题，即在此不分析不变资本和可变资本与固定资本和流动资本之间的区别，对这四个范畴的分析可能具有更一般的意义。这里要分析的是与斯密具体划分资本用途相关的马克思对资本用途的抽象划分，以此来加深对斯密资本理论的认识和了解。

马克思没有像斯密那样，具体地分析农业资本、工业资本、商业资本的划分意义。他的研究以工业资本为主，以商业、银行资本为辅，兼顾农业资本问题，但其关于资本在社会运行中的用途的认识，则是以高度概括性的分析为特征的。马克思抽象地将社会的再生产分为两大部类，第一大部类是生产资料的生产，第二大部类是生活资料的生产。在这一抽象划分上，不能不说马克思的认识比斯密的认识又深入了一步，斯密始终强调的各种资本用途的相互密切的关系在马克思的两大部类划分的再生产模式中得到了更清楚的证明。也许正因如此，或还有别的原因，在改革开放之前，甚至在改革开放之后相当一段时间内，中国的学者对按具体的产业划分出第一、第二、第三产业的归类不予接受，而只研究和运用马克思的两大部类的划分。事实上，斯密的资本四种用途的划分，是很接近或是说很类似于第一、二、三产业的划分，只要将斯密的商业资本扩展为服务业资本就可以了。而在这种划分上，确实缺少两大部类划分的概括性，也缺少对各类资本用途联系的解释力。但是，从长期的讨论中，也可以看出，两大部类的抽象与斯密四种用途划分的范围并不一致，马克思的抽象范围似乎只概括了斯密的前两种用途，即只包括农业、矿业、渔业和工业制造业，并不包括批发商业、零售商业等。从这一点来讲，如果单纯讨论资本用途，那么可以说斯密的划分范围是完整的，至少在他那个时代是较为完整的。因此，与斯密相比，马克思的抽象划分缺少对今天讲的第三产业即非物质生产领域的概括。马克思对生产的理解虽然是高度抽象的，是明确指向生产资料和生活资料的生产，但却局限于物质生产领域，这是与斯密四种用途的划分有区别的地方。从现实来讲，不论是关于资本的研究，还是关于社会再生产的研究，都不可缺少非物质生产领域，即都应将第三产业概括进去。所以，马克思的抽象划分与斯密具体划分的不同在这方面可引起理论界的进一步思考。

马克思的抽象认识较之斯密的具体划分更为深入的表现是，马克思对产业资本做了抽象的三种形态的划分。在研究资本循环中，马克思指出："资本价值在它的流通阶段所采取的两种形式，是货币资本的形式和商品资本的形式；它属于生产阶段的形式，是生产资本的形式。在总循环过程中采取而又抛弃这些形式并在每一个形式中执行相应职能的资本，就是产业资本。"① 而斯密在论述资本的各种用途及其对社会财富的创造作用时，并未探讨资本的循环过程，也未能认识到资本

_____

① 马克思：《资本论》第2卷，人民出版社，1975，第60页。

循环中的各种形态的存在。但就生产资本的认识来讲，斯密是在前强调唯有生产性劳动才能使资本起到创造财富或增加物的价值的作用，马克思是在后强调唯有生产资本存在的阶段才是价值创造和价值增值过程的统一。马克思与斯密关于这一资本的界定也是有分歧的。马克思通过资本循环过程的分析，更进一步缩小产业资本的本质活动范围，指出只有处于生产阶段的资本才是生产资本，在流通领域不可能有生产性的资本作用。这对于斯密的认识实质是一种批判，因为斯密对于资本用途的划分始终表明流通领域也是资本发挥作用的领域，斯密通过对各种资本用途相互密切联系的分析说明各种资本，包括商业资本都可起到维持生产性劳动的作用，都是必不可少的独立存在的资本。可以说，关于这一问题的讨论，具有完全的学术性，不论是马克思，还是斯密，都应服从客观的逻辑。在 21 世纪，经济学仍需继续探讨这方面的理论问题，马克思的抽象划分研究和斯密的具体划分论述都将是不可忽视的思想素材。

4. 斯密对资本用途的评析

斯密将资本的用途划分为四种，他对每一种用途都有自己的看法。与现代资本理论的研究相比，斯密对资本用途的认识是最基础性的，仅仅是从产业的存在与发展来讲资本的投入及其作用，远没有接触到市场经济的中枢神经即资本市场的运行问题。但由于斯密的研究是最基础性的，其划分的用途是最基本的划分，所以，斯密的分析对于现代资本理论研究仍是值得注意和重视的。对于科学研究来说，一个学者的认识价值并不在于正确与否，而在于能否起到学科推进作用，能否对后人的研究给予启示。因为在探索的过程中，任何人都不能保证自己的认识始终正确。因而，在经历了 200 多年之后，我们更应以平和的学术心态看待斯密对资本用途的主要观点。

（1）关于投资顺序

"在各种资本用途中，农业投资最有利于社会。"① 斯密特别强调这一点并始终坚持这一点。其实，斯密所处的时代，已经是工业革命兴起之后了，资本主义大工业的力量已经震撼了整个世界，但是，斯密还是强调农业在整个国民经济中的重要性，农业投资在整个社会资本运作中的基础性。斯密认为："按照事物的自然趋势，进步社会的资本，首先是大部分投在农业上，其次投在工业上，最后投在国外贸易上。这种顺序是极自然的；我相信，在所有拥有多少领土的社会，资本总是在某种程度上按照这种顺序使用。"② 在现代资本已证券化的状态下，斯密的认识仍是有重要意义的，即社会到任何时候也不能不重视农业，农业的重要决定农业投资的重要，只有保障农业投资才能保障农业起到应有的基础作用。如果因为资本都虚拟化了，而忽视农业投资，那将对整个国民经济的发展是极其不利的。从现在讲，并不能对斯密在农业投资上的观点质疑。

（2）关于国内投资

"比较重要的是，制造者的资本应留在国内"。③ 斯密同样极其重视工业资本，这是斯密不同于同时代的重农学派的地方。正是由于有这样的见地，才使得斯密能成就自己的经济学理论，成为那一特定历史时代的大师。斯密认为："因为有这种资本留在国内，本国所能推动的生产性劳动量必较大，本国土地和劳动的年产物所能增加的价值也必较大。但不在本国境内的制造者资本也对本国极有效用。"④ 这就是说，在斯密时代，他很明确支撑当时社会的，必须有一定量的工业资

---

① 亚当·斯密：《国民财富的性质和原因的研究》上卷，商务印书馆，1988，第334页。
② 亚当·斯密：《国民财富的性质和原因的研究》上卷，商务印书馆，1988，第349页。
③ 亚当·斯密：《国民财富的性质和原因的研究》上卷，商务印书馆，1988，第335页。
④ 亚当·斯密：《国民财富的性质和原因的研究》上卷，商务印书馆，1988，第335页。

本,少了这种资本,国家就不能强盛。在现代,虽然资本已经全球化运动了,跨国公司几乎统治着大半个世界市场,但是斯密强调工业资本应留在国内的观点仍具有现实意义,因为毕竟在人类整体利益之下还划分各个国家的利益。这里,斯密说的留在国内的工业资本是对本国有利,斯密说的不留在国内的资本也是对本国有利的。现在欧美跨国公司的资本不留在国内,正像斯密所说,也是有利于本国的。

(3) 关于贸易投资

"投在出口贸易上的资本,在三者中,效果最小"。① 斯密的这一认识是针对当时情况讲的,但是对于一个大国来讲,这应是一种永远不可改变的信条。出口贸易不能成为一个大国的主要经济活动,不论何时,大国的消费主要都需由本国的生产来保障,本国的生产物应主要供应本国消费。所以,即使是今天来看,斯密的这一认识也是很准确的。斯密的态度在这一问题上是很明确的,他认为:"政治经济学的大目标,即是增进本国的富强,所以,为本国计,与其奖励消费品国外贸易,毋宁奖励国内贸易,与其奖励运送贸易,毋宁奖励消费品国外贸易或国内贸易。为本国计,不应强制亦不应诱使大部分资本,违反自然趋势,流到消费品国外贸易或运送贸易方面去。"② 而斯密讲的这种自然趋势,实际指的就是大国经济基本应自给自足,不论大量出口,还是大量进口,都是不合算的。

(4) 关于投资自由

"私人利润的打算,是决定资本用途的唯一动机。"③ 斯密的这一条总结,可以说精辟地概括了市场经济运行的精髓,也是对资本运行

---

① 亚当·斯密:《国民财富的性质和原因的研究》上卷,商务印书馆,1988,第336页。
② 亚当·斯密:《国民财富的性质和原因的研究》上卷,商务印书馆,1988,第342页。
③ 亚当·斯密:《国民财富的性质和原因的研究》上卷,商务印书馆,1988,第344页。

的微观基础最好的阐释。因为在哪一个领域投资，对投资者来说，追求的目标都一样，只有收益高，才能吸引投资者。至于具体的产品是农产品、工业品，还是技术、服务、贸易，这对投资者并不重要。投资只要求价值增值，斯密是准确地抓住了这一点来做资本用途分析的，所以，他既要划分资本用途，又要解释市场的机制。但是，作为经济学家，斯密并不完全认同这种市场机制的作用，因为这一机制与他所论述的各种资本用途的自然趋势可能是存在某种冲突的。因此，从斯密的整体学说来讲，他并不主张完全的市场自由，他从实际出发同样要求社会对自发的市场机制有一定的干预，包括社会对私人投资用途的一定干预，以保证国民经济运行合理，国家富强昌盛。

二　资本市场

在此，我们需要特别地强调，在现代市场经济条件下，资本市场并非仅指股票市场，而是包含更多内容的资本运作关系，包括以下各类市场。

（1）股票市场

从现在来看，也许任何人都不能否认，中国市场经济体制改革的突出成就之一是恢复建立了股票市场。我们说，在改革进行了 30 年之后，大力发展资本市场，必须更进一步地规范和发展股票市场，推进风险投资和创业板市场建设。我们应该力争在中国股票市场建立 20 年之际，使这一已经拥有 1 亿多股民的重要的资本市场的建设能够达到现代国际通行的规范水平。

在中国的工业化腾飞之后，中国的经济总量已经排在了世界第二位，2010 年的 GDP 总量已经达到了 40 万亿元人民币。相比之下，中国已经起步的股票市场的规模还太小，远远没有达到与经济发展相应的市场容量要求。

在以往的发展中，中国股市容纳的民营企业很少。这不符合市场经济体制的要求，也与股票市场本身的功能作用相悖。在世界各地，股票市场都主要是民营企业的直接融资渠道，政府控股的企业很少进入其中。因此，按照国际惯例，中国今后的上市公司，也应主要是民营企业。这也就是说，中国的股票市场要在今后支持民营企业的发展中，发挥更大的作用，为更多的民营企业上市开绿灯。

上市银行是兼具证券风险和银行风险的企业。因此，在上市公司中，上市银行是相对风险较大的群体，必须特别加强监管，防止在证券市场上出现银行的经营风险问题。如果上市银行产生这样或那样的信用危机，那影响将是巨大的，将是极具市场震荡作用的，将会冲击整个国家的金融体系。

（2）企业债券市场

企业债券市场是重要的资本市场，是范围最广的企业直接融资的渠道。从资格上讲，企业不可能都上市发行股票，但企业都可以申请发行本企业债券。在以往，许多中国企业对发行债券不感兴趣，证券市场监管机构也没有在这方面做更大的努力。而现在，在中国工业化进入腾飞阶段之后，国家的宏观调控应在引导企业发行债券上取得新的成效，积极扩大债券市场，完善和规范发行程序，扩大公司债券发行规模；大力发展机构投资者，拓宽合规资金入市渠道。2006 年，中国全年发行企业债券 1015 亿元，比 2005 年增加 361 亿元。① 2007 年，不包括短期融资券，中国全年发行企业债券 1710 亿元，比 2006 年增加

---

① 中华人民共和国国家统计局：《中华人民共和国 2006 年国民经济和社会发展统计公报》，《人民日报》2007 年 3 月 1 日。

695 亿元。① 这是好的趋势。今后，需要进一步建立统一互联的证券市场，完善交易、登记和结算体系，规范建立发债机构和债券信用评级制度，促进企业债券市场更迅速地兴起和健康发展。

（3）国债市场

国债市场是现代资本市场的重要组成部分，是市场经济条件下国民经济的晴雨表。国债市场的运行机制不完善，影响这一资本市场的作用发挥，也影响整个国民经济的宏观调控。作为一种信用工具，在现代市场经济中，国债是政府筹集的资金用来进行经济建设投资的，同时也是用来供进行宏观金融调控的中央银行开展公开市场业务使用的。过去在一个较长的时期内，中国的国债发行对象主要是居民个人，而不是金融机构，即财政部门的国债主要是发给了居民个人，很少向商业性金融机构发行国债。在这样的国债市场中，中央银行根本无法规范地开展公开市场业务，与商业银行等金融机构之间买卖国债。而在没有公开市场业务的情况下，宏观金融调控的功能是残缺的，也是丧失调控的灵活性的，并由此影响国民经济宏观调控的灵活性和效果。因此，在改革开放 30 年之后，在中国工业化腾飞的进程中，我们必须改变以往的国债市场运行机制，从宏观上调控国债市场，让财政部门以直接面向商业银行和非银行金融机构发行国债为主，而不再继续以面向居民个人发行国债为主，即要按照现代市场经济的要求完善这一市场。只有这样，中国宏观金融调控的焦点才能像其他发达市场经济国家一样落实在国债市场上，中国的中央银行才能规范地开展公开市场业务，积极地完善货币政策运作的调控手段。②

---

① 中国人民银行货币政策分析小组：《中国货币政策执行报告》（二〇〇七年第四季度），《金融时报》2008 年 2 月 23 日。

② 钱津：《论虚拟经济下的宏观调控》，载《开放导报》2006 年第 6 期。

（4）借贷市场

改革进行了 30 年之后，中国国民经济运行中变化最大的将是银行业。以前的金融改革只是硬件改革，而今后将是软件改革。由发展是硬道理转为以人为本，在国有企业改革发展到全面的改制之后，银行业的改革将成为中国市场经济体制改革的主角。目前，国有银行已经上市、资本市场股权改革、人民币汇率形成机制等，都显示了国家大力改革金融业的决心。在国家对借贷市场的宏观调控中，重要的并不是调整利率、准备金率，而是要将中国的银行业推向国际惯例的轨道上去，要将借贷市场的运作与国际市场的融资方式直接地接轨。在国际上，不论是哪个国家，其银行借贷的规则都是一致的，既有原则性，又有灵活性。这样务实的要求合法性和可行性的借贷管理惯例是中国银行业应该学习借鉴和理性接受的。中国的银行业不能再延续传统的做法，又烦琐，又不实用，总是造成很多的呆、坏账目，而且，还夹杂着许多的人际关系或权势旨意。这就是说，中国银行业借贷市场的整顿在于与国际惯例的接轨，在于从制度的改观上进行宏观调控。这是在虚拟经济领域进行的又一种对资本市场的宏观调控，这种宏观调控的作用将大大地改变中国借贷市场的面貌，将使遵守国际惯例的规范的借贷市场在中国工业化的腾飞过程中乃至更为长久的市场经济建设中发挥更大的作用。在中国借贷资本市场中，必须坚决制止和纠正违法违章的集资、拆借等融资活动。

（5）产权交易市场

产权交易市场是资本市场的重要组成部分，是现代市场经济中不可缺少的生产要素配置市场。中国的产权交易市场，最初是由交易国有企业的产权起步的，所以，一直是由政府部门组建事业单位操作的。这样的市场形成历史，具有中国特色，也是颇为艰辛的。由于国有企业的改革长期徘徊，这在很大程度上影响了产权交易市场的发展和发挥作用。进入 21 世纪，随着中国工业化的腾飞和国有企业改革的推进，产权交易市场的作用将在资本市场中得到越来越多和越来越重要的发挥，不仅为国有企业的产权交易提供服务，而且还要面向全社会发挥市场交易作用。在进一步的发展中，产权交易还需有更大的市场拓展，比如，现在北京市的产权交易市场就是以知识产权的交易为主，在其他地区也开展了共有产权的交易。但从今后市场发展的要求讲，产权交易的拓展应放在大型企业对中小型企业的跨行业跨地区跨所有制的并购重组方面。

（6）企业资产保险和再保险市场

保险市场的发达标志着市场经济体制的成功和现代市场经济的发达。企业保险进行市场化的改革，就是要将资产保障的任务推向保险市场，而不是由政府行政统包下来。因此，在完善市场经济体制中，在进一步推动资本市场的发展中，中国需要像其他发达市场经济国家一样，积极地发展企业资产保险和再保险，促使各类保险市场在工业化腾飞时期和以后更长时期内获得长足的发展。物权法的实施为企业资产的保险奠定了市场运作的基础。再保险是与保险的市场发展紧密相连的，只有保险市场发展了，再保险的市场才能跟进。中国加入世界贸易组织之后，世界各国的保险公司纷纷进入中国保险市场，这对于中国保险市场的扩大和规范将起到积极的示范和促进作用。

三 虚拟经济

虚拟经济是一个新的经济学名词和经济学新的认识视角。现在，虽然经过了一段时间的理论探讨，但经济学界至今还未统一对虚拟经济的认识。

1. 理论界对虚拟经济的五种认识

第一种观点认为，虚拟经济就是证券市场活动，将所有的证券交易都称之为虚拟经济活动。这是一种比较窄的对虚拟经济界定的观点。

第二种观点认为，虚拟经济是指除物质生产领域以外的一切经济活动，包括体育的产业化、文化艺术的商业活动、银行、保险、房地产、教育、广告、服务业等内容。这是一种最宽的界定观点。

第三种是全国人大常委会副委员长成思危教授的观点，颇具代表性，他认为虚拟经济是指与虚拟资本有关，以金融系统为主要依托的循环的经济活动，简单地讲就是直接以钱生钱的活动。这种观点现在占据主流认识阵地。

第四种观点认为，虚拟经济就是指金融活动，即将虚拟经济等同于金融市场活动，这种观点很流行，特别是为金融界人士接受。只不过，金融界在接受这种观点的同时，并不将金融活动改称为虚拟经济活动。

第五种观点认为，虚拟经济是一种现代劳动分工的表现，是指在实体经济中的价值独立运动之上又出现的价值独立运动。这种观点不认为属于实体经济中的金融活动也为虚拟性，即认为并非所有的金融活动都是虚拟经济，只有扣除了实体经济的金融活动之外的金融活动才是虚拟经济。这种观点是最贴近事实的认识，这种观点比较准确地划分了实体经济与虚拟经济的各自范围，并且是唯一从劳动分工的角度认识虚拟经济的存在及其作用的。

2. 虚拟经济的形成机制

南开大学的刘骏民教授认为，世界范围的虚拟经济起自 20 世纪。他指出：在 20 世纪 80 年代以后，西方发达资本主义国家开始摆脱凯恩斯主义经济政策，朝着自由资本主义的政策转变。随着国家对经济干预的削弱和对经济管理的放松，金融自由化迅速发展。在 20 世纪 60 年代末为了回避金融监管而发展起来的金融创新在 80 年代达到了鼎盛时期，新的金融工具不断出现，将虚拟资本的虚拟性推向了一个新的高度，并使资本主义经济运行在全世界范围内更大程度地依赖于金融系统的运行状况，即依赖于国际虚拟资本的运动；同时，资本主义国家的金融资产也迅速膨胀，到 20 世纪 90 年代已经大大超过了其实际 GDP 数倍。这些金融资产，包括货币和庞大的金融证券，在本质上是没有价值的虚拟资本，它们与房地产业、收藏业和博彩业等产业一起形成了现代的虚拟经济，其过度的膨胀造成了资本主义经济的虚拟化。①

3. 虚拟经济的基本特点

按照主流认识的观点，全国人大常委会副委员长成思危教授认为，现代的虚拟经济具有五个比较显著的特点。

（1）复杂性

虚拟经济系统是一种复杂系统，其主要组成成分是自然人和法人（投资者、受资者、金融中介者），他们按照一定的规则在金融市场中进行虚拟的经济活动。虽然每个人都有按照他自己对环境及其发展前景的了解，以及其预定目标来独立进行决策的自由，但每个人的决策又不能不受到其他人的决策的影响。虽然在系统中由于组成成分之间的非线性作用而容易产生混沌现象，但由于系统的自组织作用而可以呈现一定的有序性和稳定性。

（2）介稳性

介稳系统是指远离平衡状态、但却能通过与外界进行物质和能量

---

① 刘骏民：《虚拟经济与实体经济的关系模型》，《经济研究》2004 年第 4 期。

的交换而维持相对稳定的系统，在系统科学中称为具有耗散结构的系统。这种系统虽能通过自组织作用而达到稳定，但其稳定性很容易被外界的微小扰动所破坏。系统的稳定性被破坏后可能在一定的范围内游动，交替地进入稳定和游动的状态，从宏观上可以认为此系统是稳定在一定的范围内的，即具有区域稳定性。但有时系统失稳后也可能会产生急剧的变化，甚至造成系统的崩溃。系统崩溃后有可能通过深度的结构调整而恢复介稳状态，也可能走向消亡。虚拟经济系统就是一种介稳系统，必须要靠与外界进行资金交换才能维持相对的稳定。

（3）高风险性

虚拟经济系统的高风险性来自其本身的复杂性与介稳性，它在具有高风险性的同时，也有带来高收益的可能性。首先是虚拟资本的内在稳定性导致其价格变幻无常，而金融市场交易规模的增大和交易品种的增多使其变得更为复杂；其次是人们对市场及环境变化的预测能力不足，从而较易导致决策的错误；再次是不少人承受风险的能力有限，在面临巨大的风险时会无所适从，甚至会因正反馈作用而使风险放大；最后是许多人因为追求高收益而甘冒高风险，从而促使各种高风险、高回报的金融创新不断出现，例如利率期货、股票期货、物价指数期货、期权等。

（4）寄生性

虚拟经济系统与实体经济系统之间存在着密切的联系，虚拟经济系统是由实体经济系统产生，又依附于实体经济系统的。由于虚拟经济与实体经济之间联系紧密，在实体经济系统中产生的风险，都会传递到虚拟经济系统中，导致其失稳；而虚拟经济系统中的风险，如股票指数大落、房地产价格猛跌、银行呆账猛增、货币大幅贬值等，也会对实体经济造成严重的影响。因此，如果将实体经济系统看成是经济系统中的硬件，则可认为虚拟经济系统是经济系统中的软件。

（5）周期性

虚拟经济系统的演化大体上呈现周期性特征，一般包括实体经济加速增长、经济泡沫开始形成、货币与信用逐步膨胀、各种资产价格普遍上扬、外部扰动造成经济泡沫破灭、各种金融指标急剧下降、人们纷纷抛售实际资产及金融资产、实体经济减速或负增长等阶段。但是这种周期性并不是简单的循环往复，而是螺旋式向前推进。

4. 虚拟经济的活跃与稳定

在现代市场经济条件下，国民经济的活跃在很大程度上取决于虚拟经济的活跃。对不断加快的经济增长的关注是一个方面，更直接表现经济活跃的方面则是资本市场的兴起和其作用。就中国的工业化来说，在现阶段，当然要加快完善社会主义市场经济体制，形成有利于转变经济增长方式、促进全面协调可持续发展的体制机制，而更为具体的要求则是要更大力度地发挥资本市场对资源的配置作用。这种资本市场的活跃在某种意义上就是虚拟经济的活跃。虚拟经济是从货币的运行领域做出的概括，而资本市场则是货币虚拟运行的具体表现。按照一般的划分，资本市场主要是五大市场，即虚拟经济的运行就贯穿在资本的五大市场之中。这五大市场就是：企业债券市场、财政债券市场、股票市场、借贷市场、产权交易市场。其中，不论是哪一个市场活跃，都可以说是资本市场的活跃，即都可以说是虚拟经济的活跃。若是五大资本市场都活跃，那无疑要表现出资本市场或虚拟经济的极大活跃。一般说来，在发达市场经济国家，这五大资本市场的表现都十分活跃，尤其是在各个国家实现工业化的过程中，其市场的活跃程度是其他阶段不可相比的。但是，在现阶段的中国，五大资本市场的发展是很不平衡的。所以，现在从总体上看中国的资本市场是很活跃的，而细分起来各大市场的功能都还未能得到充分的开发，目前的活跃只是相对过去市场范围很小时的状况而言的。一是企业债券市场没有很好地启动。企业债券市场在发达市场经济国家是一个相当活跃的市场，很多企业需要发行债券以解决企业融资问题。然而，在中国，各个企业都想上市发行股票，对发行企业债券不感兴趣。加之，理论界也有一种误导，好像资本市场就是股票市场，这在实际上起到了抑制企业债券市场发展的作用。所以，迄今为止，中国上千万家企业中没有多少家发行了债券。这是一个很大的教训，很值得我们认真地进行反思。二是财政债券市场表现扭曲。在中国，财政债券市场又称国债市场，是指国库券的发行和转让市场。近年来，中国的国债市场的活跃程度在降低。出现这种情况，固然与国债管理体制有关，但更重要的还是由于我们的国债发行对象不对头。在规范的现代经济中，国债是由财政部发行，而由商业银行和非银行金融机构购买的，然后，中央银行据此开展公开市场业务，与商业银行和非银行金融机构进行国债买卖交易。而中国自发行国债以来，国债主要卖给了居民个人，这是市场无法进一步活跃起来的根本原因。三是新建立的股票市场也存在严重的问题。股票市场是最重要的资本市场组成部分。股票市场的运行规范是资本市场或虚拟经济运行完善的重要内容。若股票市场存在严重的问题，那将直接关系到整个国家的市场经济建设水平。在20世纪90年代初，中国建立了股票市场，到2011年"截至2月25日，沪深两市总市值已达到27.31万亿元，位居全球第二；主板、中小板、创业板分别有A股上市公司1376家、552家、183家；代办股份转让系统共有挂牌公司79家，市价总值约12.84亿元"。[①] 从目前股

---

① 东方证券策略团队：《"十二五"资本市场：告别股市一枝独秀》，中国经济网，2011年3月5日。

票市场现状看，在取得巨大成绩的同时，确实还存在严重问题，其中最重要的是上市公司的类型不对。在一个规范的市场经济环境中，股票市场应是民营企业的融资渠道，即上市发行股票的公司均为民营企业。考察世界各国的股票市场，似乎只有法国的埃尔夫·阿奎坦股份公司是一例外。因为该公司是法国政府的控股公司。然而，中国的股票市场一建立，就改变了应为民营企业服务的功能，成为政府控股企业的融资渠道，民营企业上市机会很少，已上市的民营企业在股票市场根本不占主要地位，只是政府控股上市公司的少许陪衬。所以，与其他所有的市场经济国家相比，中国的股票市场是很不规范的。这种不规范一方面淤塞了民营企业的融资渠道，另一方面也造成现实的股票市场因政府介入企业而产生难以治理的混乱。可以说，有这样一个股票市场存在，中国的市场经济永远也不会完善。这并不是讲，在中国的股票市场上，政府控股上市公司太多了，上市公司中的国有股一股独大的势力太大了，而是说按照规范的要求一家政府控股公司也不应上市，中国的股票市场应同其他国家一样，全部都是民营上市公司，以确保民营经济这一重要的融资渠道不受干扰，发挥正常的功能作用。但是，现在中国经济理论界及政府有关部门并没有意识到现有的股票市场自建立就被扭曲的严重性，一直是按现有的上市公司结构讨论今后股票市场如何才能完善的问题。显然，这是欲东而向西，犯了方向性错误，在方向未改过来之前只能是越来越远离规范的市场要求。出现这种错误，应当由经济理论界负主要责任，不仅不能将责任推给政府，而且不能将主要责任压在政府方面。理论界是中国经济转轨的引导力量，其所发挥的作用是在政府之上的，也只有这种在政府之上的作用能得以实现，中国的经济发展才会有希望。否则，若理论界总是跟在政府后面，那就等于放弃了自身职责，毫无存在意义；所以，在中国经济的长期发展之中，论功，理论界头功，论过，理论界也要负主要责任。建立股票市场，对于中国的市场经济建设来说，是大事；已建立了十几年尚未规范，将民营企业的融资渠道变成了政府控股公司盘踞的市场，是大过；经济理论界应在这种大过上负主要责任。准确地讲，现在的股票市场扭曲，即民营企业很少上市，政府控股公司大量上市，正是多年来经济理论界引导的结果，而且是直到现在，有些理论工作者还在做这种极为扭曲的错误方向的引导。因此，在经过了十几年的曲折之后，当今中国经济理论界应很好地反思一下过去对股票市场的认识，应在对资本市场功能的研究中省悟过来，担负起从发展方针上改造中国股票市场的历史责任来。四是借贷市场的旧习难改。借贷市场是传统体制留下的市场，过去在这一市场存在过多的行政干预，现在的行政干预虽然少多了，但是也还未能实现完全按市场经济规律办事，存在许多的问题。其中，主要的问题是贷款手续烦琐而效率低下，贷款的风险较大，贷款的效益较差。这是传统体制遗留的弊端，在短时间内还难以根除。五是产权交易市场的作用还没有发挥出来。改革后，中国各地也纷纷建立了产权交易市场，但是，这些市场主要控制在有政府背景的事业单位手里，甚至是直接由政府操办，由此大大地影响了这一市场作用的发挥。

在虚拟经济性质的资本市场运行中，经济的稳定性也是需要给予高度重视的。如果资本市场缺少必要的稳定性，或者说虚拟经济的表现不稳定，那么国民经济整体的运行稳定是很难实现的。但是，我们要明确，资本市场需要的稳定性，或者说虚拟经济要求的稳定，必须是市场活跃状态下的稳定，而绝不是不以活跃为前提的稳定。用压制活跃而换来的稳定，是没有经济发展意义的，是得不偿失的稳定。实际上，不讲活跃的稳定，不论是实体经济，还是虚拟经济，都不是稳定，而是僵化。传统体制的弊端就是僵化，市场经济的特征就是要打破传统体制的僵化，尤其是在虚拟经济领域，更是要表现出蓬勃的活力，表现出活跃，而不能以僵化当稳定。在中国新的资本市场发展中，稳定可以是第一重要的，但不论是长期的稳定，还是短期的稳定，都必须是充分活跃的稳定。

四 金融衍生品市场

在虚拟经济中，金融衍生品在设计和创新上具有很强的灵活性。因为可以通过对基础工具和衍生工具进行各种组合，创造出大量的特性各异的金融衍生品。这一市场既是虚拟经济研究的前沿，也是现代资本市场研究的重点。

1. 金融衍生品交易的目的

金融机构与投资者个人进入金融衍生品市场的目的，主要有三种：一是为了保值，即求得自己的金融资产或交易品不贬值。二是利用市场价格波动进行投机交易获取暴利。三是利用资本的强势和市场供求的暂时失衡套取无风险的超额利润。而对应各种复杂的市场交易目的，就需要有各种复杂的经营品种，以适应不同市场交易者的需要。金融衍生品的设计就是根据各种交易者所要求的时间、杠杆比率、风险等级、价格等参数的不同进行的，具有相当大的灵活性。因而，今后发展金融衍生品市场，必须仔细地分析市场和更好地监管金融衍生品市场。做好这一市场的金融监管工作是十分重要的，但这种金融监管工作并不仅仅是抓几个违规业务，堵住市场方面的某些漏洞，而是必须以保持金融衍生品市场的虚拟中间效用创造符合适度性要求为最基本的监管目的。这就是说，发展金融衍生品市场的基本原则是保持金融衍生品市场的虚拟中间效用创造的适度性，监管金融衍生品市场的基本原则也是要保持金融衍生品市场的虚拟中间效用创造的适度性。

相对于虚拟经济领域的其他交易品而言，金融衍生品交易是较为复杂的。这是因为，一方面对金融衍生品如期权、互换的理解和运作已经不易掌握，另一方面由于采用多种组合技术，使得金融衍生品特性更加复杂。这种情况导致金融衍生品的设计，要求运用高深的数学方法，大量采用现代决策科学方法和计算机科学技术，能够仿真模拟金融衍生品市场运作，在开发、设计金融衍生品新的产品时，采用高新技术。同时，这也导致大量金融衍生品的新产品难为一般投资者所理解，难以明确其风险所在，更不容易完全正确地运用。监管金融衍生品市场，需要基本掌握各种金融衍生品的设计理念和设计目的，这才能有针对性地保持金融衍生品市场的虚拟中间效用创造的适度性。

2. 金融衍生品交易的特殊性

金融衍生品市场交易的特殊性表现在为：一是集中性。从交易能力看，主要集中在大型投资银行等机构进行。此次国际金融危机爆发之前，美国占了全球金融衍生品市场交易的相当大比重，但是在美国也只有300多个金融机构能够从事这一市场的交易，而且，美国10家大型机构占据总交易量的90%。二是灵敏性。从市场情况看，有一部分交易是通过场外交易方式进行的，即通过以投资银行作为中介进行交易，这种方式的交易具有一定的灵敏性。而且，金融衍生品的市场运作一般采用财务杠杆方式，即采用交纳保证金的方式进入市场交易。这样市场的交易者只需动用少量资金即可控制资金量巨大的交易合约。期货交易的保证金和期权交易中的期权费就是这样的情况。这不可避免地带来巨大的市场风险。做好金融衍生品市场监管工作，必须针对这一市场的各个方面的实际情况，不管是怎么集中和怎么灵敏，都要百变不离其宗，始终控制住这一市场的劳动投入量，坚定地保持金融衍生品市场的虚拟中间效用创造的适度性。

3. 理性遏制金融衍生品市场

有效地保持金融衍生品市场的虚拟中间效用创造的适度性，就是理性地遏制金融衍生品市场交易发展的绝对尺度。在社会经济实践中，这一尺度的运作，需要具体化地斟酌。此次国际金融危机之后，在世界上各个开放了金融衍生品市场的国家或地区，都需要高度理性地遏制金融衍生品的交易，不要使其市场再次发展到极端疯狂的程度。这一次的金融海啸已经使全世界吃够了苦头。我们即使在现时代还做不到永远地告别金融危机，也决不想不几年就遇到一次这样的灾难。所以，从今往后，不论是哪一个国家或地区，都要对具体化地理性遏制金融衍生市场竭尽全力。

（1）可开放也可不开放的应不开放

如果一个国家或地区一定要开放金融衍生品市场，不然，流动性的资本就没有地方去，就要影响这一个国家或地区的经济发展，或是至少影响一个国家或地区对外来投资的吸引力，那么，事情是比较好办的，无论如何，在这种情况下，这个国家或地区的金融衍生品市场还是要开放的。如果一个国家或地区一定不要开放金融衍生品市场，不然，生产性的资本就要受到某种程度上的侵扰，虚拟经济领域的风险就要失控，因而就要影响这个国家或地区的经济发展，或是至少影响这个国家或地区的虚拟经济的稳定性，那么，事情也是比较好办的，无论如何，在这种情况下，这个国家或地区就是坚决不能开放金融衍生品市场。问题的复杂性在于，还有第三种情况，可能一个国家或地区为开放金融衍生品市场讨论来讨论去，争议很大，主张开放金融衍生品市场的理由很充足，主张不开放金融衍生品市场的理由也很充足。

出现这种情况实际表明，在这个国家或地区，其金融衍生品市场，是可开放也可不开放的。从现实的博弈讲，在这种情况下，如果主张开放金融衍生品市场的人能够比主张不开放金融衍生品市场的人，更能左右权力机构，或是权力机构也是更倾向于开放金融衍生品市场，那么，实际博弈的结果很可能就是这个国家或地区最终开放了金融衍生品市场；如果主张不开放金融衍生品市场的人能够比主张开放金融衍生品市场的人，更能左右权力机构，或是权力机构也是更倾向于不开放金融衍生品市场，那么，实际博弈的结果很可能就是这个国家或地区最终还是不开放金融衍生品市场。现在的焦点是，对第一种情况和第二情况不必研究了，只是对于第三种情况需要做出更为理性的选择，不要去博弈，而是要确定一个新的认识思想，这就是对于可开放也可不开放金融衍生品市场的国家或地区来说，坚决不要再开放了。对于现代复杂的市场经济而言，金融衍生品市场不是必不可少的，而是可有可无的，有则多，无则不少，所以，一个国家或地区不开放金融衍生品市场不会影响经济发展，即使有些影响也是次要的，不会有碍大局。在可开放也可不开放的情况下，应该考虑不开放金融衍生品市场。

（2）可创新也可不创新的应不创新

金融衍生品市场属于虚拟经济中产品创新高度发达的市场。此次国际金融危机爆发之前，世界各地的金融衍生品市场都有不少的人在积极地酝酿创新，并且不断地传来某种产品创新成功的信息。

作为最大的发展中国家，中国也在向发达国家学习，努力实现金融衍生品市场创新。2008 年 4 月 9 日召开的第五届中国衍生工具高峰会上，中国人民银行金融市场司副司长沈炳熙表示："中国监管层要从美国次贷危机中吸取教训，加强金融机构的内部风险控制和外部监管。但是央行仍将继续推进衍生金融工具的创新，并适时推出利率期权及信用衍生产品。沈炳熙表示，美国次贷危机给中国的启示主要有三点，首先是需要健全金融机构的内部控制制度，提高风险管理水平；其次，监管部门应当履行责任，加强对经营者的管理，强化信息的披露和检测；最后，信用评级等中介机构需实施必要有效的监督检查，发挥对市场的正面作用。沈炳熙同时表示，央行将继续推进金融衍生产品的创新，按照从易到难、渐次推进的顺序推出金融衍生品工具。他指出，在利率衍生产品市场，已经推出的利率远期、利率互换现在发展势头很好，以后要继续扩大发展，并要研究并在适当的时候推出利率期权等；汇率衍生品市场方面，在人民币外汇远期和外汇掉期产品的基础上，也要研究并适时推出其他工具。除此之外，还有积极研究发展信用衍生产品，在对信用衍生品市场充分研究的基础上，先以试点的方式可控地推出，在时机成熟时全面推广。目前为止，信用类衍生的标准产品目前在中国市场还属空白。"[①]

但是，在此次国际金融危机爆发之后，从理性遏制金融衍生品市场发展的角度讲，对于金融衍生品市场的创新还是要遏制，不能任由其设计新产品，不能再搞得市场让人眼花缭乱。只有遏制金融衍生品市场的创新，才能遏制金融衍生品市场的泛滥。鉴于以往的金融衍生品市场的产品创新大都是带有金融自我服务的性质，完全脱离实体经济需要，所以，为了更稳重地遏制金融衍生市场的发展，从今以后，对于金融衍生品的交易产品，凡是可创新也可不创新的，一律应坚持不创新，以保持原有的适度性。

（3）可交易也可不交易的应不交易

从事金融衍生品交易的都不是小户头，从事金融衍生品大笔交易

---

① 秦媛娜：《沈炳熙：吸取次贷危机教训推进金融衍生品创新》，《上海证券报》2008 年 4 月 10 日。

的都是金融巨子。在这一市场上，能够翻江倒海的人物不少，做一笔大买卖，就能获得巨额的收益。只是遇到了此次国际金融危机，无一例外，这些金融衍生品交易的巨头们全都损失惨重。那么，由此而言，在今后，遏制金融衍生市场的发展，一个重要的措施就是，管住大户，对于可交易也可不交易的，原则上应确定一律不交易。当然，既然如此把握，那么，对于不可交易的，那就更不能交易。在这方面，曾经有过"中航油事件"的教训。"2003 年下半年：中国航油公司（新加坡）（以下简称"中航油"）开始交易石油期权（option），最初涉及200 万桶石油，中航油在交易中获利。2004 年一季度：油价攀升导致公司潜亏 580 万美元，公司决定延期交割合同，期望油价能回跌；交易量也随之增加。2004 年二季度：随着油价持续升高，公司的账面亏损额增加到 3000 万美元左右。公司因而决定再延后到 2005 年和 2006 年才交割；交易量再次增加。2004 年 10 月：油价再创新高，公司此时的交易盘口达 5200 万桶石油；账面亏损再度大增。10 月 10 日：面对严重资金周转问题的中航油，首次向母公司呈报交易和账面亏损。为了补加交易商追加的保证金，公司已耗尽近 2600 万美元的营运资本、1.2 亿美元银团贷款和 6800 万元应收账款资金。账面亏损高达 1.8 亿美元，另外已支付 8000 万美元的额外保证金。10 月 20 日：母公司提前配售 15% 的股票，将所得的 1.08 亿美元资金贷款给中航油。10 月26 日和 28 日：公司因无法补加一些合同的保证金而遭逼仓，蒙受 1.32亿美元实际亏损。11 月 8 日到 25 日：公司的衍生商品合同继续遭逼仓，截至 25 日的实际亏损达 3.81 亿美元。12 月 1 日，在亏损 5.5 亿美元后，中航油宣布向法庭申请破产保护令。"① 这是典型的不可交易

---

① 中国经济网：《金融衍生交易案例分析——"中航油事件"》，载 http：//finance. ce. cn。

的交易。在金融衍生品市场上，期权的卖方一般是具有很强市场判断能力和风险管理能力的大型金融机构，而中航油（新加坡）根本不具备这种市场能力，其惨败的结局是很难避免的。因而，在理性遏制金融衍生品市场发展中，对于任何可交易也可不交易的金融衍生品的交易，都要明确不交易，以此确保这一市场不惹事。

（4）可活跃也可不活跃的应不活跃

实体经济的市场活跃，需要区分终点效用交易活跃与中间效用交易活跃；虚拟经济的市场活跃，需要区分虚拟中间效用适度性之内的交易活跃与虚拟中间效用适度性之外的交易活跃。在实体经济中，只有终点效用交易活跃，才是值得肯定的市场活跃；如果是中间效用的交易活跃超过了适度性，那是要紧急治理的，决不可掉以轻心。在虚拟经济中，也只有虚拟中间效用适度性之内的交易活跃，才是值得肯定的市场活跃；对于虚拟中间效用适度性之外的交易活跃，也是要紧急治理的，更不可掉以轻心。至于虚拟经济中的金融衍生品市场交易，可活跃的，也必须是虚拟中间效用适度性之内的交易活跃；不可活跃的，那是根本不能允许活跃；而且，只要是虚拟中间效用适度性之外的交易活跃，一律不能允许，没有任何可以商讨的余地；对于那些可活跃也可不活跃的金融衍生品市场，从理性遏制金融衍生品市场发展的要求讲，我们的态度是，也都应将原则把握在不要活跃上。这也就是说，对于金融衍生品市场的交易，能不活跃的，就决不要活跃。在现阶段，社会不得不保留金融衍生品市场，而同时，社会的理性又确实不能允许这一市场出现虚拟中间效用适度性之外的交易活跃。由于这个金融衍生品市场交易，一旦活跃了起来，就很容易出现虚拟中间效用适度性之外的交易活跃，所以，一般来说，按照社会理性的要求，基本上只能是不希望金融衍生品市场交易活跃。经过此次国际金融危机，特别是对于金融界的人士来说，就跟千万不要企望市场价格下落一样，同样千万不要盼望金融衍生品市场交易活跃。这是一种不能活跃的市场，一方面，这是虚拟中间效用交易市场；另一方面，这是金融风险极大的交易市场。所以，在所有的市场都可活跃的条件下，这个市场也不能活跃。只有将这一市场的活跃作为一种例外，将这一市场的不活跃作为一种常态，那样，在今后更为复杂的市场经济运行之中，各个国家或地区才能有力地遏制金融衍生品市场的发展，体现出现代人对于虚拟中间效用适度性的科学认识和有效掌控。

参考文献

［1］马克思：《资本论》，人民出版社，1975。

［2］张卓元主编《政治经济学大辞典》，经济科学出版社，1998。

［3］王振中主编《政治经济学研究报告2》，社会科学文献出版社，2001。

［4］刘国光主编《中国十个五年计划研究报告》，人民出版社，2006。

［5］成思危、刘骏民主编《虚拟经济理论与实践》，南开大学出版社，2003。

［6］柳欣：《经济学与中国经济》，人民出版社，2006。

［7］刘骏民：《虚拟经济与实体经济的关系模型》，《经济研究》2004年第4期。

［8］钱津：《劳动论》，企业管理出版社，1994。

［9］钱津：《劳动价值论》，社会科学文献出版社，2001。

［10］钱津：《劳动效用论》，社会科学文献出版社，2005。

［11］钱津：《论虚拟经济下的宏观调控》，《开放导报》2006年第6期。

第十一章 发展理论

在现代经济学基础理论中，对经济增长的研究不等同于对经济发展的研究。一般认为，经济增长是对国民经济统计的一种现实描述，是单纯的数量化的经济范畴，而经济发展则包含着全部的生产变化内容，国民经济的范围有多大，经济发展所涉及的内容范围就有多大，发展是针对内容变化的，是对内容质的水平提升的表述。研究经济发展并不只是发展经济学的任务，也不单是政治经济学的研究对象，而是经济学各分支学科共同的工作，只不过部门经济学仅限于研究本部门的经济发展问题，发展经济学主要是研究发展中国家的经济发展问题，作为基础理论学科存在的政治经济学则是要对各个国家历史的与现实的经济发展中基础的和共性的问题进行研究。如果政治经济学对经济发展理论能够有系统的科学研究，能够用科学的经济发展理论有力地指导经济发展实践，那么就是说现代经济学已经跟上了时代的要求，可以迎接各种现实问题的挑战，因为在发展的意义上，这将涉及一切基本经济问题。然而，比较遗憾的是，尽管已经进入21世纪，发展经济学对发展中国家的经济发展研究却并没有取得重大的发展，至今还不能提供系统有效的理论指导发展中国家的经济实践，而政治经济学对经济发展的研究也仅仅是刚刚起步，只有少许新的认识，没有形成较为成熟的理论体系。在这种状态下，现代经济学无法为贫困的经济落后国家或地区的经济发展提供现实需要的理论，甚至对经济已经发达的国家或地区今后的发展也没有系统的明确的认识。因而，面对国际金融危机的挑战，至少在近期内，有关经济发展的研究仍将是困扰现代经济学界研究者们的重要基础理论问题。

一　经济发展的本质与动力

作为现代经济学的基础理论研究，始终未能真正揭示经济发展的本质。已有的探讨基本上都是从社会经济关系的表层认识这一经济范畴的，而客观上这一经济范畴概括的范围又是无所不及的。缺乏本质性的认识是难以构建理论体系的，或许连科学地表述范畴的含义都不易做到。所以，在21世纪初，基础理论研究的推进表现在，我们要从劳动发展的角度认识经济发展，由此揭示经济发展的本质，并要以这种新的本质认识为基础阐述现代经济学的经济发展动力理论。

1. 经济发展的本质

美国经济学家约瑟夫·熊彼特认为："所谓经济发展，就其本质而言，在于对现存劳力及土地的服务以不同的方式加以利用；这一基本概念使我们得以声称：实现新的组合，是靠从原先的利用方式中把劳力及土地的服务抽调出来才得以成功的。"① 显然，这一清楚的表述不同于其他人对经济发展含义的认识。在一般的讨论中，比较有代表性的认识有两种：一种是结构角度的认识，即认为经济发展反映了一系列经济结构的变化，包括生产结构、产业结构、人口结构、就业结构、

① 约瑟夫·熊彼特：《经济发展理论》，商务印书馆，2000，第106页。

分配结构、消费结构等方面的变化。另一种认识是强调指标变化，即基本的必需品的消费指标、收入分配均衡程度指标、人口健康指标、公共服务满足度指标、失业率指标等方面的变化，认为经济发展的结果是必然导致社会及个人的福利增进。其实，相比之下，关于经济发展的这两种有代表性的认识并无太大差异，只是各有所侧重而已，讲到的都是结果，而不是经济发展的本质，虽然，结果未必不反映本质，但结果并不等于本质。认识经济发展，不仅要看结果，还要看形成结果的各种条件，更重要的是认识本质。缺少对本质的了解与把握，对经济发展的认识是不可能深刻的。由此而言，可以说熊彼特的认识不是讲经济发展的表层结果状态，而是抓住了对于改变结果的条件认识。熊彼特在其专门论述经济发展的著作中没有分析某些结构的变化和指标的变化。因为在他看来那些结果的变化只是条件变化的逻辑结果，认识由什么条件促使这些结果发生变化是更深刻的。所以熊彼特才讲经济发展的本质在于对现存劳力及土地的服务以不同的方式利用，这是他不同于他人见解的深刻之处。但对熊彼特的认识加以分析，我们可以明确，他讲到的条件是对劳力和土地的利用方式的变化，没有提到资本，却是从资本的角度来认识问题的，即熊彼特所说的经济发展是指资本以不同的方式对劳力和土地加以利用。如果合乎逻辑推断，那么不难指出，资本在以不同方式利用劳力和土地的同时也在改变着自身。因而，通过这样的比较分析，可以明确，熊彼特对于经济发展本质的认识，有自己的卓尔不群的立场，仍缺乏对更深层次的劳动的理解。

我们的研究表明：劳动是人与自然的物质变换的过程，具有整体性，是劳动主体与劳动客体的统一体。劳力是劳动主体，资本与土地是劳动的客体，人格化的资本即掌握资本的人也是劳动主体，只不过是变态的劳动主体。所以，从本质上认识经济发展，看到资本、劳力、土地之间的不同方式的组合变化，更准确地讲应是从劳动的整体的发展来认识。在经济发展中，资本能够以不同的方式利用劳力和土地，表明资本的作用提高了，但资本的这种变化并不是自变的，而是由劳动主体的智力因素作用提高引起的。这就是说，资本改变劳力的前提是劳力改变资本，能够建立这一前提的不是劳力的体力因素，而是劳力的智力因素，是具有创新能力的智力因素发挥作用的结果。正是由于有智力因素作用的增进，达到了一个新的水平，才能引起资本的变化，使资本可以以不同的方式利用劳力和土地，改变经济结构和经济指标，才导致了经济发展。

因而，从本质讲，经济发展就是劳动整体的技能水平提高，亦可简称为劳动水平的提高。由劳动发展决定的经济发展在现阶段的表现是资本对劳力和土地的利用方式发生了具有创新意义的变化。

劳动水平的提高是指人与自然的物质变换达到了一个新的水平高度，其核心是劳动的技能水平提高，即智力提升了。没有劳动水平的提高，就没有经济发展；有了劳动水平的提高，才能表现出经济发展。经济发展的表现是社会生产能力的提高，这种提高不单纯是生产规模的扩大，更重要的是有技术创新与产品创新。从历史来看，石器时代的原始人只能简单地改变自然石块制成的石质工具的形状和品质，由打制石器发展到磨制石器；青铜器时代的工匠掌握了基本的冶炼技术，造出了许多精美的青铜器皿；铁器时代的农民使用铁制农具耕种土地，创造了封建社会繁荣的农业经济；工业革命时代的先驱者创造了前所未有的工作机和动力机，以机器的高效率对抗手工生产，超越了工业革命前的生产力，为人类社会带来了新曙光；新技术革命时代的信息技术创造突破了人类劳动起源以来所有的延展人的肢体作用的劳动工具的局限，制造了延展人的脑力作用的劳动工具，极大地提升了人类劳动中的智力因素运用劳动工具的能力。在劳动技能水平的一个时代接一个时代的提高中，每一个时代都实现了新的经济发展。

不论年代的长短，每一时期的经济发展都是由劳动技能水平的提高决定的。几年的经济发展是几年内的劳动技能水平的提高决定的，几十年的经济发展是几十年来劳动技能水平提高决定的。这种提高是劳动技能质的变化，而不单纯是同等技能水平劳动的量的扩大。单纯量的变化是经济增长，有了质的变化才是经济发展。

劳动的技能水平提高在多大的经济范围内实现，就意味着在多大范围实现了经济发展。没有经济发展的国家或地区，是指其在一定时期内没有劳动技能水平的提高。

由于劳动技能水平的提高在同一经济范围内也可能是不均衡的，因而各个国家或地区的经济发展都可能是不均衡的，而且在不同的时期经济发展也可能是不均衡的。

在某些国家或地区，由于有得天独厚的自然资源，当具备了开发这些资源的条件，可以迅速实现大跨度的经济发展。比如，中东地区的一些国家拥有丰富的石油资源，20世纪50年代之后，国际资本蜂拥而至，在油田大地上一座座井架高高立起，在阿拉伯海湾一艘艘油轮驶出开往世界各地，而同时，每天都有巨额的国际货币滚滚地流入这些国家，这使得其中有的国家一跃而成为当今世界上最富有的国家之一。毫无疑问，这些石油输出国的经济发展了，而且还在继续发展。从本质上认识这些国家的经济发展，并非是根据其货币拥有的富裕程度，而是要根据其劳动的变化，即劳动技能水平的提高，劳动复杂程度的提高。事实上，这些国家实现的经济发展是由于在自身的劳动中加入了外来的力量，提高了劳动整体发展水平，使自身劳动转变为高技能的复杂劳动，由此推动国家经济发生巨大变化。在这些国家，石油资源是作为优越的劳动客体条件进入高技能劳动的石油生产过程的，其石油资源的占有者占有了这些劳动客体条件在生产过程中的作用，并以此致富。重要的是，这种致富依靠的是劳动整体水平的提高，而劳动整体水平的提高源自外来的资本和高智力的劳动主体的决定力量。体现劳动技能水平的高新技术是随着资本和高智力劳动主体进入的。若没有发生这种根本性的改变，即如果中东地区各个国家的劳动不发生变化，没有劳动技能水平的提高，那么，这些国家拥有的石油资源不会起到使它们致富的作用，也就是说这些国家是不会取得让世界瞩目的经济发展的。

无论是哪一个国家或地区，可以依靠外来力量提高劳动技能水平，实现经济发展，而重要的是自身必须从劳动主体方面努力保持劳动技能水平，不能单纯依靠自身的劳动客体条件优越。提高劳动技能水平是经济发展的本质，短期的劳动技能水平提高决定短期的经济发展。因而，从本质讲，不能保持劳动技能水平的不断提高就不能实现延续的经济发展，不能保持已达到的劳动技能水平就相应会发生经济衰退。如果一个国家或地区单纯依靠自身的优越劳动客体条件与外来的高智力的劳动主体包括变态的支配资本的劳动主体结合提高劳动技能水平，那么一旦自身的优越劳动客体条件丧失，而又没有足够的劳动主体力量继续保持劳动技能水平，必然要发生经济衰退或严重的经济衰退。经济发展的本质说明存在这样的经济机理，任何一个国家或地区对此都应有自觉的认识。

2. 经济发展的动力

准确地认识和把握经济发展的本质，才能准确地认识和保护经济发展的动力。经济是社会的基础，经济发展是社会发展的基础，社会发展的动力是劳动，作为基础存在的经济发展的动力是寓于劳动之中的。劳动具有整体性，在劳动整体之中，劳动客体是受动的因素，起被动的作用，劳动主体是施动的因素，起主动作用。因此，推动社会发展，表现经济发展的劳动发展的动力来自于劳动主体，而不取决于劳动客体。但需要进一步明确的是，并非劳动主体的任何变化都能起提高劳动技能水平，推动经济发展的作用，对劳动技能水平提高能起作用的只是劳动主体智力因素的功能，所以客观表明，经济发展的动力是劳动主体的智力因素。在现实之中，这种动力表现为以脑力劳动为主的复杂劳动者，尤其是拥有高智力的复杂劳动者。

如果一个国家或地区不是以脑力劳动为主的复杂劳动者作为经济发展的动力，而是以体力劳动为主的简单劳动者为经济发展的动力，那么除去其他条件不说，这个国家或地区很可能压制以脑力劳动为主的复杂劳动者的作用，无法实现经济发展或经济发展的水平很低。经济的发展取决于劳动的发展，而劳动技能水平的提高取决于劳动主体的智力因素作用的提高，并非在体力劳动中没有智力因素作用，但体力劳动中的智力因素作用一般不具有创造性，不能提高劳动技能水平，对提高劳动技能水平起决定作用的只能是脑力劳动中的智力因素作用，也就是说在现代主要是高智力的复杂劳动者发挥作用并不断地提高劳动技能水平，促进经济发展。不论是哪一个国家或地区，压制高智力的复杂劳动者，必然阻碍其经济发展。在历史与现实中，有一些从事体力劳动为主的人也有过重要的发明创造，可以明确指出的是，他们做出的这类创造性劳动均属于脑力劳动，并不是体力劳动。经济发展必然要依靠脑力劳动的作用，体力劳动的存在是必要的，甚至在某些时期的规模相当大，但均不起决定性作用，体力劳动作用的提高也是随着脑力劳动作用的提高实现的，对这二者之间的关系是不能颠倒的。

　　若一个国家或地区承认高智力的复杂劳动者是经济发展的动力，就应采取有效措施保护这些动力。作为经济发展的动力，高智力复杂劳动者的贡献就是提高劳动技能水平，这是其他劳动者不可取代的，在这方面没有平等可言，社会必须承认这种不平等存在，必须尊重高智力复杂劳动者的突出贡献。如果社会不尊重高智力复杂劳动者，那就谈不上能够对他们进行有效的保护，他们的作用就难以发挥出来，社会的经济发展相应就迈不开步伐。在历史与现实中，有的国家或地区经济长期落后，是与此有直接关系的。

　　以往的政治经济学对经济发展的研究存在两种认识上的偏差：一种是过于强调经济发展中的物的作用，即资本作用，似乎经济发展与否，关键在于是否拥有足够的资本，将经济发展置于物的支配之下。再一种是笼统解释经济发展中人的作用，即劳动者作用，没有区分劳动者作用的不同，似乎有了人就什么经济奇迹都能创造出来，缺乏对高智力复杂劳动者提高劳动技能水平决定性作用的准确认识。总之，这两种理论认识上的偏差都是与客观的事实相悖的。

　　在同一个地球，同样的天，同样的地，有的国家经济发展很快，有的国家的经济发展很慢，原因是多方面的，人口差异是一方面，资源差异是又一方面，可是偏偏有的人口相对多的国家的经济发展很快，偏偏有的资源缺乏的国家的经济发展很快，而有的人口相对少和资源丰富的国家的经济发展很慢，除去其他原因不讲，这与政治经济学对于经济发展动力已有的研究中认识的模糊是有关的，是政治经济学未能很好地指导社会经济实践的表现之一。

　　事实上，哪个国家在哪个时期重视保护高智力的复杂劳动者，哪个国家在哪个时期就具备了经济发展的最基本条件。经济发展的动力存在是客观的，任何国家的经济发展都受这种客观性的制约。抽象地准确地认识这一事实，就是科学地推进经济发展理论的重要成果表现。科学的理论具有无穷的力量，客观地认识经济发展的动力，有助于提高各个国家的经济发展的自觉性，有利于缩小各个国家之间存在的经济发展差距。

二　劳动的可持续发展

治理和保护全球生态环境是为了人类的生存延续。因而，在 21 世纪，对于如何治理与保护全球生态环境是政治经济学重要的研究内容。在人类栖身的地球上，生态与生存已经发生了严重的冲突，经济发展破坏了生态环境，生态环境恶化制约经济发展。一些发达国家将污染产业转移到发展中国家，从全球的范围讲，这样做对于全球生态环境的治理是毫无意义的，甚至可能造成的危害更大。如果经济发展一定要以牺牲生态环境为代价，那么人类的生存延续在不久的将来注定是要被终止的。鉴于存在对人类生存的威胁，并且威胁越来越显性化，在全世界范围内，引起了理论界的思考。其中最著名的是 1968 年成立的以研究全球化问题著称的"罗马俱乐部"活动和 1972 年出版的丹尼斯·麦多斯等人的著作《增长的极限》。这些科学家向当代人类发出了严重警告，说明人类必须与自然和谐相处。经过他们的努力，社会各界终于对可持续的经济发展有了一定的认识，并同时也引起了各个国家或地区对于生态环境保护的重视。

1. 可持续发展的劳动主体

一个基本的事实是，在人类认识到生态环境的治理与保护的重要性之后，关于经济与社会的可持续发展的重点放在了生态建设与资源的更有效利用方面。可持续发展的含义是指人类的生存要与自然和谐，通过积极的努力保持生态环境能够满足人类生存延续的要求。各个国家的实践都是关注于对自然环境和自然资源的保护，与没有建立可持续发展观念相比，如今都取得较大成就，在局部的生态治理方面实现了生态环境的好转。问题在于，仅从自然的生态保护和自然资源有效利用方面来理解可持续发展要求，那恐怕是对人类的生存要求缺乏更深入全面的认识。

经济的实质是一般化的劳动，或者说劳动的一般化是经济的实质内容抽象。因而，依政治经济学的研究立场认识社会经济基本问题，可持续发展的确切内涵应是劳动的可持续发展。其中施动的方面是劳动主体方面的可持续发展，受动的方面是劳动客体方面的可持续发展。人类只有保持劳动的延续，才能够生存下去。因此，应将人们对经济的可持续发展的认识提升到对劳动的可持续发展的认识上。

劳动的可持续发展强调劳动整体的可持续发展。这就是说，不仅劳动客体作为自然的方面要可持续发展，劳动主体即人的方面更要可持续发展。劳动整体的可持续发展表现为劳动创造水平的不断提高和劳动成果效用的延续。只有从劳动出发，站在劳动整体的立场上，人们才能科学地认识可持续发展问题。

在劳动整体的视角下，做到可持续发展，完善社会生存环境和保护社会文化资源比治理自然生态环境和保护自然资源更重要。相比自然生态环境的恶化，社会生存环境的恶化更具有危险性。在一个充满人体炸弹的社会环境中，是谈不上任何经济发展的，任何人都不会有生存的安全感，由此决定社会无暇顾及任何有利于自然环境的保护问题，即无从解决人与自然的矛盾，无从做到人与自然的和谐相处。在充满对人的精神有很大的外在压力的社会环境中，人与自然的交流也会产生极大的障碍，会直接影响每一个人的创造力的，会造成变态的势力横行，正态的理性被囚禁，整个社会的文明伦理一派混乱，社会的管理被素质不高的人群把持，造成经济发展长期徘徊或社会财富的占有极为不公平。相比保护自然资源，保护社会文化资源更具有紧迫性。没有文化的人，才会有对自然资源掠夺性的开采。文化是社会延续的纽带，人类一代比一代的进步是建立在文化越加丰富基础上的。缺失了已有的宝贵的文化资源，对于人类的生存是一种退步表现。而许多文化资源的存在状态可能比自然资源的生存更脆弱，一旦毁灭，也是难以复现的。如果人类掌握了现代科学技术，却在文化方面倒退到原始社会时代，那么这个社会就肯定是一个怪异的社会，就会以高科技的手段做出比原始社会更加野蛮的事情来。从实质上讲，社会的发展必须落在人类的思想文化水平提高上，这决不单是一个物质生活水平的衡量问题。不重视社会文化资源保护，只重视自然资源保护，那对于自然资源保护的目的又何在呢？损害社会文化资源，就是对于人类文明的损害，对于人类社会赖以生存的劳动成果效用延续的损害。人类保护自己，不仅要保持生存和生存的延续，而且要保证文明进步不能退步。所以，为了人类的进步和生存的延续，任何一个国家或地区，都必须是既重视保护自然资源，又重视保护社会文化资源。

2. 保护社会文化资源

在当代常态社会，为全面实现劳动的可持续发展，对于社会生存环境和社会文化资源的保护主要有以下方面：

（1）强化政治规范

政治规范分为国家政治规范和国际政治规范。政治规范是对人的社会生存行为的最基本要求，即其生存必须受到的社会约束。政治规范是社会规范中最基础性质的规范，比之法律规范、道德规范、市场规范更具有基础性。在文明的社会环境中，人们一般比较熟悉的是市场规范，其次对于道德规范、法律规范等社会约束也有一定的了解。只是，现在看来，各个国家和地区对政治规范的约束是存在忽略倾向的，表现之一是常常以法律规范取代或混淆政治规范，因而很多的社会动乱产生的原因是由于人们竟然不存在政治规范意识。而出现这种情况，就是对社会生存环境的破坏，或者说这种情况产生的社会生存环境是存在很大缺陷的。常见的表现是，在许多国家，现时代不是向公民灌输国家意识，而是一再强调弘扬民族精神。因此就淡化了真实的政治规范。每一个人具有国家意识，被自己国家精神约束，是政治规范的核心内容。这表明，每一个人都是以国家为自己生存的整体屏障的。而民族意识和民族精神是已经过去了的，民族这个范畴在有国家存在的前提下已不能为人们提供整体屏障了，社会若认识不到这一问题，仍在强调民族性而不是国家性，那就是对政治规范的丢失。这将产生社会内在无序的恶果，引发严重的社会问题。所以，保护社会生存环境必须要强化政治规范。这包括在全球范围内强化国际政治规范，使各个国家或地区能够更自觉地接受国际社会的约束。

(2) 必须尊重人格与生命

尊重人格就是要保护每一个人的人格尊严，包括对犯罪的人格尊严都要实施有力的社会保护。尊重生命就是要珍惜每一个人的人生，不分社会地位的高低，不分人的贡献大小。现代社会赋予人们的良好的生存环境，这是最基本的要求。如果一个社会的公民只能被满足物质生活条件，而其人格得不到应有尊重，那是毫无人生乐趣的，社会的存在状态也必定是极不文明的，那么只能是一种物质发达的野蛮社会。作为人活着与作为奴隶活着，是不一样的，对于常态社会来说，历史上是不将奴隶视为人的，而将奴隶等同家畜，所以，奴隶可能物质生活条件并不差，但却没有任何人的尊严。若将对人的尊重取消，实质就是将不受人格尊重的人视为奴隶，出现这种状态就是重现人类社会的奴隶时代，就是文明的倒退和野蛮的社会关系再现。而尊重生命也是更高层次的社会文明体现。每个人的出生都是不由己的，每个人都有权利享受自然赋予他的生命。不能因为人的能力有高低，就区分出生命的贵贱。作为普通的一个人，他可能得不到任何社会荣誉，但必须得到社会对他生命的尊重。在文明的社会，实质上杀人犯、强奸犯、抢劫犯等罪犯，都是最可怜的人，他们是社会文明进步的代价。如果社会对每一个人的生命的尊重程度能不断地提高，那么社会为此付出的代价必然会逐步地减少。只有尊重每一个人的生命，才会有社会发展的文明与稳定。

（3）需要保存真实的历史面貌

历史是对人类社会发展过程的反映和记载。缺失真实性的历史会误导以后的社会发展，或者说会对社会的发展造成更大的曲折。真实的历史是后来者的前车之鉴，人类只有一代接一代地努力生存，避免重复性的错误，记住教训，才能不断地推动社会进步。对每一代人来说，历史的教育必须是真实的，不真实的教育只会起到相反的结果。在和平的年度里，历史不会有太大的波澜，但却会孕育劳动发展的力量。在战争的年代里，历史是由鲜血写成的。在人类的历史中，既有和平的宁静，又有战争的血腥。对于后代人，必须要了解历史之中的真实的和平和真实的战争。只有在认识真实的前提下，人类才能深刻地研究历史，即科学地认识自身的发展史。不懂历史，就没有社会文明。以真实的历史为鉴，社会才能进步。现代的社会高于以往社会，就在于熟知过去的社会历史。因此，社会文明存在的基础是让所有的人都能真实地了解人类自身的历史，认识战争的发展历程，认识人类文明创造的艰辛。缺少对于自身历史的科学认识，是一种社会危机的存在，这比之生态的失衡的危害性只有过之而无不及。所以，保护人类自身，完善社会生存环境，是不能缺失对于历史的真实的了解的，不能使现代人都变成物质人而对自身的文明史只知皮毛。

（4）注重保护伦理文化、婚典文化、丧葬文化等社会文化的文明延续

尊老爱幼、尊师敬长等伦理关系的文化表现是需要社会给予正确的引导和维护的。没有长幼之分，不敬老人，不尊师，社会秩序就会乱为一团，文明就不会在人们的心目中体现。在这样的社会存在中，社会生产效率越高，其危险性就越大。那会使人忘记任何亲情而只重物质享受，而只讲物质享受的社会距离毁灭已不会太远了。有亲情伦理，才有社会文明；无亲情伦理，可能连野兽都不如，只能是现代迷失的社会造出来的怪物。而就婚典文化讲，这是表示一个家庭的组建的正式开始，必须给予应有的庄重和谐气氛的营造。在现代社会，家庭是社会的细胞，家庭的稳定是社会稳定的基础。如果建立家庭的开始没有文化气氛的烘托，没有庄重的承诺，那么这种细胞的存在就会缺失必要的责任感，更容易受到外部的影响而产生变异。家庭都是后生的，没有哪一对夫妻是天生的一对，夫妻的结合都是异性之爱的具体表达，所以，没有社会的约束是难以保持稳定的，注重婚典是一种社会约束，这是从文化层面来对家庭关系的维护，是一夫一妻婚姻制度下必要的文化环境，社会必须认真对待这些文化活动而不能随意对待这种大事。更需要注意的是丧葬文化，这是人的尊严的延续。没有文化性的丧葬，会对整个社会的安定造成侵害。每一个活着的人，只有亲眼看到死去的人的体面，才会珍重自己生命存活的意义。否则的话，草率处理死人，会使任何生者感到人生毫无意义，因而会使人更草率地对待自己的人生。所以，丧葬文化不是可有可无的，对于人类

社会的文明来讲，是必不可少的，是必须郑重对待的。在任何已故人的丧葬之中，不需要有迷信成分，但必须有高尚的文化体现，体现对死者的尊重，体现人类社会的文明。

（5）要高度重视社会科学的研究和文献的保存

保护社会文化的资源的基础工作是推进社会科学的研究。社会科学是人类理性对自身的认识，若没有这方面的认识提高，在自然科学快速发展的社会中，会使人类丧失自我，用自己制造的高科技手段消灭自己。因此，社会科学在当代的作用是关系人类生存的，这方面的研究要立于全部的社会文化沉积的基础之上，一方面要理性地保护社会文化的已有内容的流传，另一方面要在对自身的认识方面进一步创新。不重视社会科学的研究就等于是不重视人类自身的存在，就会使任何自然科学的研究和对自然方面的保护失去意义。虽然社会科学的研究是建立在自然科学研究基础上的，但社会的进步却是直接由社会科学决定的，即是由人对自身的认识决定的。倘若人对自身的认识很落后，那么其对于自然的认识再先进也没有决定社会进步的意义。这就好比，一个拥有汽车和别墅的人，如果没有接受过良好的教育，自己也没有自学的经历，那么人们仍会将他看作是一个没有文化的人，客观上他也确实只是一个没有文化的人。在社会科学对于人自身的研究中，最为重视的就是保护社会文化资源，这种资源是现代文明的源泉，社会是历史存在的，对于社会的研究是需要历代的人对自身认识的积累的，这种积累对于创新的认识是必要条件。衡量一个国家或地区的社会文化资源保护的状况和有效程度，是看其社会科学的发展情况。只要其社会科学繁荣昌盛，规范地运行与发展，那就可以认定其社会文化资源得到了良好的保护。对于社会科学研究的文献成果，从广义上讲需要投入大量的人力和财力进行保护，这是直接可以看到的社会文化资源，也是最为重要的社会文化资源。

3. 需要现实的社会理性

在劳动整体的可持续发展中，决定的因素不是受动的劳动客体的可持续发展，而是施动的劳动主体的可持续发展。这也就是说，劳动主体决定劳动整体的可持续发展。人类社会的留传是以劳动主体的世代更迭为连接的，倘若在劳动主体的发展方面断了链，那么一切的发展或延续都将被终止。这是劳动的可持续发展观与以往讲的经济可持续发展观的根本性不同。在人类社会的延续之中，每一代劳动主体都要承受上一代的劳动技能，或是创造出一些新的具有更高效能的劳动技能部分地替换上一代的劳动技能。如果劳动主体的劳动技能不如上一代，那么劳动就退化了；如果劳动主体完全丧失了劳动技能，那么劳动就终止了，任何经济的可持续发展也都要被终止。所以，可持续发展的关键在劳动主体，不在劳动客体，在人的劳动技能的存在与提高，不在自然环境和自然资源的保护。这并不是说劳动客体不重要，保护自然环境和自然资源对于可持续发展不重要，而只是说，相对而言劳动主体的劳动技能的代代延续和不断提高对于可持续发展是更重要的。作为劳动主体，人都是学而知之，没有生而知之的。使一代劳动主体从上一代劳动主体那里学会全部劳动技能是很不容易的，使一代劳动主体的劳动技能超过上一代劳动主体的劳动技能就更不容易了。但没有这种超越，就没有可持续发展，就没有人类生存的延续。因此，一方面为了可持续发展，必须注重保护自然环境，注重自然资源的节约；而另一方面为了可持续发展，则必须保证劳动主体的受教育水平，不使主体性的劳动技能荒废，并要尽一切努力提高劳动主体的创新能力，使其一代比一代做得更好。如果滥用教育资源，浪费宝贵的学习时间，使劳动技能的学习华而不实，只图形式，不讲实质的水平，那就是一种比自然环境被破坏更严重的对人类自身的生存条件的破坏。政治经济学从劳动出发研究可持续发展，就是要从劳动整体出发认识这一关系人类生存的现实问题，并由此说明劳动主体的可持续发展是更需要给予高度重视的问题。

总之，从经济的可持续发展到劳动的可持续发展，是对人类生存条件的更全面的认识。自然方面的危机是显性的，并且经过近年来的努力，各个国家或地区已经有所警惕和重视；而社会方面存在的问题，在以往还没有上升到可持续发展的高度来认识。我们的研究目的就在于强调，不仅可持续发展不是单纯的自然危机问题，而且社会方面的因素对于阻碍可持续发展的影响更需要现实的社会理性予以切实的解决，这对于每一个国家或地区也同样是没有例外的。

三 以最小的价格支配最大的财富

贫困问题仍是现时代经济发展中的世界性难题，也是当代人类劳动的可持续发展中需要紧迫解决的重要问题。具体地帮助贫困人口摆脱贫穷的困扰，是各个国家或地区的社会管理责任。而从经济基础理论的高度认识贫困问题并提出解决的根本性方案，是现代经济学研究的重要任务。

1. 贫困的根本原因是劳动主体智力发展水平低

有两类贫困，需排除在政治经济学对于贫困问题的研究之外。

一类是由自然的地域性原因决定的贫困。在地球上，有些地域是不适于人口生存的。没有足够的水，也没有肥美的土壤，或是气候过于炎热或寒冷，人口生存在这些地方，必然是贫困的。这些地域是不能使人致富的，要摆脱贫困，唯一的出路就是离开这样的地域。

另一类是由盲目地生育造成的人口贫困。如果一个家庭的养育能力有限，收入不多，却一定要生养许多孩子，那么只能使家庭的生活全部陷入贫困。这是要由计划生育解决的问题。政治经济学的研究只能是将这些人口列为贫困人口，列为需要社会救济的对象。

现代经济学研究的贫困问题是指，人口生存地域的自然条件适合生存，自然资源与其他地方相比基本没有大的差别，甚至可能还要好一些，但经济发展落后，人口生活水平太低，解决不了穿衣吃饭问题或仅仅能够解决最低水平的穿衣吃饭问题。

从表象上看，沦为贫困人口是由于他们能生产出来用于交换的劳动成果太少。比如，一位贫困的农民种地的全部收获不够他的家庭食用，而他的全部劳动时间都用在了土地上，并没有精力再从事其他工作，这样的生活状态显然是很贫困的。相比之下，一位使用现代化机器进行农业生产的富裕农民，可能自家食用的食粮仅仅是他收获的粮食的1%，其余99%的粮食全部出售，因而他可以过上富裕的生活，享受他用自己的劳动成果交换来的别人创造的劳动成果的效用。

比较上述两位农民的生存状况，可以看出他们的劳动差别主要是：

其一，耕种土地的数量不同。贫困的农民只可能种几亩土地，而富裕的农民至少要种植上百亩土地，也可能是几百亩土地。

其二，使用的劳动工具不同。贫困的农民只使用简单的劳动工具，即只有犁、锄、镰刀等简单工具。而富裕的农民全部是机械化作业，从耕种到收割，具有很高的劳动生产率。

若只做这样的表象上的简单对比，那人们理解的差别都是外在的，即只是看到外部的耕种土地的差别和使用的劳动工具的差别，其土地耕种的差别是劳动客体中的自然条件差别，其劳动工具的差别是劳动客体中的资产条件差别。如果仅仅是这样的差别，那么似乎两位农民换一下位置，贫困的状态就会由一个人转向另一个人，至少在这一假设中会是这样的。

然而，对此我们还可以做出另一种并不极端的假设。比如，我们再假设那位贫困的农民得到了那位富裕农民的一切生产条件，而那位富裕农民还需要从几亩土地做起重新创业。如果贫困的农民富裕了，那么除了他获得了新的劳动客体之外，更重要的是他也改变了自身的劳动技能，即必须是劳动主体也发生变化，他必须学会使用新的劳动工具，必须懂得怎样经营几百亩土地，否则，作为劳动主体，他自身若不发生变化，他还是不会使用新的农机具，不会经营土地，他就还必然是贫困的而富裕不起来。而失去原先的生产条件的富裕农民并不会因此而贫困，因为他作为劳动主体已经有能力保障自己的生活水平不降低，他可以依靠自己的劳动技能重新创业致富。假设，这位有能力的农民可以采用以下办法来保持其收入的水平。

办法（1）：立刻着手租地，在能够租到的大片土地上继续保持原有的生产规模，即又得到几百亩耕地从事他的农业生产。

办法（2）：根据市场需求和土地的自然条件，将其仅有的几亩地全部改造为种植花卉的大棚，以经济作物的高收益弥补土地资源的不足，使种几亩花的收入与以前种几百亩粮食作物的收入基本持平。

办法（3）：根据市场需求和土地的自然条件，将其仅有的几亩地全部改造为种植蔬菜的大棚，同时发展家庭养殖业，养牛、养鹿、养鸟等，还开办农家旅店，请城里人来欣赏田园风光和品尝新鲜的蔬菜，以确保收入水平不降低。

办法（4）：既不改变土地用途，也不改造土地设施，而是改变自己的工作性质，脱离土地去另谋生路，决不像贫困农民那样只守着几亩粮田过穷日子。

以上分析可以看出，贫困农民与富裕农民之间的根本差别是在劳动主体的技能上，而不是在劳动客体的方面，即不是在土地的使用和劳动工具的使用的差别上。在较高的劳动技能掌握下，失去生产条件的富裕农民也不会再贫困。所以，事实总是会证明贫困与富裕的差别关键在劳动主体的差别上。

因而，投资的多少、地理位置的优劣、交通状况的影响、自然资源的蕴藏情况等方面因素，在经济发展之中，或是说在决定经济的发展水平上，都是次要的。如果劳动主体的素质达到相应水平，一个国家或地区，缺少资金可以引来资金；地理位置不能变，但可以改变经济地位，成为区域经济中心；交通状况差可以在不长的时期内转为交通状况好；自然资源短缺也不是经济发展的障碍。中国在改革开放后，引来大批外国投资，已成为发展中国家引进外资最多的国家。新加坡的地理位置并不理想，但其却建成了国际性的大都市，成为新兴的国际经济中心。美国的交通是在几十年的时间内彻底改变的，待到 20 世纪初，美国已有了发达的铁路运输网。日本是一个资源极为贫乏的国家，但正是这个国家创造了亚洲奇迹，在二次世界大战失败以后的几十年内重新崛起，全靠从国外进口原料和燃料，一举成为当代世界经济大国。所以，纵观世界各个国家发展的轨迹，人们看到的都是劳动中的主体对经济发展起关键作用，而不是劳动客体因素决定贫困或富裕。

不论是个人，还是国家，贫困问题的存在表现的都是劳动整体发展水平低，即劳动能力低，而这其中的根本原因只能是在劳动主体方面，即由劳动主体的智力发展水平低决定的。从理论上讲，解决贫困问题的关键就在于要提高贫困人口的劳动主体智力发展水平。

2. 消灭贫困需要依靠外部力量

在现实之中，贫困人口要改变自身状态，只依靠自身的力量是无法实现的，即提高其作为劳动主体的智力发展水平只依靠他们自身是做不到的，必须要有外力帮助他们提高劳动主体智力发展水平。

进入 20 世纪以来，从整个人类劳动的发展讲，劳动主体的智力水平是迅猛提高的，这突出地表现在自然科学研究与工程技术应用的发展上。人类在这个属于自然科学辉煌创造的世纪里，劳动能力获得大幅度的提升。1903 年，美国的莱特兄弟成功地制造了第一架飞机。而到了 1949 年以后，喷气式飞机就接踵问世了。现在，天空上飞翔的许多是超音速或亚音速飞机。自 1909 年起，人类就制成了化肥，而今，世界农业是用化肥支撑的产业，无论是粮食生产，还是经济作物，一律是依靠化肥实现高产的。在第二次世界大战快要结束之前，美国终于赶在德日法西斯国家的前面研制成功原子弹，并将其用于结束战争。而最重要的成就是实现了人类对外层宇宙空间的探索，这是人类第一次打破地球生存空间的封闭性。计算机的普及和互联网的出现，则标志着人类劳动的发展进入了一个新的纪元，因为人类的劳动工具由此而实现以延展人的肢体作用为主的工具向以延展人的脑力作用为主的工具转变。

但是，在人类劳动整体突飞猛进地发展的同时，许多发展中国家的劳动发展水平还十分落后，与 20 世纪人类劳动发展已达到的高度存在相当大的距离。发展中国家始终致力于解决的是贫困人口的温饱问题。所以，实事求是地讲，在现时代，发达国家与发展中国家之间的差距表现为，发达国家的劳动水平已经达到高智力平台之上，而发展中国家尤其是极为贫困落后的国家的劳动水平仍还处于传统农业经济时代的劳动智力发展水平上。就此而言，相互之间的差距存在，可用下图表示。

如图所示，在发达国家与发展中国家之间有一道高坎，发展中国家的劳动水平是在这道坎下、上不去，无法达到坎上的水平，才致使

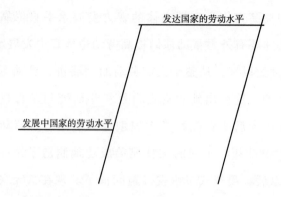

发达国家的劳动水平

发展中国家的劳动水平

发达国家与发展中国家之间劳动水平差异示意图

经济处于贫困落后之中。

就 21 世纪初的状况而言，以人类整体现有的劳动智力发展水平解决全世界的贫困问题是可以做到的。这也就是说，以人类劳动整体为范围，在人类共同的努力下，在并不久远的时间内，将发展中国家的劳动水平提升到目前发达国家的劳动水平，是可以做到的。消灭贫困，是现代人类的责任，需要紧迫地行动起来，不能再拖下去。在发达国家的劳动水平不再跃上新台阶的前提下，在全世界范围内就可以解决贫困问题。如果在近期内发达国家的劳动水平又跃上一个新台阶，那么就人类整体的劳动能力讲，是更有条件迅速地解决全世界存在的严重的贫困问题的。只要发展中国家的劳动水平都能达到目前发达国家的水平，那么全世界就不会再有贫困了，所有的国家都将实现经济现代化。只是，这种对于劳动水平的提升，对于发展中国家来讲，尤其是对于极为贫困的国家或地区，在短时期内是完全无法依靠自身的力量去实现的。

人们都要承认的基本事实是，在目前的发达国家与发展中国家之间存在着很大的差距。截至 20 世纪末，许多发展中国家的年人均国内生产总值在 1000 美元以下，而极为贫困地区的年人均收入是在 500 美元以下。这相比同期发达国家的年人均国内生产总值已达到的 4 万美元以上的水平，是有几十倍乃至上百倍的差距的。这么大的差距存在，单凭发展中国家自己向前奔，追赶发达国家，不具备现实的基本条件。

处于年收入人均 500 美元以下的水平，人口的贫困状态是十分严峻的。在一些极为贫困的地方，缺乏生存必需的食品，每天都有大量的人被饿死。在这样的饥饿状态下，要求贫困人口干什么也不成，必须先解决他们的吃饭问题。也就是说，没有活命的可能，何以谈到发展。即使是一些经济条件相对比较好的国家或地区，也只是跟在发达国家后面走，保持经济的高度开放，引进先进的技术，否则，开放程度一下降，立时就会造成经济水平的下滑。就这些国家或地区的自身的发展能力讲，也是十分有限的。

或许，经过漫长的岁月，发展中国家依靠自身的力量。也可以走出贫困，实现高水平的经济发展。但是，客观地讲，人类劳动是一个整体，在整体已达到的高智力的发展水平下，是不会允许那样慢慢地改变贫困的局部的，经济全球化的进程必然要带动发展中国家迅速地跟上时代发展的步伐前进。

因而，现实的解决贫困的办法是通过依靠外部力量促使发展中国家的劳动水平迅速提高。这种外部的力量并不是直接输送物质资料给发展中国家的贫困人口，那样做只是解决贫困人口的吃饭穿衣问题，而不能从根本上解决贫困问题。帮助发展中国家的外部力量是要来自发达国家，但这种帮助主要是通过促使发展中国家劳动水平提高而实现的。这主要表现在两个方面：一是技术带动。通过直接投资，用新的先进生产设备带着高技术含量进入发展中国家，可直接改变发展中国家的劳动水平，经过一代人或两代人的努力，发展中国家就能培养出一批自己的应用技术人才，跟上发达国家的技术进步的步伐，为实现本国的工业化创造出基本条件。二是知识教育。通过培养留学生或进修生，发达国家可帮助发展中国家大幅度地提高劳动水平。这种教育主要是高等教育以及尖端的科学领域的教育，这是为发展中国家培养急需的高智能的复杂劳动者。事实上，发达国家与发展中国家之间，在简单劳动者的技能水平方面没有多大的差异，甚至在一般的复杂劳动者的技能水平方面也没有太大的差距，其经济水平差距的形成主要是在于发展中国家缺少高智能的复杂劳动者，因此整体劳动发展水平低。所以，发达国家为发展中国家培养高智能的复杂劳动者，是最基本的帮助，也是最关键的直接帮助。帮助发展中国家解决贫困问题的外部力量主要是体现在这种教育的功能上，这一点是现代经济学研究深刻地揭示的一个基本原理：依靠教育改变世界，是以最小的价格支配最大的财富。

3. 教育改变世界

在政治经济学关于解决贫困问题的研究中，需要确立的前提是：市场是按等价格进行交换，而不是按等价值进行交换，即使价格恰好等于价值，市场也是按等价格交换而不是按等价值交换。这一前提是每日每时在全球各地市场发生的事实，从无例外。

如果市场交换是公平的，即是按等价格自愿交换的，而且价格接近或等同于价值，那么这样进行市场交换后，一个人不会减少自己拥有的财富，也不会增加自己拥有的财富。

如果市场交换可能是公平的，也可能是不公平的，那么这种市场是需要治理的，一个有序的社会不能允许市场交换不公平的情况长期存在。因此，任何人都不可能利用市场交换的不公平存在长期攫取他人财富。

　　一个人财富的增加要通过劳动生产过程，或依据劳动主体的作用参与财富的分配，或依据占有劳动客体的作用参与财富的分配。在市场的交换之中，不可能增加财富。商业活动的盈利也不是交换的增值，而是商业劳动的价值加入商业经营的商品之中，即经营性交换增加的是商业劳动价值与效用，交换本身并没有改变价值量和财富量，交换实现的是两部分价值，一部分是交换的商品的价值，再一部分是为商业交换而增加的商业劳动价值。社会财富的增加表现在商业劳动的创造上。如果没有劳动过程，没有劳动的创造，就没有任何财富的增加。

　　所以，一个国家或地区的劳动水平高，劳动能力强，劳动创造的财富才多，经济才能发达，生活才能富裕。而相反，劳动水平低，劳动能力弱，劳动创造的财富少，经济才落后，生活才贫困。若要解决贫困问题，根本的办法只能是通过提高劳动主体的智力发展水平而提高劳动水平。劳动水平提高了，才能创造更多的价值与效用。价值是劳动作用的凝结，效用是劳动成果作用的一般化。

　　在人类劳动整体之中，发达国家的劳动主体智力的发展是创造性的，而发展中国家的劳动主体智力的发展可以是跟进性的，这种跟进可加快发展中国家的发展步伐，不必再走创造道路。这种跟进能够实现，在于发达国家高智能劳动创造的知识性劳动成果经过一定的产权保护期之后成为现实社会中唯一的有价值而无价格的劳动成果。

　　有价值的存在，表明有效用存在，即这些知识性劳动成果的效用是延续的，并未消耗掉，也未失去存在的必要，而准确地讲，正是因为其有效用存在，这些知识性劳动成果才表现为价值积累。人类社会的文明进步就是建立在价值积累基础上的，现代社会的发达也是由于有现代的高智能知识的价值积累。

　　这些有效用、有价值的现代知识性劳动成果没有价格要求，任何市场主体不再对其拥有产权，它们是属于全人类的，是现代人类的共同财富。发达国家创造了这些财富，拥有这些财富，是发达国家经济实现腾飞的保障，也是发达国家与发展中国家拉开差距的根本所在。这些财富没有价格要求是基本的事实，最先进的科学理论和失去专利保护的应用技术都是无偿地供全人类使用的。这一点，是发达国家也是全世界的高智能复杂劳动的创造对于人类生存延续的贡献。

从效用的角度来衡量，在人类所有的劳动成果之中，能够保持效用延续和价值积累的知识性劳动成果是社会最大的财富，也是社会永不消失的财富。人类社会的文明进步就表现在这种财富积累的增多上。现在的发展中国家要从根本上解决贫困问题，跟上劳动整体的发展水平，实现经济现代化，从理论上讲，就是要将自身与发达国家之间的差距取消，以获得并拥有现代高智能复杂劳动创造的已无价格要求的知识性劳动成果的价值与效用，即必须要分享到现代社会人类创造的最大的财富。只要能够实现这种对于现代知识财富的获得和拥有，发展中国家就一样可以转变为发达国家。而实现这种跟进是完全可能的，因为这些最大的财富是没有价格的，发达国家可以创造性地拥有，发展中国家可以无偿地得到。

假如发达国家创造的知识性劳动成果向发展中国家传播是有偿的，即通过市场交换在一定的价格下才允许发展中国家拥有，那么发展中国家是无法突现对发达国家跟进的，无论如何，发展中国家没有支付能力购买这些财富，因为交换是要价格相等的，发展中国家拿不出相等价格的财富。但现实是没有价格要求，是无偿地供给，所以，发展中国家不必付出相等价格的财富就能获得和拥有可使自己国家实现经济现代化的知识财富。如果在这样的前提之下，发展中国家看不到这种无偿性，看不到获取和拥有这些知识财富的作用和意义，那么肯定是理性的不足，是现代经济学的研究未能给予社会发展实践以正确的指导，是整个人类社会对于最大的财富缺乏明确的认识。

问题的复杂性在于，对于无偿性的知识是要有偿地获取，即获取是有一定成本的。这就好比午餐是免费的，但去吃午餐还是要自己走路或自己花钱乘车的。因而，人们不能将知识的无偿性与获取知识的有偿性相混淆，即不能将免费的午餐与去吃午餐花的车费相混淆。获得知识的成本只是学习的成本，而知识的本身并没有价格，只有价值与效用。正是由于存在这种有价值无价格的劳动成果效用，因而突出地显示了政治经济学基本理论对于价值范畴与价格范畴明确划分的必要性和重要性。

为学习现代高智能复杂劳动创造的无偿性的知识性劳动成果效用，发展中国家只需要付出的成本是教育费用。相比获得的价值，这方面教育费用的付出是相对很小的，即价格是很小的。这样相对小的价格付出是十分必要的，对发展中国家来说也是具有这样的支付能力的。这是创造成本与学习成本的区别，即发达国家创造这些知识时的成本是高昂的，是发展中国家支付不起的，而学习这些知识的成本是很有限的，是发展中国家基本上能够支付的，至少节衣缩食可以挤出这些费用或靠发达国家援助也可以保障这方面的成本付出的。

需要明确的是，发展中国家教育费用的付出，是其教育劳动创造的价值与效用的价格，是相比获得的最大财富的最小价格。这种价格不是购买知识性劳动成果的价格，也不是培养出的人才的价格，而是使本国人掌握现代高智能复杂劳动成果的付出价格，是去吃免费午餐的车费价格。由此，我们可以这样说，天下有免费的午餐，但是没有免费送到嘴里的午餐。认识到要获得最大的财富，需要付出一个相对小的价格，这是现代政治经济学与以往政治经济学的不同。这表明：第一，社会的最大财富是知识性劳动成果。第二，从长期讲，社会的最大财富是有价值而无价格要求的。第三，获取这种最大财富需一定成本，但这种成本是一种相对最小的价格，并不代表最大财富的价格。第四，最大的财富的效用在于可改变获得者的劳动主体智力发展水平从而提升其劳动整体发展水平。

如果发展中国家能够认识到解决其贫困问题或经济落后的根本措施是提高本国的劳动水平，培养本国的具有高智能创造力的复杂劳动者，那么任何一个发展中国家都应坚定不移地去获取发达国家创造的现代高智能知识性劳动成果，积极地发展本国教育，尤其是注重发展本国的高等教育，并且还要向发达国家派出大量的留学生，保证支付属于学习成本性质的最小价格。这种解决贫困问题的路径实质上也是落后国家赶上先进国家的唯一捷径，如果各个发展中国家的行动都能够一致地统一到这一路径或捷径上来，真实地享受当代人类智慧创造的高度复杂的劳动成果结晶，享受社会最大的财富，那么用不了多少年，至多经过几代人的努力，就可以将本国的劳动主体智力发展水平提升到目前发达国家的劳动主体智力发展的水平，将本国的劳动水平提升到目前发达国家的劳动水平，从而保证实现经济现代化，保证能够从根本上解决现在看来十分棘手难以解决的贫困问题。

问题在于，直至今天还有许多的发展中国家没有认识到解决其贫困的根本出路在于发展教育，或是还没有在发展教育上迈开大步。更有甚者，在一些发展中国家，一方面是贫困人口忍饥挨饿，另一方面是将有限的财力用在了改善政府行政办公条件上而没有用在发展教育上。有的发展中国家还在期望现在通过工业建设就能改变贫困与落后面貌，全无战略性的长远谋划，抓不住发展的核心要求，或者说根本没有看透国家经济落后的原因是在劳动主体而不是在劳动客体，是在劳动发展水平而不是在自然条件或投资来源。在贫困的状态下，或是说在经济长期落后的情况下，急于改变国家的经济面貌是不可能的，越是着急，恐怕拖得时间会越长，可行的发展之路只能是，长期着眼，稳步前进，以人为本，依靠教育，彻底翻身。发展中国家与发达国家存在很大的差距并不可怕，可怕的是没有勇气去消灭这种差距或是虽有勇气但没有走上消灭这种差距的正确之路。

教育是强国之本，是解决发展中国家贫困问题的根本之路。没有教育水平的提高，就不会有发展中国家经济状况的根本性改变。一个国家或地区的经济发展水平基本上是与其教育的发展水平相一致的。发展中国家通过教育的提升才能得到没有价格要求的无偿性的现代高智能复杂劳动创造的知识性效用，并由此改变本国的劳动水平和经济发展水平，将消灭贫困与实现经济现代化一同解决。所以，教育将改变发展中国家，并因改变发展中国家而改变整个世界。仅仅从解决贫困问题来讲，教育的力量就是十分强大的。更不用说，在整个人类劳动发展水平的提升中，教育也是永远地发挥着其他方面不可替代的基础作用。从教育的功能和地位来讲，这一领域的劳动是人类生存延续的绝对必要的配置，以最小的价格支配最大的财富是现代经济学关于解决世界贫困问题阐述的基本原理，也是代代相传的各个层次各个层面各个领域的教育具有共同的最基本的社会功能的抽象体现。

但需要指出的是，依靠教育解决贫困问题，其教育的含义既有泛指的内容，也有特指的要求。从泛指方面讲，这是说要求发展中国家必须高度重视发展教育事业，必须将有限的财力投入到教育事业上，节衣缩食地全国上下一致地齐心协力发展基础教育和高等教育以及继续教育等各个层次的教育。从特指方面讲，就是说这种教育的实施必须使受教育者掌握现代的最先进的科学文化知识，包括自然科学的最新研究成果和社会科学的最新认识，也包括工程技术方面的最新知识和社会管理与企业经营管理方面的最新知识。若缺少这种特指内容，发展中国家的劳动主体智力发展水平是不会获得新的大幅度提升的，是不可能承担起推进本国劳动整体发展以达到彻底解决贫困问题要求水平的历史重任的。所以，在讨论贫困问题上，我们必然强调发展中国家发展教育以最小的价格支配最大的财富的特指性，并要以此说明发达国家与发展中国家之间的关系是先进与后进的关系。在人类劳动整体性存在的意义上，根本的生存利益是一致的，发达国家在前为全人类生存的延续做出了推进人类劳动整体发展的巨大贡献。

还需要指出的是，解决一个国家内部的区域发展不平衡问题，与解决世界性的人口贫困问题，即解决发达国家与发展中国家之间的经济发展不平衡问题，基本道理是一样的。

参考文献

[1] 张卓元主编《政治经济学大辞典》，经济科学出版社，1998。

[2] 王振中主编《中国转型经济的政治经济学分析》，中国物价出版社，2002。

[3] 王振中主编《中国经济的长期发展》，社会科学文献出版社，2008。

[4] 经济研究编辑部编《中国社会主义经济理论的回顾与展望》，经济日报出版社，1986。

[5] 陆立军、王祖强：《新社会主义政治经济学论纲》，中国经济出版社，2000。

[6] 约瑟夫·熊彼特：《经济发展理论》，商务印书馆，2000。

[7] 宋则行等：《后发经济学》，上海财经大学出版社，2004。

[8] 李萍主编《开放经济条件下中国经济增长的理论与实践》，西南财经大学出版社，2000。

［9］于润主编《开放条件下西部省区的产业转型》，贵州人民出版社，2003。

［10］钱津：《劳动效用论》，社会科学文献出版社，2005。

［11］钱津：《规范市场——经济运行研究》，东北财经大学出版社，2002。

［12］钱津：《欠发达地区全面建设小康社会的难点及对策》，《中州学刊》2004
年第 1 期。

第十二章　走向新时代的经济学

站在 21 世纪的时代立场审视现代经济学的学科发展状态，不得不承认这门学科至今尚缺乏应有的科学性。而结束这一历史，必须从将劳动范畴作为学科研究的最基础范畴起始。科学的现代经济学应展开对人类一般化劳动的辩证历史研究，以劳动的内部矛盾分析替代以往的形式化的表层认识，严格遵守科学研究的学术规范，切实用好数学工具为学科建设服务。只有根据客观事实，从基础上，循序渐进，尊重逻辑，现代经济学的研究才能在 21 世纪走向科学化的新时代，建立对于现实经济研究具有理论指导意义的学科体系。

一　打破思维方式的封闭性

经济学不是政府经济学，不是为政治服务或根据与政治的联系而进行的经济领域的研究。而政治经济学是经济学基础学科，政治经济学研究就是经济学基础理论研究。经济学的前面加上政治两个字，其含意就是基础性。政治经济学的名称是历史留传，现在和今后都没有必要改变，只是人们不能因为这门学科的名称中有政治两个字，就将这门经济学的基础学科划归政治理论学科，或是将这门学科看作是政治学与经济学的交叉学科。事实上，不仅政治经济学不属于政治学的研究分支，与政治领域的研究没有直接关系，而且，从学术意义上讲，政治经济学的研究是最纯粹、最抽象、最基础的经济学理论研究。

在 20 世纪，相比 19 世纪，政治经济学的研究取得了重大的进展。致力于经济基础理论研究的人们，从马歇尔的经济学说到凯恩斯主义，又从凯恩斯主义到后凯恩斯主义，从制度学派走向新制度学派，相继提出了需求理论、一般均衡理论、局部均衡理论、经济增长理论、厂商理论、二元经济理论、乘数理论、产权理论、增长极理论、经济增长极限理论、经理革命理论、生产者剩余理论、消费者剩余理论、可持续发展理论、路径依赖理论、筱原基准理论、委托—代理理论、纳什均衡理论、人力资本理论、投入产出分析理论、货币主义理论、分享经济理论、实验经济学理论、行为经济学理论等富有创新活力的经济理论。但是，尽管取得了如此成就，截至 20 世纪末和 21 世纪初，政治经济学还不能从总体上说是一门科学的学科，至少这门学科的理论还不能全面准确地指导社会经济发展的实践，这门学科的理论也未能合乎逻辑地贯彻到现代经济学其他分支学科的研究中去。甚至直到 21 世纪初，人们对于政治经济学的学科定义还存在很大的争议，对于如何建立政治经济学体系更是相当迷惘。人们之间的长久性认识分歧还存在于对这门学科研究目的和任务的理解上。更有一些人缺乏基本的逻辑意识，将政治经济学仅仅限定为马克思主义经济学。而且，创建于 19 世纪的马克思主义政治经济学对于 18 世纪的古典政治经济学存在明确的批判与继承关系，但是，20 世纪以来的政治经济学发展在主流上对于 19 世纪的马克思主义政治经济学却只有批判，并没有任何的继承关系。关于这种没有继承关系的缺失，也许正是政治经济学的发展在 20 世纪为之付出沉痛代价的地方。正因此，针对 20 世纪政治经济学主流学派的表现，有人确实是比较偏激地认为："它除了建立在一系列形而上学的，从而非科学的公理基础上的一系列演绎推理而外，经济学几乎一无所有。"[①]

完全否定 20 世纪政治经济学的发展成就是不妥的。可以说，在这个 100 年中，仍然是政治经济学理论研究的活跃支撑了整个经济学各个分支学科的繁荣与发展。同样，对 20 世纪政治经济学的理论研究持完全肯定的态度也是不适宜的。历史的延续表明，这门学科存在的问题并不是自 20 世纪开始的，但在 20 世纪之中并没有对一些根本性的存在问题引起警惕，而是延续地将问题保留下来，进一步发展了这门学科总体上的不科学性。于是在 21 世纪初暴露出来的严重问题是，不仅政治经济学研究长期徘徊不前，缺乏总体意义上的理论创新，而且由此影响到整个经济学各分支学科的研究都难以取得科学性的突破进展。

20 世纪政治经济学研究缺乏科学性是与 20 世纪整个社会科学发展滞后有关的。这种制约无疑是存在的。但是，经济学作为社会科学的基础学科，政治经济学作为经济学的基础学科，它的发展理应走在整个社会科学发展的最前头。在 20 世纪里，自然科学取得了突飞猛进的发展，理论的应用也直接丰富了人们的生活并将人类的视野拓展到宇宙外层空间。在这其中，最重要的是自然科学的自然观基础得到了转换，从事自然科学研究的人们是由牛顿的经典力学自然观提升到了爱因斯坦的相对论自然观，这种提升并不是对牛顿自然观的否定，而是超出，是由在封闭的地球上认识自然运动规律提升到广阔的宇宙中认识大自然的运动奥秘，打破了思维方式的封闭性，于是，这才有了 20

---

① 阿尔弗雷德·S. 艾克纳主编《经济学为什么还不是一门科学》，北京大学出版社，1990，第 180 页。

世纪一系列高智能的科技产品的创造，才有了今天我们这一代人不同以往的生活方式和水平。然而，相比自然科学，在 20 世纪，整个社会科学，包括政治经济学的研究，在主流上并没有认识到打破思维方式封闭的重要性，也没有意识到社会科学的研究随着自然科学的自然观的转换，也需要由牛顿的自然观转换到爱因斯坦的自然观，即也应进入宇宙认识社会，摆脱 19 世纪的认识局限，随着 20 世纪的自然科学的发展建立新的认识基础。由于 20 世纪的社会科学没有实现这种认识上的突破，所以，一个世纪以来，自然科学与社会科学拉开了很大的距离，社会科学大大地落后了，政治经济学在这方面没有担当起应负的责任。对于科学研究来说，任何前人的努力，都是后人继续攀登的阶梯，而不能是障碍，并且，不论是自然科学，还是社会科学，后人的研究终归是要超越前人的，否则，人类就没有认识的进步，社会就没有理性的发展了。事实上，20 世纪社会科学的发展已给我们留下深刻的教训：在科学的认识进步面前，每一个学者都应当崇尚认真的严肃的学术精神，而决不应当将前人神化或回避阻碍科学认识进步的根本性的问题，真正献身科学的人应当理直气壮地蔑视那些将科学作为神学对待的人。进入 21 世纪后，面对重大的时代转折，打破思维方式的封闭性对于经济学乃至所有社会科学学科跟上自然科学的发展是至关重要的。

二　不能缺乏对人的研究

在 21 世纪，科学地发展经济学，必须将人类一般化的劳动范畴作为最基础的研究范畴。这是打破思维方式的封闭性之后学科发展的必然要求。将劳动作为政治经济学的最基础范畴，就是将劳动作为经济学的最基础范畴，作为贯穿经济学各个分支学科研究的范畴。

对于经济学研究来讲，必须始于劳动，终于劳动，因为劳动是经济的实质内容。作为学科的最基础范畴，只能是反映经济内容的范畴，而不能是只表现经济形式的范畴。在传统的经济学研究中，始终是将商品及价值作为基础范畴，因而传统经济学研究的是一种商品经济学，其研究的视界是停留在表现经济形式的商品范畴之上的，这样一来，不仅无法搞清价值与商品的关系，误解价值规律，而且还引起对商品经济本身的批判。这就是从经济形式出发而不是从经济内容出发研究经济学留下的重大缺憾之一。而一旦经济学的研究转换基础自然观，从劳动出发，以劳动范畴为最基础范畴，按照经济的实质内容要求构建经济学基础理论，人们自然就会沿着客观的内容映现认识到，人类的历史与现实的劳动是常态劳动，即在人类劳动无差别的性质同一的基础上存在着态势的区分。常态劳动分为正态劳动与变态劳动。正态劳动是人与自然之间进行物质变换的生产交流活动，是真正的人的本质的体现，是为人类获取物质生存资料和文明的社会生存条件而形成的人与自然之间的对抗关系。而变态劳动则是动物的求生方式在人类社会的延续。变态劳动分为军事变态劳动与剥削变态劳动；军事变态是最野蛮的劳动，也是最先产生并存在的变态劳动；剥削变态是寄生性的变态劳动，是后产生的较文明的变态劳动，是变态文明的体现。

现代经济学研究劳动，需要深入认识劳动的内部矛盾。即认识劳动整体性及其内在的主客体作用关系之间的矛盾。对于劳动的认识深化研究已经揭示，人类社会的发展是由劳动内部矛盾发展决定的。现代经济学研究必须尊重基本的客观事实，决不能再将单纯的劳动主体活动界定为劳动，即在对这一最基础范畴的认识上决不能存在片面性，不能有丝毫违反事实的界定。可以说，只有科学地认识劳动范畴，才能牢固地奠定经济学科学研究的基点。具有整体性的劳动作为科学的认识范畴，反映的是人类经济活动的实质内容，而不是经济形式的表现。

以劳动范畴为基础，科学的政治经济学研究还需要展开对人类劳动发展的历史全过程的认识，而不能是仍旧继续传统理论对于社会经济发展历史认识的局限性。在传统的经济学研究中，不论是 18 世纪的研究，还是 19 世纪、20 世纪的研究，侧重点都在于研究工业革命之后的社会经济，而缺乏对人类劳动自起源至今的全过程研究，这样做不仅不能把握人类社会经济发展的历史渊源，更重要的是不能准确认识到现实的和未来的经济问题。经济学基础理论的研究必须科学地揭示人类劳动的产生、发展、完善的全过程。对于每一位从事经济学基础研究的理论工作者来说，都应明确地认识到，人类劳动起源于 400 多万年前的动物劳动，所以至今还带有很强的表现为劳动变态的动物性，这是自然进程表现，是自然的历史链接，不是人们的主观意志能变更的。人类劳动的发展取决于劳动内部矛盾的发展，取决于劳动主体智力发展水平的提高。所以，在人类社会经济发展的历史与现实中，不是人与人的关系变化或者说人与人的斗争推动社会进步，而是人与自然的关系变化引起人与人的关系变化，人对自然的认识水平提高从根本上决定了社会的进步。展开人类社会经济发展的历史全过程，经济学的研究成果为 21 世纪社会科学的理论发展提供了新的认识基础。这就是说，解释社会历史，不再用外部矛盾的变化做表象分析，而是用劳动的内部矛盾变化进行客观的阐述，即说明每一社会经济形态的更迭都是由劳动主体的智力发展水平提高决定的。因此，新的认识表明，在人类社会经过 400 多万年的原始社会、数千年的奴隶社会与封建社会发展之后，进入资本主义社会，是人类劳动的内部矛盾发展的必然结果，这一阶段已有的数百年历史是人类社会发展的必经阶段。在人类劳动的发展尚不能在劳动主体智力水平的提高下跨越这一阶段时，由资产条件起支配作用，对资产收益权必须给予保护是人类生存的客观需要，这不是依靠暴力能消灭的。所以，作为人类社会发展的一个必经阶段，不管其存在的变态劳动是多么的残酷，资本主义社会的存在与发展都是具有历史必然性的，经济学的科学研究是不能批判历史必然性的。而且，从历史必然性出发，人们应当自然地或自觉地接受劳动内部资产条件起主要作用这一客观事实的约束，并且要科学地将资本主义社会发展阶段视为人类文明发展走向社会主义社会之前的必然的历史过程。

劳动主体是劳动整体之中的施动者和受益者。劳动是为劳动主体服务的，也是由劳动主体决定的。科学的经济学基础理论研究不可缺失对劳动主体系统而准确的认识，并且应始终将研究的重点置于劳动主体方面。历史地看，在传统的经济学研究中，关于这一点也是不自觉地被忽略了。长期以来，经济学的学科体系是围绕资本、土地、货币、工资、商品、经济增长等对象范畴进行研究，很少直接研究劳动主体，没有将生产力发展的决定因素集中在劳动主体的智力水平提高上，几乎是见物不见人，假定人都不变的研究。直到 1960 年以后，才有人强调以往对人的研究的忽略，阐述了对人的研究的重要性，但是，在一种思维惯性下，这些重视对人的研究的经济学家却又将人的研究纳入认识资本作用的体系之中，这就是出现了由美国经济家提出而现在已经风靡全球的人力资本理论。这一理论的创始者认为："经济学的理论传统是避而不谈技术改革；经济理论古典表述形式的基本假设之一就是技术保持不变。对于早期经济学家来说，这是一个创造性的简化，由此产生的理论通常与当时要考虑的问题有关。但是，既然我们必须应付现代经济增长问题，那么技术保持不变的假设显然早就与现代发展的事实完全违背了。然而，尽管经验证据有力地证明，技术改进已经成为经济增长的主要根源，技术变革却仍没有成为经济理论的一个组成部分。"① 而技术变革的理论缺失是由于缺乏对人即劳动主体的研究，因为一切技术的变革都是由劳动主体的智力水平变化引起的。所以，若缺少对劳动主体的研究，经济学就只能是假设技术不变了。而更为根本的问题是，缺乏对人的研究与缺乏对劳动的研究是一致的，都是没有看到经济的实质内容，没有将理论认识切入到经济问题的实质之上，而在不自觉之中将经济学的基础理论研究流于形式化了。

经济学不能只重资本研究，缺少对生产全要素的分析，将对于人的这一生产中的最重要因素的研究忽视。传统理论认为，资本主义经济的发展将最终导致工人陷入绝对贫困之中，社会再生产不能避免经济危机而完全崩溃。这并不符合后来发展的事实。问题就出在，传统理论将资本的作用绝对化了，而没有看到社会经济更重要的变化是由劳动主体的智力作用决定的，这种作用使得人类劳动的整体水平不断地提高，从而在剥削存在的前提下，受剥削者的生活也能越来越好，而不是越来越坏。在今日的资本主义社会，并不是将剥削视为洪水猛兽，也没有给予致命打击，普通工人的工作强度与工作时间也都改变了，不再是过度的工作，而他们并没有为此而贫困，相反，与一个多世纪以前相比，这些工人的生活是有保障的，是同样进入现代生活境界的。这当然不是资本家发善心，更不是工人们自己解放自己的结果。产生这种变化的原因，是人类劳动智力水平的大幅度提高。这从宏观上表现为发生在 20 世纪中叶的新技术革命，电子计算机技术的突破使

---

① 西奥多·W. 舒尔茨：《人力资投资——教育和研究的作用》，商务印书馆，1990，第 13 页。

得劳动工具实现了由延展人的体力向延展人的智力的根本转变。这从主体上讲，是高科技知识分子的劳动为全世界劳动者带来了改变贫困生活的福音。在发达国家，那些普通工人与发展中国家的工人的技能并没有多大的差别，但他们的生活水平却大大高于发展中国家的工人，这就是因为在发达国家有高科技知识分子的劳动作用带动，使得普通技能的人也能过上舒适的现代生活。先前的时代没有发生这些事情，当然不可能描述资本主义社会发展到今天的情况，但是，其研究没有注重人的作用，没有抓住智力作用是劳动发展的主导作用，劳动的发展将带动社会发展，从理论的逻辑上讲，是欠缺的。现实的改革不仅承认资本的作用，而且将资本的作用拔到了不适当的高度，这是传统理论没有想到的，也是理论的空白造成的新的认识扭曲。其实，解释资本主义经济并不能依据生产关系，必须透过劳动内部矛盾的分析才能得到准确的认识。解救发达国家经济危机的是技术因素、智力作用水平的突破性提高，剥削的存在并不是这种突破产生的阻力，相反，不是动力，至少也是一种保障。人的因素，即劳动主体的因素，尤其是智力作用因素的作用对于社会经济发展的变化是至关重要的，是根本性的，这体现的是人与自然的对抗关系，这说明认识社会的现实与未来要研究人与自然的关系，要首先研究人的智力作用因素，这是生产中的最重要的变因，只见物不见人的研究是与社会生活现实的要求不相符合的。

更进一步地说，缺少人的因素的研究，传统理论只强调劳动者的生存出路是夺回生产资料，这其实是将社会主义的实现问题看得过于简单和形式化了。社会主义的生产方式是高于资本主义生产方式的，其根据就在于劳动内部的主要作用在智力作用高度发达的前提下向主体作用回归。这种回归不用说在劳动成果的创造能力上是巨大的，就是对劳动本身而言，其特征也是高智力的复杂劳动，而不是表现为笨体力的简单劳动。也就是说，传统理论没有能够认识到，社会主义的产生取决于劳动整体水平的提高，取决于劳动内部主导作用与主要作用的合一，对于社会主义是不能用单纯的生产关系的改变去实现的，对于社会主义建设是不能依赖于简单的体力劳动的。从生产要素的全面分析讲，人是最重要的，智力作用是带动社会变化的根本因素，没有高智力的复杂劳动实现，就没有社会主义生产方式产生的可能，就没有建设社会主义的客观基础。在简单劳动的作用下，社会只能是贫困的，而贫困绝不是社会主义。所以，要求社会主义实现的首要条件是高智力复杂劳动的实现，与此相对应的是社会生活的富裕，这种富裕是取消剥削的基础，也是消灭军事劳动变态的基础。传统理论研究的片面性，已经被社会发展的现实和今天改革的要求所明示，因而，从逻辑上扭转以往研究视角的不当，从根本上创新经济学的基础理论，不论是对现实的体制改革，还是对现实的经济发展，都具有极其重要的迫切性。

三 必须尊重客观事实

严格地讲，在 20 世纪的学科发展中，经济学的基础理论研究不仅没有做到总体上走向科学，而且还在某些局部的认识中存在着一种反科学的倾向。科学是对自然决定的事实的准确的抽象的认识。若是不科学的，那就是这种认识不太准确，甚至是错误的。若是伪科学的，那就是不经过对事实的抽象认识过程，直接将一种思想伪装成科学认识的结果。而反科学则是指不符合科学认识的目的和程序，与科学认识的目的和程序恰恰相反。作为科学的研究，目的是认识客观的事实，所以，如果研究的目的不是为了认识客观的事实，而是有意远离事实，那就肯定不是科学的研究，而只能是反科学的研究。而且，科学研究的程序是，先提出假说，然后验证假说，如果假说与事实不符，则要修改假说，直至假说与事实相符，这才形成科学理论，达到科学研究的目的。对于与事实完全不符的假说，或者对于不能修正改进的假说，在科学研究的过程中只能抛弃，另换新的假说，而绝不是有意使假说越来越偏离事实，若此，那也肯定不是科学的研究，而只能是反科学的研究。纵观20世纪的经济学研究状态，人们可以确认，对外贸易理论尚不能解释各个国家的进出口贸易的实际情况，货币调控理论的可应用性是或然的即有时对路有时又不对路，至今关于通货膨胀的解释基本上是倒果为因的，一般均衡理论与现实之间有什么关系没有人能讲清楚，等等，这些认识都没达到科学的认识目的，也没有人进一步做修改假说的工作。更严重的是，有些研究引向了纯粹的思维模式，只有自身的逻辑，而没有与现实经济的联系，这从学术的角度讲，是看似有逻辑，其实是不符合逻辑，因为其偏离研究的目的这一大的逻辑前提。而特别明显地表现出反科学的特征是，在一些研究成果中，其假设明明是不符合事实的，却不修改假设，反而继续在不符事实的假设基础上进行推理，并且还一再地将这样的认识成果普遍地编入高等教育的经济学教科书中。比如，假设市场上只有A、B两种商品，然后分析对这两种商品的选择，这有何意义呢？因为生活在市场经济之中的每一个人都知道市场上绝不止A、B两种商品，做这样的假设是与现实不相符的。其实，如果对这种不符合事实的假设能作修改，再前进一步，不是假设A、B两种具体的商品在市场上存在，而是假设市场所有的商品可以分为A、B两大类，那就会与现实十分地相符。但可惜的是，直到如今原来的假设还没有修改，并没有向科学化迈进一步。

再有，假设社会再生产都是按原有的产品结构生产的，这也是不符合社会现实的，但这也未能阻止新剑桥学派的经济学家们继续沿着这一假设进行推理研究，虽然其表述的思想越来越深刻，但是由于没有修改假设前提，使之更贴近现实，其认识的结果只能是越复杂越距离现实更远。还有，对于技术不变的假设，劳动力是商品的假设，消费效用假设，效用是人的主观心理感受等假设，都是与社会基本事实相对照难以成立的假设，但也都是其理论研究者得出认识结论的基石，因而事实上在这些不符合事实的假设前提下推论出来的认识是不能成立的。问题是，至今这些研究者并没有意识到科学的研究不允许不符合事实的假设存在。

关于人是自私的还是不自私的认识选择，也是政治经济学研究的重要前提假设之一。但是，在政治经济学尚未以劳动为最基础范畴进行研究之前，所有的关于这一前提的认识都是缺乏辩证性的，都不会具有理论研究所要求的深刻性。如果政治经济学的研究是从人类劳动起源，从人类的生存延续要求来认识人的自私性问题，那将会将问题的研究引向深层。在生活中，并不是所有的问题都只能有肯定或否定的答案。正因此，对这一前提假设的认识需要有较强的辩证认识能力。

同样需要引起重视的是，经济学研究的科学化需从基础起步。政治经济学是经济学的基础学科，学科的任务就是研究经济学的基础理论，或者说这个学科是负责经济学中原理性的问题研究。20世纪的政治经济学的研究缺少对19世纪政治经济学研究的继承，问题就表现在这一方面。19世纪的政治经济学主要是进行基础性研究的，或者说是进行关于经济运动本质问题理论研究的，这种研究在经济学的理论体系中是必不可少的，并是决定整个经济科学研究进展的。但19世纪的经济学家基本上是坐在屋子里进行这种基础性研究的，他们有睿智的头脑，却没有经济生活的实践。而客观上进行经济学研究尤其是进行政治经济学研究，是要求研究者必须具有丰富的经济生活实践体验的，否则，如果不经历社会实践，对于高度的认识抽象不会有具体的经验感受相辅佐，往往会在纯粹的思考空间走向迷失，其认识的结论或者说抽象的概括就可能会不符合实际。当学科的发展推进逐步暴露出19世纪政治经济学研究存在的认识偏差问题，20世纪的政治经济学研究不再继承19世纪的某些基础性的研究结论是有其内在原因的。但是，对于学科发展来说，不再继承原有的理论不应演变成不再进行基础性研究。20世纪已经过去了，历史留下的主要是政治经济学关于经济运行方面的非原理性研究，或者是对于直观的或表层的问题研究，很少再有基础性的研究，更缺少整体性的学科基础研究。就此而言，不论是相比自然科学或社会科学的哪一个学科的建设，经济学研究存在的这种状态都是很严峻的。在学术领域，任何学科的建设都必须从基础做起，或是说任何学科的发展都不允许忽视基础性研究。20世纪以来，甚至还可以上推到19世纪，整个经济学的研究，包括政治经济学的研究，都缺少最基础的研究范畴，即理论的基础没有建立在劳动范畴之上，各个学派体系都未对劳动进行系统研究。而这所有的不以劳动为最基础范畴的研究都只能是没有基础理论支持的研究，即都是缺乏科学系统性的认识。更突出的缺陷是，分不清经济学研究与经济研究的差别，一说到范畴研究就退避三舍，认为是空对空，不愿讨论问题，这就是不懂得经济学就是研究经济范畴的，对各个经济学范畴的认识深化或创新就是学科的发展。而政治经济学的任务就是研究基础经济范畴的，若不研究本学科的基础经济范畴，那就只有现实的经济问题研究，而没有经济学的研究。20世纪的政治经济学缺乏对本质性的基础经济范畴研究，或者说在20世纪的后半叶，从主流趋势讲，政治经济学的基础性研究功能已经被大大地削弱了。关于劳动、价值、价格、效用、货币、生产、流通、分配、消费、发展等方面的基础研究，大都还停留在 19 世纪的认识水平上，缺少积极的认识推进。因而，在 21 世纪初看来，政治经济学乃至整个经济学的研究都是在缺少最基础的范畴确定和基础理论尚未与时创新之中树立的。这种状态的存在必然会引起其他学科的注视，对政治经济学或经济学的理论科学性表示怀疑。作为一门与现实社会生活联系最紧密的经济学科，是决不能因为已有的基础性研究存在某些认识偏差问题就不再继续进行这方面的研究了，将本学科的基础理论研究视为没有用的或可以缺乏的，那就好比是只想盖房子，不想打地基，其结果只能是盖一片简单的小平房，而建造坚实的理论大厦是不可能的。

四 全面创新理论体系

在 20 世纪经济学学科发展的历史中，还存在着片面地强调数学化并以数学化充当科学化的做法。一些研究者认为，经济学研究的现代化标志就是数学化，还以此形成一种风气，让数学化的研究成果泛滥。其实，就学科本身的严格区分讲，数学不属于社会科学，也不属于自然科学，数学本身是一门独立的工具性学科。因而，不论是自然科学的研究，还是社会科学的研究，都离不开运用数学知识。没有数学的研究进展，人类不可能打破封闭的地球空间进入宇宙去探索；没有数学知识的普及与运用，人们也无法进行宏伟的经济建设和复杂的市场交换。在各门科学学科的研究中，数学都是起工具作用的，而无论是哪一门科学学科的研究，只有达到能用数学语言来描述其研究成果时，才可以称得上是比较规范和比较完善了。然而，在 20 世纪里，一些比较极端的数学化表现是，将数学的运用当作是政治经济学的研究，不是运用数学研究基础经济范畴，也不是运用数学分析经济生活中的基本事实，而是仅仅展现数学运用中的自身的复杂性，与经济理论的认识深化全无关系，甚至有一些研究成果是运用非常复杂的数学知识分析十分简单的经济问题并得出同样是十分简单的认识结论。运用数学的目的是为了帮助经济学的研究能够更深刻细微地认识复杂的社会现实经济问题。如果数学化的表达能够帮助人们更清楚简洁更准确地认识经济问题和构建经济理论，那数学的运用是肯定有意义和受欢迎的；而如果数学化的表述使本来很清楚很简洁的认识思路变成很不清楚和很复杂的甚至是很多人看不懂的了，那数学的运用就是画蛇添足了。事实上，现时代经济学的研究还很落后，很需要有数学化介入的成功，或者说，数学的工具性作用增强也是 21 世纪经济学的研究走向科学化新时代的必不可少的基础条件之一。只是，不论到何时，也不能用数学研究取代经济学研究，实现经济学基础理论研究的科学化推进只能是依靠经济学家的不懈努力。

自劳动范畴起始，按照客观的联系，层层扩展对于社会经济运动的概括认识，这是走向科学的经济学基础理论需要建立的完整的由各种范畴和理论链接的逻辑体系。在 21 世纪内，经济学理论工作者应当完成这一历史使命。完成这项工作的关键在于学科的研究要循序渐进，要像蚂蚁啃骨头那样一点一点地向前推动。整个学科的建设要从基础做起，讨论一个问题，解决一个问题；分析一个范畴，确定一个范畴；涉及一个理论，就初步完成一个理论的构建；始终沿着社会经济生活的基础层面进行客观性的探索，而决不能是人为主观地任意创造学科体系。如在 21 世纪初就能做到坚持以客观性为认识基点，长年坚持以劳动为最基础范畴的研究，那么经过几代人的努力，在 21 世纪之内就能够达到使现代经济学的学科研究科学化的目的，初步建立起一个具有理论创新力量的现代经济学的学科体系。

参考文献

［1］约瑟夫·熊彼特：《经济发展理论》，商务印书馆，2000。

［2］经济研究编辑部编《中国社会主义经济理论的回顾与展望》，经济日报出版社，1986。

［3］萧琛：《经济学的昨天、今天和明天》，《经济学动态》2004年第4期。

［4］彭松建：《当代西方经济学前沿问题的审视》，《经济学动态》2004年第5期。

［5］钱津：《劳动论》，企业管理出版社，1994。

［6］钱津：《追寻彼岸：政治经济学论纲》，社会科学文献出版社，2001。

［7］钱津：《劳动效用论》，社会科学文献出版社，2005。

附录：21 世纪国际金融危机
提出的尖锐挑战[*]

20 世纪的新技术革命开启了人类社会生活的新时代。但时至今日，现代经济学的基础理论研究远远地落后于这个时代，其理论体系存在基础性的构建问题，其理论不能有效地为指导现实经济的运行和发展服务。从人类思想发展的根基讲，当代经济学人更应该看到的是，2008 年爆发的国际金融危机不仅是对世界上各个国家或地区的经济能否尽快复苏提出了现实的挑战，更是对于现代经济学的基础理论研究提出了严峻的尖锐挑战。

1. 挑战经济人假设

经济学的研究需要有前提假设。此次国际金融危机的爆发表明，现代经济学的经济人假设是于学理不通的，存在着无可争辩的内在缺憾。由于人是具有社会性的，因而，作为经济学研究假设前提的经济人，不能只表示个体经济人，还必须要有对社会经济人的假设抽象。缺失社会经济人假设的经济学研究只能从社会经济中的个体出发分析和探讨人类的经济行为，在宏观经济领域的研究是难以展开的，迄今

 * 本文原载《开放导报》2009 年第 4 期。原题为《国际金融危机对现代经济学的十大挑战》。

为止现代经济学的宏观经济理论仍只是局限于解释经济个体之间的利益之争，没有能够体现出更高层次上的对社会整体利益的理性思考和自觉维护。在这种状态下，已经进入21世纪的现代经济学主要的宏观经济理论，不仅是不完全适用于像中国这样快速发展的发展中国家，就是在其提出的发达市场经济国家，也基本上不能被政府的宏观调控接受为指导理论。因此，自觉地深化对于经济人假设研究，增加社会经济人假设，必将成为推动21世纪现代经济学理论创新应对此次国际金融危机挑战的制高点。作为现代经济学宏观理论研究必不可少的认识前提假设，不同于个体经济人的社会经济人至少应具有十大理性基点：保证国家经济安全、保持经济结构平衡、保护经济发展活力、保障收入分配公平、严密控制货币管理、规范市场交易秩序、实现区域平衡发展、促进科学技术进步、全面实施社会救助、坚决落实天赋人权。为此，面对此次国际金融危机的挑战，对于长期以来经济人假设缺失社会性的问题，从今往后，现代经济学的研究必须从实际出发及时地纠正和积极地弥补这一缺憾。

2. 挑战经济研究范围

截至2008年，有关虚拟经济的研究成果还未能进入高等教育的本科教材，而此次国际金融危机的爆发表明，现代经济学的基础理论研究只局限于实体经济领域已经成为对于现实认识的障碍。因此，现代经济学迎接挑战，必须从基础上扩大研究领域，既要研究实体经济在整体国民经济中的作用，又要研究虚拟经济对国民经济运行的影响。而且，对于虚拟经济的研究需要科学地认识其内涵，需要紧密地联系现代市场经济的实际，即要从21世纪的经济生活实际出发，不能再局限于19世纪学界对于虚拟资本的认识。为了迎接国际金融危机的挑战和恢复全球资本市场的活力，现代经济学的基础理论研究迫切需要从基本范畴的界定做起，进入现代市场经济条件下的国民经济宏观运行和宏观调控的层面加深对虚拟经济的理解和认识。

虚拟经济是从货币的运行领域做出的概括，而证券化的资本市场则是货币虚拟运行的具体表现，即是虚拟经济的具体表现。因此，证券化的资本市场的活跃就是虚拟经济的活跃。在复杂的现代市场经济条件下，需要更大力度地发挥和活跃证券化的资本市场对资源的配置作用。另外，在虚拟经济性质的资本市场运行中，经济的稳定性更是需要给予高度重视的。不论是长期的稳定，还是短期的稳定，证券化的资本市场的稳定都必须是市场充分活跃中的稳定，而不能只是僵化的稳定。在现代市场经济的宏观调控中，国家对证券化的资本市场的调控应是宏观调控的核心。不过，对证券化的资本市场的这种虚拟经济的宏观调控并不是可以脱离实体经济运行要求的。此次国际金融危机给予我们的重要启迪是：经济学研究的基础不能只是对于实体经济的概括认识，必须完整地概括整个国民经济范围，即必须包括对于虚拟经济的研究，但是，特别需要认识到，在虚拟经济领域绝不能只是不断地强化虚拟经济的自我服务，今后现代经济学的研究和各个国家或地区实施的宏观调控，从根本上说，目的只能是使虚拟经济为实体经济运行取得良好效益提供必要的服务。

3. 挑战价格理论

在现时代，发达的市场经济已经高度复杂了。传统经济学的价格理论认识已经跟不上现代市场高度发展的客观现实。造成 21 世纪初爆发国际金融危机的直接原因是美国发生的次贷危机，而造成美国次贷危机的直接原因是当时美国房地产市场的价格跌落。这表明通过这次危机，现代经济学的研究必须明确，在新的历史条件下，对于经济学的价格理论和现代市场经济中的价格刚性原则需要给予审慎的重新认识。

在现代社会，维护价格刚性，就是维护币值稳定；而维护币值稳定，也就是维护金融稳定。现代金融是社会经济的中枢，既要灵敏又要稳定。通过遭遇此次国际金融危机，我们能够比较清楚地知道，美国的房地产价格一下落，美国的金融就无法承受了，直至祸及全球。这里面存在一个由货币传导的内在机制。非常明显的一点是，如果美国的房地产价格不下落，那么美国的次级贷就没有问题，美国撒向全球的次级债就也是没有问题的。所以，如果当初懂得这一点，美国政府能够有效制止房地产价格下落，它就依然能够继续推行它的让美国人人拥有自己房屋的计划，也不会带给全世界这么大的麻烦。我们说，美国自家的事没搞好最后闹到全世界，关键是认识没有跟上时代的发展，不知道在现代社会必须维护价格刚性原则，不能任由房地产市场的价格下落，不知道价格连着货币，不能任由市场的价格下落引起币值的不稳定，搞乱整个金融秩序。现时代还在倡导市场自由的人，就是倡导价格可以自由地大起大落的人，其实思想都还停留在 20 世纪的新技术革命之前，或是他们的思想确实有些简单化，缺乏量的概念，在高度复杂的现代社会，偏偏认为事事都是 1 加 2 那么简单，而且还要以此简单的思想约束社会，这就是我们今天不得不面对此次国际金融危机的思想原因，即进入了 21 世纪的人们在对价格与币值、价格与金融的关系上还是将思想停留在已经过去的时代，还没有仔细地研究一下新的市场和新的问题。2008 年爆发的国际金融危机应该是给许多的现代人上了振聋发聩的生动一课，让他们也能够清楚地认识到，时过境迁，价格刚性不能再是一种贬义，现在已经进入需要维护价格刚性原则的时代了。

4. 挑战效用理论

此次国际金融危机还极大地挑战了现代经济学的效用理论研究。

以往的研究对效用范畴给予的纯主观性界定应该成为历史了，在21世纪，现代经济学的基础理论研究必须尊重客观实际，自觉地努力追求主观认识与客观实际相统一，对效用范畴重新定义。从事实出发，科学地深入地认识学科基础范畴，确认效用是指人类有用劳动成果作用的一般化，是一个具有客观性的经济学范畴。并且还要确认，效用应有中间效用与终点效用的区分，明确作为现代经济学的理论创新点，界定中间效用具有重要的学术思想推进意义和重要的现实意义。

界定中间效用的存在，这将从根本上改变自经济学创立以来就一直信奉的效用最大化理念。对中间效用的界定表明：在自然经济形态中没有中间效用，在简单的商品经济形态中也未有许多的中间效用，对此，经济学的研究可以不涉及中间效用，可以笼统地讲效用最大化，即不论是对何种效用都可以追求最大化。但是，面对发达商品经济形态和市场经济形态的研究，却是决不能无视中间效用的存在，决不能笼统地讲追求效用最大化了。因为，在发达商品经济形态和市场经济形态中，尤其是在发达的市场经济形态中，由社会劳动分工决定的中间效用是客观的大量存在的，而中间效用不是生活消费的福利享受，不是生产消费的最终需求，不能追求最大化，只能根据其所配套服务的生产规模和生活消费的客观要求保持一定的适度性。这也就是说，对于中间效用必须讲适度性，不能讲最大化，对于终点效用才能够讲最大化，所以，在中间效用大量存在的前提下，现代经济学的逻辑归纳决不能再笼统地讲追求效用最大化。这表明，提出中间效用范畴，是将经济学对于效用的认识在现代的某种意义上细化和深化了，是随着社会经济的发展而实现的经济学基础理论认识的推进。如果对中间效用也讲最大化，等同终点效用一样地讲求最大化，那么，追求中间效用最大化的结果，不仅不会使社会增加更多的福利，反而会对国民经济的正常运行起到破坏作用，甚至是严重的破坏作用。因此，在 21世纪，在现代经济学的教学和研究中，必须明确中间效用的存在，必须明确不能再笼统地讲追求效用最大化，必须明确在现代国民经济的运行中需要保持中间效用的适度性。在现代国民经济的增长与发展中，只有对终点效用的创造才可以讲有最大化的要求。

此次国际金融危机的爆发，从经济学基础理论的角度来认识，就是中间效用泛滥引起的金融海啸，因此，在经历这次危机之后，现代经济学的基础理论研究必须要对中间效用范畴高度地重视起来，必须要对中间效用领域的研究高度地重视起来和深入下去。

5. 挑战政府作用

经历了 2008 年国际金融危机，人们看到的是，在世界各地，每一个国家或地区，都是政府在积极地救市，政府不但没有退出市场，而且是正在发挥着不可替代的重要作用。现代经济学迎接此次国际金融危机的挑战，必须重新研究市场经济的本质和运行，从客观的事实出发，确定各个国家或地区的各级政府作为不可或缺的市场主体在现代复杂的市场经济中的统领地位和作用。

在现时代，政府的宏观经济管理符合市场经济体制要求，在市场经济中发挥统领作用，需要在发挥市场对资源配置的基础性作用的前提下完善宏观调控体系和微观规制基础。一方面，政府建立规划、金融、财政之间相互配合和制约的经济机制，保持社会总需求与总供给的基本平衡，优化投资结构，提高投资效益，实现对国民经济运行的综合协调与控制，是完善宏观调控体系的主要内容和基本目标。另一方面，政府为了促进国民经济和社会的协调发展，落实国家经济规划提出的各项具体任务，调整经济结构和调节社会分配，还需要与产业政策紧密地相配合，保持宏观经济管理的稳定性和连续性，深入持久地做好各项微观规制的基础工作。

保持国民经济运行的良好态势，即保持社会总需求与总供给的基本平衡，需要政府运作宏观总量调控。宏观总量调控又称价值调控或信贷调控，是对社会总供给的价值层面的调控，是通过控制货币的总量而实现的对国民经济运行的调控，其对宏观总量的调节是要达到对宏观供给总量控制的直接目的，并以此间接约束社会总需求。宏观总量调控的具体控制力表现在对货币发行总量、信贷供给总量、证券市场规模等方面的价值总量的控制上以及对银行储蓄和贷款的利率、银行的法定准备金率的直接变动。宏观总量调控是现代复杂的市场经济中政府经济管理职能的重要表现，是发挥政府在市场经济中的统领作用的一个重要方面。政府拥有宏观总量调控的职责，却并不需要天天运作这种对宏观经济干预的职能。只有在国民经济运行态势偏离正常状态和秩序时，即社会总供求包括虚拟经济在内的货币总供求出现明显失衡时，才需政府发挥积极的宏观调控作用，对国民经济的总量进行必要的价值调控。宏观总量调控的重要性和有效性是由现代市场经济的实践所证实的。

另一方面，在现代复杂的市场经济中，各个国家和地区政府的宏观经济管理应从满足社会生活消费品需求出发，不断地对国民经济的结构进行调整。这种结构调整属于政府宏观经济管理中的微观规制。做好各项微观规制的基础工作，是保持国民经济运行良好态势的必要条件。微观规制包含调整结构，却不只是表现在经济结构调整方面，还具有更多的内容，全面表现在国民经济运行多层面上发挥的政府宏观经济管理作用。政府的微观规制工作具有不同于宏观总量调控的长期性、针对性、绩效性、法制性、基础性等基本特征。

6. 挑战信用理论

此次国际金融危机表现为现代社会的信用关系高度发展之中突然出现全球失控的一种严峻局面。这表明，现代经济学的信用理论发展并没用跟上现代社会的信用关系发展。因此，这次危机对于现代经济学的信用理论也是严峻的挑战。

银行信用在现代复杂的市场经济中很脆弱，一旦资不抵债，银行可能随时坍塌，而各个国家或地区的政府，只要拥有人民相信的政府信用，就能够永远立于不败之地，永远能够迎战任何突如其来的经济危机，并最终能够带领整个社会恢复信心和经济秩序。政府信用是国家信用，是社会之中和市场之中的最高信用。所以，迎接此次国际金融危机挑战，在现代信用理论领域，必须高度重视对于政府信用的研究。就目前的情况看，各个国家或地区的政府已成为应对此次国际金融危机的中坚力量。各个国家或地区的政府救市所唯一依靠的经济来源就是政府的财政信用，因为政府不可能动用政府税收去救市，那是政府办公和吃饭的钱，不能用在其他方面，更不能用在金融援救项目上。现实地讲，在目前全球经济陷入危境时，政府信用是政府救市的手段，政府救市是战胜危机的希望。不论在哪里，政府信用的作用都从来没有现在这么重要，尽管政府信用以前的作用也不是不重要。从现代经济学的研究来看，需要进一步研究的是，随着现代市场经济的复杂性的提高，政府信用的重要性越发明显，利用政府信用实施政府的宏观调控，不仅是在危急之中，而且更要贯穿于日常的国民经济运行之中。这也就是说，此次国际金融危机开创了一个先例，使得政府信用普遍地应用于国民经济的宏观调控之中，使之政府信用的重要性更为提升并进入了一个新的时代。这既是危机的逼迫，也是危机的促进作用。从此以后，政府信用将会被各个国家或地区的政府更灵活地运用，由此更好地发挥政府作为最大的市场主体在现代复杂的市场经济中的统领作用。政府信用不再仅仅是为了弥补政府财政日常收支的赤字而运用的，也不光是为了国民经济的基础设施建设投资而运用的，政府信用的重要性已达到贯彻整个国民经济的日常运行调控之中，政府信用的发展已达到现时代的最高点，其基本作用的升级是与现时代社会信用的高度发展相一致的。现代经济学需要将政府信用在现代复杂的市场经济中的具体作用作为一个专门的领域进行研究，才能更好地服务于人类新时代的经济发展。

7. 挑战金融衍生品市场

在面对由于世界金融衍生品交易过于活跃而爆发的国际金融危机之时，现代经济学对于金融衍生品市场的发展应给予更深刻的理论研究。现在应当明确，在现代复杂的市场经济条件下，必须坚决遏制金融衍生品市场泛滥。

金融衍生品市场的存在与人类的生存能力直接相关。在人类社会的历史进程中，并没有谁来规定某时的经济生活只能怎样不能怎样，在某时必须形成某种形式的市场，但是，某时的经济生活方式，某时形成的某种类型市场，却必然与某时的人类生存能力相一致。因而，在现阶段存在金融衍生品市场，从根本上说，这是由现阶段的人类生存能力决定的，这就是一种客观的决定性。也就是说，在客观上，金融衍生品市场不会出现在人类的生存能力很低的社会发展阶段，而且，也不会保持到人类的生存能力更高的社会发展阶段，这一市场的存在仅仅与现阶段的人类社会的生存能力相一致。在迎接此次国际金融危机的挑战中，现代经济学需要从根本上对金融衍生品市场的现实存在给予准确的理性认识。

有效地保持金融衍生品市场的虚拟中间效用创造的适度性，就是理性地遏制金融衍生品市场交易发展的绝对尺度。在社会经济实践中，这一尺度的运作，需要具体化地斟酌。此次国际金融危机之后，在世界上各个开放了金融衍生品市场的国家或地区，都需要高度理性地遏制金融衍生品的交易，不要使其市场再次发展到极端疯狂的程度。这一次的金融海啸已经使全世界吃够了苦头。我们即使在现时代还做不到永远地告别金融危机，也决不想不几年就遇到一次这样的灾难。所以，从今往后，不论是哪一个国家或地区，都要对具体化地理性遏制金融衍生市场竭尽全力。

8. 挑战货币理论

此次国际金融危机还挑战了现代经济学已有的实体性货币理论，要求今后现代经济学的研究必须探索建立新的虚拟性货币理论。虚拟性货币已经不是传统意义上充当一般等价物的特殊商品，在新的时代，这种虚拟性货币只是充当一般等价物的信用工具。由实体性货币向虚拟性货币转化，是现代货币的虚拟化过程，是现代市场经济的一种突出特征，因而，需要现代经济学做出新的理论研究和认识创新。

经济理论界现在面对的基本问题是，实体性货币已经结束了历史的使命，现代产生虚拟性的货币是不以人们意志为转移的客观事实，虚拟性货币目前是现代社会普遍使用的货币，现代经济学的基础理论研究不能再停留在实体性货币理论的状态，缺少对于虚拟性货币的理论研究。这也就是说，在现时代，作为经济学的基础理论研究，一定要区分虚拟性货币与实体性货币，不能将虚拟性货币混同于实体性货币，决不能用对实体性货币的解释来解释虚拟性货币。

准确地讲，实体性货币的性质是特殊商品，虚拟性货币的性质是信用工具。这是具有不同性质和形式的货币。在国际金融危机之中，经济学界有许多人仍然是不区分货币的虚拟性与实体性的，对金融危机的认识并没有上升到现代货币的虚拟性上来认识。按照这些人对于货币认识的水平，出现金融危机是难以避免的事情。在世界各地，现在人们对于货币的理解还都是依据这些理论的。不区分虚拟性与实体性的重大差异，只讲货币理论，不讲是实体性货币理论还是虚拟性货币理论，不符合对于现代货币认识的基本逻辑。存在这样的一种理论认识状态，人们会对现实中的货币运行造成某些外部性干预的扭曲。因此，迎接国际金融危机对于现代经济学货币理论的挑战，今后的研究必须做到不以对于实体性货币的研究替代对于虚拟性货币的研究。

9. 挑战宏观调控理论

传统的宏观调控只是针对实体经济运行的总量控制，并不直接涉及虚拟经济领域。因此，此次由虚拟经济疯狂引起的国际金融危机无疑对于传统的宏观调控理论提出了不容回避的重大挑战。

从理论上讲，迎接挑战必须建立新的虚实一体化的宏观调控体系，而且其中最重要的是建立对于虚拟经济的资本市场进行直接调控的机制。通过此次国际金融危机，我们清楚地看到，国家在宏观上不干预股票市场，股票市场就要在宏观上影响国民经济。国家在宏观上不干预金融衍生品市场，金融衍生品市场的泛滥就可能造成国民经济的严重危机。也就是说，宏观不干预它（虚拟经济），它就要影响你（国民经济）。这就牵涉到两个基本的理论问题：一是政府在宏观上能不能直接调控资本市场，再是政府在宏观上应当怎样直接调控资本市场。对于前一个问题的回答是肯定的，即在现代如此高度发达的社会，政府必须在宏观上直接调控资本市场，不能任由各类资本市场兴风作浪，为所欲为。在火箭升天由于一个小小的密封圈损坏就可能酿成大祸的时代，社会对于成千上万亿资金的市场虚拟交易任凭自发，只设规矩，不求控制，是社会理性严重不到位的表现，是经济学研究严重落后于自然科学发展的事实。自 2008 年初，中国的股票市场盲目地走向低谷，在随后的时间内基本上丧失了融资功能。[①] 对此，是必须由政府在宏观上进行直接调控的。社会不能一方面承认资本市场的盲目性对于国民经济有极大的破坏性影响，一方面又放弃社会理性而对其听之任之。至于在目前情况下政府应当怎样直接调控资本市场，这是需要仔细探讨的问题。也可能有多种多样的直接调控方式，但其不论采用何种方式，基本原则应是一致的，即必须使用理性的强大资本力量调控非理性的实力相对分散的资本力量。这就是说，在现时代，各个国家或地区的政府并不能使用行政手段对资本市场进行直接调控，而必须用其他市场主体同样的资本手段直接对资本市场进行控制。其实，只要认识明确了，机制建立了，在高科技的信息时代，各个国家或地区的政府都完全可以依靠国家力量做到对资本市场进行有效调控，即政府通过调控资本市场是可以避免发生金融危机的。增加这一层次的直接调控内容，是建立新的虚实一体化的宏观调控体系的核心要求。这表明，与复杂的现代市场经济相适应的宏观调控，核心是对虚拟经济的资本市场进行调控。因而，接受此次国际金融危机爆发的深刻教训，必将有力地促使全世界各个国家或地区告别以货币总量调控为核心的宏观调控时代。

10. 挑战经济学的研究基础

此次爆发国际金融危机，明显地表现出目前的经济理论研究远远地落后于现代的经济发展实践，这其中的根本原因，就在于始终没有能够准确地认识到劳动是经济学的最基础范畴。以往的经济学研究，或是以商品范畴为起点研究，或是以效用、需求等为基础范畴进行研

---

① 环球网：《发改委：中国股票市场的融资功能已经基本丧失》，《证券时报》2009 年 2 月 20 日。

究。然而，商品是劳动的产品，效用必定是劳动成果的效用，需求也只能是对劳动成果的需求。所以，劳动是相比商品、效用、需求等范畴更为基础的范畴。劳动是人类最基本的社会实践活动，也是人类生存的第一条件。劳动范畴联系着经济学研究的一切内容，包括实体经济领域和虚拟经济领域的所有的分支边角都要涵盖其中。只有把劳动范畴贯穿于各个研究领域，经济学的理论才能最终铸成根基牢固的完整的科学体系。因此，在21世纪，面对此次国际金融危机的挑战，现代经济学研究的科学化，应当而且只能是从将劳动作为本学科的最基础范畴起步。

劳动对于劳动成果创造的决定作用必然是劳动整体作用。单纯的劳动主体活动即活劳动，只能是在劳动过程即与劳动客体相结合的过程中实现。脱离劳动客体，就没有劳动主体活动，就没有任何劳动作用的产生。人与自然的不可分割直接体现为劳动主体与劳动客体结合的过程不可分。我们应该明确：任何劳动成果的取得，都是劳动整体作用的结果。对任何劳动成果创造作用的抽象，都必定是对劳动整体作用的抽象。虽然对于劳动整体作用，亦可抽象地区分为劳动主体作用和劳动客体作用，但是，在具体的劳动实践中，从来没有单独存在的劳动主体作用，也从来没有单独存在的劳动客体作用。准确而规范地讲，在任何情况下，获得劳动成果，都必定是劳动的整体作用表现劳动的创造力。因而，在现代经济学的基础理论认识上，不应将劳动整体作用的创造误为劳动主体作用的创造，或者说不应将单纯的劳动主体作用称之为劳动作用。承认劳动客体作用存在于劳动整体作用之中，承认客观不存在单纯的劳动主体作用，承认劳动的作用必然是劳动整体的作用，在新的历史条件下，应是研究劳动范畴所需要的最基本的科学态度。只要不是教条主义和本本主义，在现实的社会经济生活中，这种劳动整体作用的存在就是一种人人可以认定的最普遍的客观事实。这一客观事实的存在不会因为有人不承认或忽略而改变。可以充分肯定地讲,现代经济学的时代转折和创新必须由认定这一客观事实做起。

面对此次国际金融危机,以上十个方面的挑战迫使现代经济学的研究必须开创新局面,实现基础理论的根本性创新。这是需要引起各个国家或地区经济学界高度重视的学科建设和发展的重大问题。

参考文献

［1］王振中主编《政治经济学研究报告1》,社会科学文献出版社,2000。

［2］王振中主编《政治经济学研究报告2》,社会科学文献出版社,2001。

［3］王振中主编《政治经济学研究报告3》,社会科学文献出版社,2002。

［4］王振中主编《政治经济学研究报告4》,社会科学文献出版社,2003。

［5］王振中主编《政治经济学研究报告5》,社会科学文献出版社,2004。

［6］王振中主编《政治经济学研究报告6》,社会科学文献出版社,2005。

［7］王振中主编《政治经济学研究报告7》,社会科学文献出版社,2006。

［8］王振中主编《政治经济学研究报告8》,社会科学文献出版社,2007。

［9］王振中主编《政治经济学研究报告9》,社会科学文献出版社,2008。

［10］王振中主编《政治经济学研究报告10》,社会科学文献出版社,2009。

［11］王振中主编《政治经济学研究报告11》,社会科学文献出版社,2010。

［12］王振中主编《政治经济学研究报告12》,社会科学文献出版社,2011。

［13］成思危、刘骏民主编《虚拟经济理论与实践》,南开大学出版社,2003。

［14］林丽琼等主编《中国经济热点问题探索》,经济科学出版社,2002。

［15］柳欣:《经济学与中国经济》,人民出版社,2006。

［16］钱津:《劳动论》,社会科学文献出版社,2005。

［17］钱津:《劳动效用论》,社会科学文献出版社,2005。

［18］钱津:《突破点——走进市场的国有企业》,经济科学出版社,2006。

［19］钱津:《国际金融危机对现代经济学的挑战》,经济科学出版社,2009。

［20］钱津:《论虚拟经济下的宏观调控》,《开放导报》2006年第6期。

［21］钱津:《虚实经济一体化中的价格问题研究》,《社会科学》2009年第1期。

跋

　　我进入中国社会科学院经济研究所学习和工作，迄今已有 20 余年。在这期间，除了读书、写书、参与社会实践，我还先后在山东农业大学、华南理工大学、兰州大学、贵州财经学院兼职任教，并被聘为山东农业大学经济管理学院的博士研究生导师、华南理工大学工商管理学院特聘教授、兰州大学经济学院的硕士研究生导师、贵州财经学院特聘教授、贵州财经学院 MBA 教育中心的工商管理专业硕士论文指导教师，本书大部分内容是在这些学校的教学中的积累。而近十年来，我曾在黑龙江大学、吉林大学、辽宁大学、东北财经大学、南开大学、天津师范大学、首都经贸大学、首都师范大学、北京大学、北京师范大学、北京工商大学、河北师范大学、河北经贸大学、山东大学、山东经济学院、江苏省委党校、徐州师范大学、上海财经大学、解放军南京政治学院上海分院、上海市委党校、浙江传媒学院、浙江师范大学、湖州师范学院、浙江工商职业技术学院、淮北煤炭师范学院、福建师范大学、泉州师范学院、河南财经学院、河南高等商业专科学校、河南师范大学、华中师范大学、湖北社会科学院、湖南师范大学、湖南大学、湘潭大学、江西财经大学、中山大学、暨南大学、华南师范大学、西南财经大学、贵州大学、贵州高等商业专科学校、毕节地委党校、毕节师范专科学校、兰州商学院、甘肃省委党校、甘肃联合大学、西北大学、山西财经大学等院校作学术报告，此外，还曾在北京和京外的一些地方讲授经济学课程或作经济形势分析报告，本书的基本思想也曾在一些报告和讲课中表现。

经济学基础理论，对于学习者，是开启大智的学问。凡是研究经济学的人，不管是做应用研究，还是做基础研究，都不可不学习新的基础理论，不可不使自己的认识抵达经济学基础理论研究的最前沿。否则，做经济研究或经济工作，能力从何而来呢？中国民间有句俗话，叫"没有金刚钻，不揽瓷器活"。对于经济界的人士来说，所做的实际工作或研究工作，就是"瓷器活"，而经济学的基础理论则是"金刚钻"，这个"金刚钻"是说什么也少不得的。当代经济的复杂性是不言而喻的，也就是说，现在的"瓷器活"比之旧时代并不是轻松易做的了，更需要有好的或者说更棒的"金刚钻"。而本书对于经济学基础理论的探讨，就是想为此做出一些现实的努力。

2005 年，《劳动论全集》（共 108 万字）在社会科学文献出版社的支持下得以付梓和面世发行，这是我的代表作，包括《劳动论》《劳动价值论》和《劳动效用论》。我在书中对人类劳动范畴进行了全方位的系统探讨，展现了在新技术革命之后人类对自然科学的认识推进之下生活在这一时代的经济学人代表人类对自身的认识发生变化的思想轨迹。在这其中，表现出的新的原创性经济思想，应该说是当今具有高度社会责任感的经济学人共同努力的智慧结晶。

此后，我又陆续出版了以下著作：《突破点——走进市场的国有企业》、《国际金融危机对现代经济学的挑战》分别由经济科学出版社于 2006 年、2009 年出版。2010 年，《感受腾飞——论中国工业化与通货膨胀》一书由人民出版社出版。2011 年，《直面现实：中国重大经济问题分析》一书由社会科学文献出版社出版,《中国现实经济求索》一书由企业管理出版社出版,《贵州腾飞——科学实现"十二五"时期跨越发展》一书由中国经济出版社出版。现在,在中国社会科学院出版基金的大力支持下,这部专著亦得以出版,为此,我表示衷心的感谢。同时,还要特别感谢社会科学文献出版社的一贯支持和本书责任编辑细致而辛勤的工作。

钱 津

2012 年 9 月 28 日

图书在版编目（CIP）数据

经济学基础理论研究/钱津著. —北京：社会科学文献出版社，
2013.11
ISBN 978 - 7 - 5097 - 5027 - 8

Ⅰ.①经…　Ⅱ.①钱…　Ⅲ.①经济学－理论研究　Ⅳ.①F0

中国版本图书馆 CIP 数据核字（2013）第 204548 号

经济学基础理论研究
───────────

著　　者/钱　津

出 版 人/谢寿光
出 版 者/社会科学文献出版社
地　　址/北京市西城区北三环中路甲 29 号院 3 号楼华龙大厦
邮政编码/100029

责任部门/经济与管理出版中心（010）59367226　　　责任编辑/许秀江　刘宇轩
电子信箱/caijingbu@ ssap. cn　　　　　　　　　　责任校对/李学辉
项目统筹/恽　薇　　　　　　　　　　　　　　　　责任印制/岳　阳
经　　销/社会科学文献出版社市场营销中心（010）59367081　59367089
读者服务/读者服务中心（010）59367028

印　　装/北京季蜂印刷有限公司
开　　本/787mm×1092mm　1/16　　　　　　　印　　张/23.75
版　　次/2013 年 11 月第 1 版　　　　　　　　字　　数/294 千字
印　　次/2013 年 11 月第 1 次印刷
书　　号/ISBN 978 - 7 - 5097 - 5027 - 8
定　　价/59.00 元